Die Anwendbarkeit der
§§ 731 S. 2, 752 ff. BGB auf
die rechtsfähige Gesellschaft
bürgerlichen Rechts

Europäische Hochschulschriften

European University Studies

Publications Universitaires Européennes

Reihe II **Rechtswissenschaft**

Series II Law

Série II Droit

Band/Volume **5732**

Andreas Hariefeld

Die Anwendbarkeit der §§ 731 S. 2, 752 ff. BGB auf die rechtsfähige Gesellschaft bürgerlichen Rechts

PL ACADEMIC RESEARCH

Bibliografische Information der Deutschen Nationalbibliothek
Die Deutsche Nationalbibliothek verzeichnet diese Publikation in der Deutschen Nationalbibliografie; detaillierte bibliografische Daten sind im Internet über http://dnb.d-nb.de abrufbar.

Zugl.: Köln, Univ., Diss., 2014

D 38
ISSN 0531-7312
ISBN 978-3-631-66406-3 (Print)
E-ISBN 978-3-653-05515-3 (E-Book)
DOI 10.3726/978-3-653-05515-3

PL Academic Research ist ein Imprint der Peter Lang GmbH.
Peter Lang – Frankfurt am Main · Bern · Bruxelles · New York · Oxford · Warszawa · Wien

Diese Publikation wurde begutachtet.

www.peterlang.com

Vorwort

Die Arbeit lag im Wintersemester 2014/2015 der Rechtswissenschaftlichen Fakultät der Universität zu Köln als Dissertation vor. Die mündliche Prüfung fand am 03.12.2014 statt.

Mein größter Dank gilt meiner Doktormutter, Frau Prof. Dr. Barbara Grunewald, für die hervorragende Betreuung dieser Arbeit. Ich danke ihr insbesondere für ihr großes Engagement sowie für ihre kritischen Anregungen und Hinweise, die zum Gelingen dieser Arbeit beigetragen haben. Hervorzuheben ist dabei zudem, dass sie mir jederzeit für persönliche Gespräche und Diskussionen zur Verfügung stand.

Herrn Prof. Dr. Hanns Prütting danke ich für die zügige Erstellung des Zweitgutachtens.

Außerdem danke ich besonders Herrn Dr. Bernd Scholl für die Durchsicht des endgültigen Manuskripts sowie für seine hilfreichen Anmerkungen und Verbesserungsvorschläge.

Ein lieber Dank für ihre Mithilfe gilt zudem Frau Cerin Kizhakkethottam.

Sehr herzlich danke ich meiner Familie, allen voran meinen Eltern, die meinen bisherigen Weg begleitet haben und mich stets in jeder Hinsicht unterstützen.

Ein ebenso herzlicher Dank gebührt meiner Freundin Anahitta Ghadiri Mohammad Abadi und natürlich auch Bruno.

Ihnen ist diese Arbeit gewidmet.

Andreas Hariefeld — Köln, im Dezember 2014

Gliederung

Literaturverzeichnis

Bamberger, Heinz Georg/Roth, Herbert: Kommentar zum Bürgerlichen Gesetzbuch, Band 2, 3. Auflage 2012; zitiert: Bamberger/Roth-*Bearbeiter*.

Bamberger, Heinz Georg/Roth, Herbert: Kommentar zum Bürgerlichen Gesetzbuch, Band 3, 3. Auflage 2012; zitiert: Bamberger/Roth-*Bearbeiter*.

Bauer, Hans-Joachim/Freiherr von Oefele/Helmut: Grundbuchordnung, 3. Auflage 2013; zitiert: Bauer/Oefele-*Bearbeiter*.

Baumbach, Adolf/Hopt, Klaus J.: Handelsgesetzbuch, 36. Auflage 2014; zitiert: Baumbach/Hopt-*Bearbeiter*.

Baumbach, Adolf/Lauterbach, Wolfgang/Albers, Jan/Hartmann, Peter: Zivilprozessordnung, 72. Auflage 2014; zitiert: Baumbach/Lauterbach/Albers/Hartmann.

Baur, Fritz/Stürner, Rolf/Bruns, Alexander: Zwangsvollstreckungsrecht, 13. Auflage 2006; zitiert: *Baur/Stürner/Bruns*, Zwangsvollstreckungsrecht.

Becker, Matthias: Abschied von der Zwangsversteigerung zur Auseinandersetzung einer GbR, in: Zeitschrift für Immobilienrecht 2013, S. 314 ff.; zitiert: *Becker*, ZfIR 2013, 314 (Fundseite).

Becker, Matthias: Anmerkung zu der Entscheidung des *BGH* vom 16.05.2013 (Az. V ZR 198/12), in: Zeitschrift für Immobilienrecht 2013, S. 738 ff.; zitiert: *Becker*, ZfIR 2013, 738 (Fundseite).

Behr, J.: Anmerkung zu der Entscheidung des *LG Hamburg* vom 14.07.1982 (Az. 76 T 44/82), in: Der Deutsche Rechtspfleger 1983, S. 35 f., zitiert: *Behr*, RPfleger 1983, S. 35.

Berndt, Joachim/Boin, Kai T.: Zur Rechtsnatur der Gesellschaft bürgerlichen Rechts, in: Neue Juristische Wochenschrift 1998, S. 2855 ff.; zitiert: *Berndt/Boin*, NJW 1998, S. 2855 (Fundseite).

Böhmer, Martin: Die Vereinbarung eines gemeinsamen Zwecks bei der Gesellschaft bürgerlichen Rechts, in: Juristenzeitung 1994, S. 882 ff.; zitiert: *Böhmer*, JZ 1994, S. 882 (Fundseite).

Böttcher, Roland: ZVG, Gesetz über die Zwangsversteigerung und die Zwangsverwaltung, Kommentar, 5. Auflage 2010; zitiert: *Böttcher*.

Brox, Hans/Walker, Wolf-Dietrich: Allgemeiner Teil des BGB, 37. Auflage 2013; zitiert: *Brox/Walker*, BGB AT.

Brox, Hans/Walker, Wolf-Dietrich: Zwangsvollstreckungsrecht, 9. Auflage 2011; zitiert: *Brox/Walker*, Zwangsvollstreckungsrecht.

Canaris, Claus-Wilhelm/Habersack, Mathias/Schäfer, Carsten: Staub Handelsgesetzbuch Großkommentar, Dritter Band, 5. Auflage 2009; zitiert: Staub-*Bearbeiter*.

Cordes, Albrecht: Die Gesellschaft bürgerlichen Rechts auf dem Weg zur juristischen Person?, in: Juristenzeitung 1998, S. 545 ff.; zitiert: *Cordes*, JZ 1998, 545 (Fundseite).

Dassler, Gerhard/Schiffhauer, Horst/Hintzen, Udo/Engels, Ralf/Rellermeyer, Klaus: Gesetz über die Zwangsversteigerung und die Zwangsverwaltung, Kommentar, 13. Auflage 2008; zitiert: Dassler/Schiffhauer-*Bearbeiter*.

Dassler, Gerhard/Schiffhauer, Horst/Hintzen, Udo/Engels, Ralf/Rellermeyer, Klaus: Gesetz über die Zwangsversteigerung und die Zwangsverwaltung, Kommentar, 14. Auflage 2013; zitiert: Dassler/Schiffhauer-*Bearbeiter*.

Dauner-Lieb, Barbara/Langen, Werner: Nomos Kommentar BGB, Band 2/2, 2. Auflage 2012; zitiert: NK-BGB/*Bearbeiter*.

Demharter, Johann: Grundbuchordnung, 29. Auflage 2014; zitiert: *Demharter*, GBO.

Dierck, Ralf/Morvilius, Theodor/Vollkommer, Gregor: Handbuch des Zwangsvollstreckungsrechts, zitiert: Dierck/Morvilius/Vollkommer-*Bearbeiter*, Handbuch des Zwangsvollstreckungsrechts.

Ebenroth, Carsten Thomas/Boujong, Karlheinz/Joost- Detlev/Strohn, Lutz: Handelsgesetzbuch, Band 1, 2. Auflage 2008; zitiert: E/B/J/S-*Bearbeiter*.

Eickmann, Dieter: Die Teilungsversteigerung, 5. Auflage 2001; zitiert: *Eickmann*, Die Teilungsversteigerung.

Eickmann, Dieter: Zwangsversteigerungs- und Zwangsverwaltungsrecht, 2. Auflage 2004; zitiert: *Eickmann*, Zwangsversteigerungs- und Zwangsverwaltungsrecht.

Enneccerus, Ludwig/Lehmann, Heinrich: Recht der Schuldverhältnisse, 15. Auflage 1958; zitiert: *Enneccerus/Lehmann*.

Esser, Josef/Schmidt, Eike: Schuldrecht AT, Teilband 2, 8. Auflage 2000; zitiert: Esser/Schmidt-*Bearbeiter*.

Flume, Werner: Gesellschaft und Gesamthand, in: Zeitschrift für das gesamte Handels- und Wirtschaftsrecht, Band 136 (1972), S. 177 ff.; zitiert: *Flume*, ZHR 136 (1972), 177 (Fundseite).

Flume, Werner: Allgemeiner Teil des Bürgerlichen Rechts, Band 1, Teil 1, 4. Auflage 1992; zitiert: *Flume*, AT I/1.

Gaul, Friedhelm/Schilken, Eberhard/Becker-Eberhard, Ekkehard: Zwangsvollstreckungsrecht, 12. Auflage 2010; zitiert: Gaul/Schilken/Becker-Eberhard, Zwangsvollstreckungsrecht.

Gesmann-Nuissl, Dagmar: Die Rechts- und Parteifähigkeit sowie Haftungsverfassung der Gesellschaft bürgerlichen Rechts nach dem Urteil des BGH, II ZR 331/00 = WM 2001, 408, in: Wertpapier-Mitteilungen 2001, S. 973 ff.; zitiert: *Gesmann-Nuissl*, WM 2001, 973 (Fundseite), Hahh.

Goette, Wulf/Habersack, Mathias: Münchener Kommentar zum Aktiengesetz, Band 4, 3. Auflage 2011; zitiert: MünchKomm. AktG-*Bearbeiter.*

Gottwald, Uwe/Mock, Peter: Zwangsvollstreckung, Kommentar, 6. Auflage 2012; zitiert: Gottwald/Mock-*Bearbeiter*, Zwangsvollstreckung.

Hamme, Gerd: Die Teilungsversteigerung, 2001; zitiert: *Hamme*, Die Teilungsversteigerung.

Heil, Hans-Jürgen: Parteifähigkeit der GbR – der Durchbruch der Gruppenlehre, in: Neue Zeitschrift für Gesellschaftsrecht 2001, S. 300 ff.; zitiert: *Heil*, NZG 2001, 300 (Fundseite).

Hellwig, Konrad: Anspruch und Klagerecht, zitiert: *Hellwig*, Anspruch und Klagerecht.

Henssler, Martin/Strohn, Lutz: Gesellschaftsrecht, 2. Auflage 2014; zitiert: Henssler/Strohn-*Bearbeiter.*

Hölters, Wolfgang: Aktiengesetz Kommentar, 2. Auflage 2014; zitiert: Hölters-*Bearbeiter.*

Huber, Ulrich: Rechtsfähigkeit, juristische Person und Gesamthand, in: Festschrift für Marcus Lutter zum 70. Geburtstag, hrsg. von: Uwe H. Schneider u. a., Köln 2000, S. 107 ff.; zitiert: *Huber*, FS Lutter, 2000, 107 ff.

Hueck, Götz: Drei Fragen zur Gesamthandsgesellschaft, in: Festschrift für Wolfgang Zöllner zum 70. Geburtstag, hrsg. von: Manfred Lieb u. a., Köln 1998, S. 275 ff.; zitiert: *Hueck*, FS Zöllner, 1998, 275 ff.

Hüffer, Uwe/Koch, Jens: Gesellschaftsrecht, 8. Auflage 2011; zitiert: *Hüffer/Koch*, GesR.

Hügel, Stefan: Grundbuchordnung, Kommentar, 2. Auflage 2010; zitiert: Hügel-*Bearbeiter.*

Keller, Ulrich: Handbuch Zwangsvollstreckungsrecht, zitiert: Keller-*Bearbeiter*, Handbuch Zwangsvollstreckungsrecht.

Kessler, Christian: Anmerkung zu der Entscheidung des *BGH* vom 16.05.2013 (Az. V ZR 198/12), in: Entscheidungen zum Wirtschaftsrecht 2014, S. 39 f., zitiert: *Kessler*, EWiR 2014, 39 (Fundseite).

Kindl, Johann/Meller-Hannich, Caroline/Wolff, Hans-Joachim: Gesamtes Recht der Zwangsvollsteckung, 2. Auflage 2013; zitiert: Hk-ZV/*Bearbeiter.*

Kindler, Peter: Grundkurs Handels- und Gesellschaftsrecht, 4. Auflage 2009; zitiert: *Kindler.*

Koller, Ingo/Roth, Wulf-Henning/Morck, Winfried: Handelsgesetzbuch, Kommentar, 7. Auflage 2011; zitiert: Koller/Roth/Morck-*Bearbeiter.*

Lautner, Konrad: Alles wieder beim Alten? – Die gesetzliche Neuregelung zur Teilnahme der Gesellschaft bürgerlichen Rechts am Grundstücksverkehr, in: Deutsche Notar-Zeitschrift 2009, S. 650 ff.; zitiert: *Lautner*, DNotZ 2009, 650 (Fundseite).

Mitglieder des Bundesgerichtshofs (Hrsg.): Das Bürgerliche Gesetzbuch mit besonderer Berücksichtigung der Rechtsprechung des Reichsgerichts und des Bundesgerichtshofes, Band II, 4. Teil, 12. Auflage 1978; zitiert: RGRK/*Bearbeiter.*

Mugdan, Benno: Die Gesamten Materialien zum Bürgerlichen Gesetzbuch für das Deutsche Reich, Band 2: Recht der Schuldverhältnisse, Band 4: Familienrecht, Band 5: Erbrecht, zitiert: *Mugdan*, Materialien zum BGB, Band, Seite.

Musielak, Hans-Joachim: Kommentar zur Zivilprozessordnung, 10. Auflage 2013; zitiert: Musielak-*Bearbeiter.*

Musielak, Hans-Joachim: Grundkurs BGB, 13. Auflage 2013; zitiert: *Musielak*, Grundkurs BGB.

Oetker, Hartmut: Kommentar zum Handelsgesetzbuch (HGB), 3. Auflage 2013; zitiert: Oetker-*Bearbeiter.*

Palandt, Otto: Bürgerliches Gesetzbuch mit Nebengesetzen, Kommentar, 73. Auflage 2014; zitiert: Palandt-*Bearbeiter.*

Priester, Hans-Joachim/Mayer, Dieter/Wicke, Hartmut: Münchener Handbuch des Gesellschaftsrechts, Band 3, 4. Auflage 2012; zitiert: *Bearbeiter* in: Münchener Handbuch des Gesellschaftsrechts.

Prütting, Hanns/Gehrlein, Markus: ZPO Kommentar, 5. Auflage 2013; zitiert: Prütting/Gehrlein-*Bearbeiter.*

Prütting, Hanns/Wegen, Gerhard/Weinreich, Gerd: BGB Kommentar, 8. Auflage 2013; zitiert: Prütting/Wegen/Weinreich-*Bearbeiter.*

Raiser, Thomas: Gesamthand und juristische Person im Licht des neuen Umwandlungsrechts, in: Archiv für die civilistische Praxis, 194. Band, 1994, S. 495 ff.; zitiert: *Raiser*, AcP 194 (1994), 495 (Fundseite).

Reiff, Peter: Anmerkung zu der Entscheidung des *BGH* vom 16.05.2013 (Az. V ZR 198/12), in: LMK 2013, 352161 (zitiert nach beck-online), zitiert: *Reiff*, LMK 2013, 352161.

Röhricht, Volker/Westphalen Graf von, Friedrich/Haas, Ulrich: Handelsgesetzbuch, Kommentar, 4. Auflage 2014; zitiert: Röhricht/Graf von Westphalen/Haas-*Bearbeiter.*

Ruhwinkel, Sebastian: Anmerkung zu der Entscheidung des *BGH* vom 16.05.2013 (Az. V ZR 198/12), in: Mitteilungen des Bayerischen Notarvereins, der Notarkasse und der Landesnotarkammer Bayern 2014, S. 277 ff.; zitiert: *Ruhwinkel*, MittBayNot 2014, 277 (Fundseite).

Rüßmann, Helmut: juris PraxisKommentar, Band 2.3, 4. Auflage 2008; zitiert: jurisPK-BGB/*Bearbeiter.*

Säcker, Franz Jürgen/Rixecker, Roland: Münchener Kommentar zum Bürgerlichen Gesetzbuch, Band 5, 6. Auflage 2013; zitiert: Münch.Komm. BGB-*Bearbeiter.*

Säcker, Franz Jürgen/Rixecker, Roland: Münchener Kommentar zum Bürgerlichen Gesetzbuch, Band 6, 6. Auflage 2013; zitiert: Münch.Komm. BGB-*Bearbeiter.*

Säcker, Franz Jürgen/Rixecker, Roland: Münchener Kommentar zum Bürgerlichen Gesetzbuch, Band 7, 6. Auflage 2013; zitiert: Münch.Komm. BGB-*Bearbeiter.*

Säcker, Franz Jürgen/Rixecker, Roland: Münchener Kommentar zum Bürgerlichen Gesetzbuch, Band 9, 6. Auflage 2013; zitiert: Münch.Komm. BGB-*Bearbeiter.*

Saenger, Ingo: Zivilprozessordnung, Handkommentar, 5. Auflage 2013; zitiert: Hk-ZPO/*Bearbeiter.*

Schlosser, Peter: Gestaltungsklagen und Gestaltungsurteile, Bielefeld 1966; zitiert: *Schlosser*, Gestaltungsklagen und Gestaltungsurteile.

Schmidt, Karsten: Prozeß- und Vollstreckungsprobleme der Gemeinschaftsteilung – Befunde, Kritik und Diskussionsvorschläge um §§ 749 ff. BGB, in: Juristische Rundschau 1979, S. 317 ff.; zitiert: *K.Schmidt*, JR 1979, 317 (Fundseite).

Schmidt, Karsten: Die BGB-Außengesellschaft: rechts- und parteifähig – Besprechung des Grundlagenurteils II ZR 331/00 vom 29.1.2001; in: Neue Juristische Wochenschrift 2001, S. 993 ff.; zitiert: *K.Schmidt*, NJW 2001, 993 (Fundseite).

Schmidt, Karsten: Münchener Kommentar zum Handelsgesetzbuch, Band 2, 3. Auflage 2011; zitiert: Münch.Komm. HGB-*Bearbeiter.*

Schneider, Wolfgang: Anmerkung zu der Entscheidung des *BGH* vom 16.05.2013 (Az. V ZR 198/12), in: Zeitschrift für Miet- und Raumrecht 2013, S. 907 ff.; zitiert: *Schneider*, ZMR 2013, 907 (Fundseite).

Schnorr, Randolf: Die Gemeinschaft nach Bruchteilen (§§ 741–758 BGB), Habilitationsschrift, Rheinische Friedrich-Wilhelms-Universität Bonn, 2004; zitiert: *Schnorr*, Die Gemeinschaft nach Bruchteilen.

Soergel, Hans Theodor/Siebert, Wolfgang: Bürgerliches Gesetzbuch, Band 11/1, 13. Auflage 2012; zitiert: Soergel-*Bearbeiter.*

Staudinger von, Julius: Kommentar zum Bürgerlichen Gesetzbuch mit Einführungsgesetz und Nebengesetzen, Buch 2, Recht der Schuldverhältnisse, §§ 705–740, 12. Auflage 1991; zitiert: Staudinger-*Kessler.*

Staudinger von, Julius: Kommentar zum Bürgerlichen Gesetzbuch mit Einführungsgesetz und Nebengesetzen, Buch 2, Recht der Schuldverhältnisse, §§ 705–740, 13. Bearbeitung von 2003; Buch 2, Recht der Schuldverhältnisse, §§ 741–764, Neubearbeitung von 2008; Buch 3, Sachenrecht, §§ 1204–1296, Neubearbeitung von 2009; Buch 4, Familienrecht, §§ 1363–1563, Neubearbeitung von 2007; Buch 5, Erbrecht, §§ 1967–2063, Neubearbeitung von 2010; zitiert: Staudinger-*Bearbeiter.*

Stöber, Kurt: Zwangsversteigerungsgesetz, 20. Auflage 2012; zitiert: *Stöber.*

Storz, Karl-Alfred: Praxis der Teilungsversteigerung, 1. Auflage 1992; zitiert: *Storz*, Praxis der Teilungsversteigerung.

Stürner, Rolf: Jauerning, Bürgerliches Gesetzbuch, 15. Auflage 2014; zitiert: Jauerning-*Bearbeiter.*

Thomas, Heinz/Putzo, Hans: Zivilprozessordnung, 34. Auflage 2013; zitiert: Thomas/Putzo-*Bearbeiter.*

Ulmer, Peter: Die Gesamthandsgesellschaft – ein noch immer unbekanntes Wesen?, in: Archiv für die civilistische Praxis, 198. Band, 1998, S. 113 ff.; zitiert: *Ulmer*, AcP 198 (1998), 113 (Fundseite).

Ulmer, Peter: Die höchstrichterlich „enträtselte" Gesellschaft bürgerlichen Rechts, in: Zeitschrift für Wirtschaftsrecht 2001, S. 585 ff.; zitiert: *Ulmer*, ZIP 2001, 585 (Fundseite).

Ulmer, Peter/Schäfer, Carsten: Gesellschaft bürgerlichen Rechts und Partnerschaftsgesellschaft, Systematischer Kommentar, 6. Auflage 2013; zitiert: Ulmer/Schäfer-*Bearbeiter.*

Weber-Grellet, Heinrich: Die Gesamthand – ein Mysterienspiel?, in: Archiv für die civilistische Praxis, 182. Band, 1982, S. 316 ff.; zitiert: *Weber-Grellet*, AcP 182 (1982), 316 (Fundseite)).

Westermann, Harm Peter/Grunewald, Barbara/Maier-Reimer, Georg: Erman, Bürgerliches Gesetzbuch, Band I, 13. Auflage 2011; zitiert: Erman-*Bearbeiter.*

Windbichler, Christine: Gesellschaftsrecht, 23. Auflage 2013; zitiert: *Windbichler*, Gesellschaftsrecht.

Wolfer, Hendrik: Gesamtvertretungsbefugnis aller Gesellschafter nach Auflösung der Publikums-GbR, in: Gesellschafts- und Wirtschaftsrecht 2011, 445; zitiert: *Wolfer*, GWR 2011, 445.

Wolfer, Hendrik: Anmerkung zu der Entscheidung des *BGH* vom 16.05.2013 (Az. V ZR 198/12), in: Gesellschafts- und Wirtschaftsrecht 2013, S. 401; zitiert: *Wolfer*, GWR 2013, 401.

Zöller, Richard: Zivilprozessordnung, 30. Auflage 2014; zitiert: Zöller-*Bearbeiter.*

Zöllner, Wolfgang: Rechtssubjektivität von Personengesellschaften?, in: Festschrift für Joachim Gernhuber zum 70. Geburtstag, hrsg. von: Hermann Lange u.a., Tübingen 1993, S. 563 ff.; zitiert: *Zöllner*, FS Gernhuber, 1993, 563 ff.

Abkürzungsverzeichnis

Hinsichtlich der verwendeten Abkürzungen wird verwiesen auf *Kirchner*, Abkürzungsverzeichnis der Rechtssprache, 6. Auflage 2008.

Einleitung

Die Gesellschaft bürgerlichen Rechts ist ein in der Regel auf Dauer angelegter Zusammenschluss mehrerer natürlicher oder juristischer Personen, welche einen gemeinsamen Zweck verfolgen.

Denkbar sind die unterschiedlichsten Erscheinungsformen. So kann zum Beispiel sowohl eine von mehreren Ärzten gemeinschaftlich betriebene Praxis als auch eine bloße Fahrgemeinschaft mehrerer Arbeitnehmer eine GbR darstellen. Im Regelfall besitzt die Außen-GbR ein Gesellschaftsvermögen. Im Fall der beispielhaft genannten Arztpraxis würde dies aus dem gesamten Inventar der Praxis bestehen. Im Fall der Arbeitnehmerfahrgemeinschaft wäre es womöglich ein extra zu diesem Zweck gemeinsam angeschaffter PKW.

Wird die betreffende GbR eines Tages aufgelöst, ganz unabhängig davon, aus welchem Grund dies geschieht, muss das vorhandene Gesellschaftsvermögen auseinandergesetzt werden. Wie genau die Auseinandersetzung des Gesellschaftsvermögens erfolgen soll, können die Gesellschafter grundsätzlich untereinander vertraglich regeln. Sollte es an einer entsprechenden vertraglichen Vereinbarung der Gesellschafter fehlen, stellt sich die Frage, wie das Gesellschaftsvermögen der GbR auseinandergesetzt wird, wenn sich die Gesellschafter nach der Auflösung der Gesellschaft nicht darüber einig sind, ob das Gesellschaftsvermögen unter den Gesellschaftern verteilt wird oder ob manche oder gar alle Gegenstände, die zum Gesellschaftsvermögen gehören, veräußert werden sollen. Insoweit gelten mangels anders lautender Vereinbarung dann die gesetzlichen Regelungen, also die §§ 730 ff. BGB. In diesen Normen ist die Auseinandersetzung der GbR gesetzlich geregelt. Eine dieser Auseinandersetzungsvorschriften ist § 731 S. 2 BGB. Sie verweist, soweit die §§ 732 bis 735 BGB nicht weiterhelfen, für die Auseinandersetzung des Gesellschaftsvermögens einer GbR auf die Vorschriften über die Gemeinschaft, insbesondere die §§ 752 ff. BGB. Diese Vorschriften sehen wiederum Möglichkeiten zur Teilung und Veräußerung des Gesellschaftsvermögens vor, namentlich die Teilung in Natur sowie die Versteigerung beweglicher und unbeweglicher Sachen.

Gegenstand dieser Arbeit soll die Frage sein, ob der Verweis in § 731 S. 2 BGB auf das Gemeinschaftsrecht zur Auseinandersetzung des Gesellschaftsvermögens einer GbR heute überhaupt noch anwendbar sein kann, also die Frage, ob das Gesellschaftsvermögen der heute rechtsfähigen GbR zum Zwecke der Auseinandersetzung nach den §§ 731 S. 2, 752 ff. BGB (zwangs-) versteigert werden kann, sollte es insoweit zu keiner Einigung unter den Gesellschaftern kommen.

Möglicherweise steht die nunmehr anerkannte Rechtsfähigkeit der Außen-GbR einer Anwendung des § 731 S. 2 BGB im Rahmen der Auseinandersetzung des Gesellschaftsvermögens entgegen, sodass das Gesellschaftsvermögen der rechtsfähigen GbR nicht nach den §§ 752 ff. BGB veräußert werden kann.

Anlass zu der Behandlung dieser Fragestellung gab eine Entscheidung des *BGH* vom 16.05.2013[1], in welcher dieser die Anwendung des § 731 S. 2 BGB für die heutige rechtsfähige GbR bestätigte.

Zunächst wird als Basis für die weitere Arbeit im Überblick dargelegt, wie die Beendigung einer GbR nach den gesetzlichen Regelungen erfolgt und welche Phasen die GbR in ihrem Beendigungsstadium durchläuft. Vergleichend wird gezeigt, wie die Beendigung einer OHG sowie einer KG erfolgt, welche wie die GbR rechtsfähige Personengesellschaften sind. Darüber hinaus erfolgt eine Darstellung der Teilung einer Gemeinschaft, namentlich der §§ 752 und 753 BGB, auf welche § 731 S. 2 BGB verweist, und daher ebenfalls für diese Arbeit relevant sind (1. Kapitel).

Im Anschluss daran wird mit Bezugnahme auf die erwähnte *BGH*-Entscheidung mit der Untersuchung der Frage nach einer heutigen Anwendung der §§ 731 S. 2, 752 ff. BGB auf die rechtsfähige GbR begonnen. Dazu erfolgt zunächst eine Darstellung der betreffenden Literatur und Rechtsprechung, insbesondere der vom *BGH* genannten Argumente. Sodann sollen die jeweiligen Argumente näher beleuchtet werden. Es wird geprüft, inwieweit das Argument aus den Reihen der Literatur gegen einen heutigen Anwendungsbereich der §§ 731 S. 2, 752 ff. BGB überzeugt und ob sich dem die vom *BGH* aufgeführten Gründe entgegenhalten lassen (2. Kapitel).

---

1 *BGH* v. 16.05.2013, BGHZ 197, 262 ff. = NZG 2013, 1338 ff. = DNotZ 2013, 930 ff. = ZIP 2013, 1763 ff. = WM 2013, 1748 ff.

Im Rahmen dieser Prüfung spielt insbesondere eine Rolle, wie die Auseinandersetzung des Gesellschaftsvermögens der nunmehr rechtsfähigen GbR erfolgen würde, lehnte man eine heutige Anwendung der §§ 731 S. 2, 752 ff. BGB ab. Hierbei werden die Alternativen betrachtet und auf diesem Wege herausgearbeitet, ob es überhaupt ein (praktisches) Bedürfnis danach gibt, diese Vorschriften auf die rechtsfähige GbR anzuwenden (3. Kapitel).

Zur Klärung letztgenannter Frage ist unter anderem von Relevanz, ob bei einer Veräußerung des Gesellschaftsvermögens nach den §§ 731 S. 2, 753 BGB ein einzelner Gesellschafter alleine handeln darf oder ob auch an dieser Stelle eine Einigung aller Gesellschafter vonnöten ist. Diese Problematik ist umstritten. Der *BGH* beschäftigte sich in der genannten Entscheidung damit, ob ein einzelner Gesellschafter jedenfalls dann alleine handlungsbefugt ist, wenn das Gesellschaftsvermögen im Wesentlichen lediglich aus einem Grundstück besteht, und vertrat die Auffassung, ein einzelner Gesellschafter könne in einem solchen Fall alleine die Versteigerung des Gesellschaftsgrundstücks beantragen.

In dieser Arbeit wird untersucht, ob die Argumente des *BGH* insoweit überzeugen können. Darüber hinaus soll das soeben genannte Problem nicht nur in Bezug auf die Veräußerung eines zum Gesellschaftsvermögen gehörenden Grundstücks geklärt werden, sondern auch hinsichtlich der Veräußerung beweglichen Gesellschaftsvermögens (womit der *BGH* sich in seiner Entscheidung nicht befasste) sowie hinsichtlich der Frage, ob die Argumentation des *BGH* auch dann überzeugen kann, wenn das Gesellschaftsvermögen, anders als in der erwähnten Entscheidung, aus mehreren Vermögensgegenständen besteht, also nicht lediglich aus einem Grundstück (4. Kapitel).

Abschließend behandelt diese Arbeit die Frage, ob hinsichtlich der Versteigerung eines Gesellschaftsgrundstücks zum Zwecke der Auseinandersetzung der Gesellschaft im Rahmen der §§ 180 ff. ZVG ein verfahrensrechtliches Hindernis besteht, welches der Versteigerung im Wege stehen könnte, wie es in den Reihen der Literatur teilweise vertreten wird (5. Kapitel).

Die Arbeit endet mit einer Zusammenfassung der wesentlichen Ergebnisse.

1. Kapitel: Die Beendigung einer GbR, OHG, KG sowie einer Gemeinschaft im Überblick

In diesem ersten Kapitel werden als Grundlage für die weitere Arbeit die gesetzlichen Regelungen für die Auflösung und die Auseinandersetzung einer GbR, einer OHG sowie einer KG dargestellt. Diese Regelungen befinden sich für die GbR in den §§ 723 ff. beziehungsweise 730 ff. BGB sowie für die OHG und KG in den §§ 131 ff. beziehungsweise 145 ff. (161 Abs. 2) HGB.

Darüber hinaus soll das in den §§ 749 ff. BGB zur Aufhebung einer Gemeinschaft vorgesehene Verfahren in seinen Grundzügen erläutert werden. Aufgrund des Verweises in § 731 S. 2 BGB können diese Vorschriften nach der Konzeption des historischen Gesetzgebers nämlich auch bei der Liquidation einer GbR von Bedeutung sein.

A) Überblick

Bei der Beendigung einer Personengesellschaft unterscheidet man drei Phasen: die Auflösung, die Auseinandersetzung/Liquidation und die Vollbeendigung.[2]

Der von den Gesellschaftern abgeschlossene Gesellschaftsvertrag ist ein schuldrechtlicher Vertrag, was sich bereits aus seinem Standort im BGB ergibt (Buch 2: Recht der Schuldverhältnisse).[3] Genau genommen handelt es sich um ein vertragliches Dauerschuldverhältnis.[4] Dies gilt sowohl für die GbR als auch für die OHG sowie die KG. Letztere Gesellschaftsformen unterscheiden sich von der GbR im Grunde durch ihren Zweck[5] beziehungsweise in Bezug auf die KG zusätzlich durch die Haftung, denn gemäß § 171 Abs. 1 HGB haftet der Kommanditist den Gläubigern (nur) bis zur Höhe seiner Einlage unmittelbar, anders als bei der OHG und der GbR, bei denen sämtliche Gesellschafter gemäß beziehungsweise analog § 128 S. 1 HGB unbegrenzt persönlich haften.

---

2 Bamberger/Roth-*Schöne*, Vorb. zu §§ 723 ff., Rn. 3; *Kindler*, § 12, Rn. 33.
3 MünchKomm. BGB-*Ulmer/Schäfer*, Vor § 705, Rn. 14; *Kindler*, § 10, Rn. 4.
4 MünchKomm. BGB-*Ulmer/Schäfer*, Vor § 705, Rn. 14.
5 *Kindler*, § 10, Rn. 1.

Weil es sich bei dem Gesellschaftsvertrag, wie soeben erwähnt, um ein vertragliches Dauerschuldverhältnis handelt, muss dieser Vertrag zunächst aufgelöst werden, um die Gesellschaft auseinandersetzen zu können (1. Phase: Auflösung).

Allein die Auflösung führt aber, wenn Gesellschaftsvermögen vorhanden ist (Regelfall), noch nicht zur Beendigung der Gesellschaft, sondern lediglich zu einer Änderung des Gesellschaftszweckes.[6] In der sich an die Auflösung anschließenden Auseinandersetzung (2. Phase) wird die Gesellschaft auseinandergesetzt, was bedeutet, dass das Vermögen der Gesellschaft liquidiert wird.[7] Der Ablauf der Auseinandersetzung ist für die GbR in den §§ 730 ff. BGB geregelt. Für die OHG und KG finden sich entsprechende Vorschriften in den §§ 145 ff. (§ 161 Abs. 2) HGB. Zweck der Auseinandersetzung ist es, das Gesellschaftsvermögen aus der gesamthänderischen Verbundenheit zu lösen und den einzelnen Gesellschaftern die ihnen zustehenden wirtschaftlichen Werte zur freien Verfügung zuzuführen.[8]

Nach Abschluss der Auseinandersetzung tritt die Gesellschaft in die dritte Phase ein, die sogenannte Vollbeendigung. Erst ab diesem Zeitpunkt erlöschen die gesellschaftsvertraglichen Bindungen sowie die Gesellschaft als Rechtsgebilde.[9]

B) 1. Phase: Die Auflösung einer Personengesellschaft

I. Gesellschaft bürgerlichen Rechts (GbR)

1. Auflösungsgründe

Die 1. Phase der Beendigung ist die Auflösung der Personengesellschaft. Die gesetzlichen Auflösungsgründe einer GbR finden sich in den §§ 723–728 BGB, wobei diese Auflistung nicht abschließend ist.[10]

---

6 MünchKomm. BGB-*Schäfer*, Vor § 723 Rn. 6; Palandt-*Sprau*, Vorb v §§ 723 ff. Rn. 2; Staub-*Habersack*, Vor § 145, Rn. 1.

7 Bamberger/Roth-*Schöne*, Vorb. zu §§ 723 ff., Rn. 3.

8 *Windbichler*, Gesellschaftsrecht, § 10, IV., Rn. 8.

9 *Kindler*, § 10, Rn. 58.

10 MünchKomm. BGB-*Schäfer*, Vor § 723, Rn. 13; *Windbichler*, Gesellschaftsrecht, § 10, II., Rn. 2.

Die Gesellschaft kann hiernach insbesondere durch die nachfolgend dargestellten Ereignisse aufgelöst werden.

a) Kündigung durch einen Gesellschafter (§§ 723–725 BGB)
Ein einzelner Gesellschafter kann die Gesellschaft durch eine Kündigung auflösen. Gemäß § 723 Abs. 1 S. 1 BGB kann ein unbefristeter Gesellschaftsvertrag jederzeit ordentlich gekündigt werden. Gleiches gilt nach § 724 BGB auch bei einer Gesellschaft auf Lebenszeit sowie einer fortgesetzten Gesellschaft. Ist der Gesellschaftsvertrag hingegen befristet, ist die Kündigung nur bei Vorliegen eines wichtigen Grundes möglich, § 723 Abs. 1 S. 2 BGB. Unter den Voraussetzungen des § 725 BGB kann zudem ein Pfändungspfandgläubiger die Gesellschaft fristlos kündigen.

b) Zeitablauf
Zwar nicht ausdrücklich vorgesehen, jedoch in § 723 Abs. 1 und § 724 S. 2 BGB vorausgesetzt ist die Auflösung durch Zeitablauf, das bedeutet mit Erreichen des vereinbarten Zeitpunkts wird die Gesellschaft aufgelöst.[11]

c) Erreichen oder Unmöglichwerden des Zwecks
§ 726 BGB besagt, dass die Gesellschaft aufgelöst wird, wenn der vereinbarte Zweck erreicht oder dessen Erreichung unmöglich geworden ist.

d) Tod eines Gesellschafters
Darüber hinaus wird bei Fehlen einer Fortsetzungsklausel im Gesellschaftsvertrag die Gesellschaft durch den Tod eines Gesellschafters aufgelöst, § 727 Abs. 1 BGB.

e) Insolvenz der Gesellschaft oder eines Gesellschafters
Schließlich wird die Gesellschaft durch die Eröffnung des Insolvenzverfahrens über das Vermögen der Gesellschaft (§ 728 Abs. 1 S. 1 BGB) oder eines Gesellschafters (§ 728 Abs. 2 S. 1 BGB) aufgelöst.

---

11 MünchKomm. BGB-*Schäfer*, Vor § 723, Rn. 21.

f) Sonstige Gründe

Wie gesagt ist die gesetzliche Auflistung nicht abschließend. Darüber hinaus kommt vor allem eine Auflösung durch einstimmigen Gesellschafterbeschluss infrage[12] oder auch durch die Vereinigung aller Gesellschaftsanteile in einer Hand, weil es für einen Gesellschaftsvertrag mindestens zweier Gesellschafter bedarf.[13] Letzterer Umstand führt gleichzeitig auch zur (Voll-)Beendigung der Gesellschaft, weil dadurch das der Gesellschaft als Grundlage dienende Schuldverhältnis erlischt und sich das Gesamthandsvermögen in Alleineigentum umwandelt.[14]

2. Wichtige Folgen der Auflösung

Wie oben[15] bereits erwähnt, führt die Auflösung der Gesellschaft nicht automatisch zu deren Vollbeendigung[16], jedenfalls wenn wie im Regelfall Gesellschaftsvermögen vorhanden ist.[17] Die Auflösung führt keine grundsätzliche Änderung in der Rechtsnatur der Gesellschaft herbei.[18] Die Wirkung der Auflösung liegt vielmehr darin, dass sich die bisherige werbende Gesellschaft in eine so genannte Abwicklungsgesellschaft beziehungsweise Auseinandersetzungsgesellschaft umwandelt.[19] Genauer gesagt ändert sich der Gesellschaftszweck, welcher nunmehr in der Abwicklung der Gesellschaft liegt.[20] Die Gesellschaft besteht fort, soweit der Zweck der Auseinandersetzung es erfordert, § 730 Abs. 2 S. 1 BGB. Sie bewahrt in personen- und vermögensrechtlicher Hinsicht ihre Identität.[21] Etwas anderes gilt hingegen, wenn über das Vermögen der Gesellschaft

---

12 MünchKomm. BGB-*Schäfer*, Vor § 723, Rn. 18.
13 *Hüffer/Koch*, GesR, § 10, Rn. 9; MünchKomm. BGB-*Schäfer*, Vor § 723, Rn. 17.
14 MünchKomm. BGB-*Schäfer*, Vor § 723, Rn. 17.
15 Siehe hierzu bereits oben unter: 1. Kapitel, A).
16 MünchKomm. BGB-*Schäfer*, Vor § 723 Rn. 6; Palandt-*Sprau*, Vorb v §§ 723 ff. Rn. 2.
17 Jauerning-*Stürner*, § 730, Rn. 1; Palandt-*Sprau*, Vorb v §§ 723–735, Rn. 2.
18 *Windbichler*, Gesellschaftsrecht, § 10, I., Rn. 1.
19 Bamberger/Roth-*Schöne*, § 730, Rn. 1; MünchKomm. BGB-*Schäfer*, Vor § 723, Rn. 5 ff.; Palandt-*Sprau*, Vorb v §§ 723–735, Rn. 2.
20 Jauerning-*Stürner*, § 723, Rn. 1; MünchKomm. BGB-*Schäfer*, Vor § 723, Rn. 6; Palandt-*Sprau*, Vorb v §§ 723–735, Rn. 2.
21 MünchKomm. BGB-*Schäfer*, § 730, Rn. 24.

das Insolvenzverfahren eröffnet ist, § 730 Abs. 1 a. E. BGB. Darauf soll in dieser Arbeit jedoch nicht näher eingegangen werden, es sei lediglich der Vollständigkeit halber erwähnt.

Eine weitere wichtige Folge der Auflösung regelt § 730 Abs. 2 S. 2 BGB und betrifft die Geschäftsführungs- und die Vertretungsbefugnisse der Gesellschafter während der Liquidation. Nach dieser Vorschrift sind während der Auseinandersetzung grundsätzlich alle Gesellschafter gemeinsam geschäftsführungsbefugt. Genaueres zu dieser Thematik wird sogleich unten[22] erläutert.

II. Offene Handelsgesellschaft (OHG)

1. Auflösungsgründe

Auch bei der OHG gibt es gesetzlich normierte Auflösungsgründe. Diese finden sich in § 131 Abs. 1 und Abs. 2 HGB.

Die OHG wird nach dieser Vorschrift durch Zeitablauf (§ 131 Abs. 1 Nr. 1 HGB), Gesellschafterbeschluss (Nr. 2), Eröffnung des Insolvenzverfahrens über das Vermögen der Gesellschaft (Nr. 3) oder durch gerichtliche Entscheidung (Nr. 4 i.V.m. § 133 HGB) aufgelöst. Letztere Möglichkeit besteht deshalb, weil im Unterschied zur GbR bei der OHG die Möglichkeit der Auflösung durch Kündigungserklärung nicht existiert.[23] Die ordentliche Kündigung führt nämlich gemäß § 131 Abs. 3 S. 1 Nr. 3 HGB lediglich zum Ausscheiden des jeweiligen Gesellschafters und nicht zur Auflösung der Gesellschaft.

Weitere Auflösungsgründe sieht § 131 Abs. 2 HGB vor, was an dieser Stelle aus Gründen der Vollständigkeit nicht unerwähnt bleiben soll.

2. Wichtige Folgen der Auflösung

Wie bei der GbR verhält es sich auch bei der OHG, dass die Gesellschaft allein durch ihre Auflösung noch nicht erlischt, sondern sich auch hier

22 Siehe hierzu sogleich unten: 1. Kapitel, C), I., 6., b) und c).
23 MünchKomm. HGB-*K.Schmidt*, § 133, Rn. 2; Oetker-*Kamanabrou*, § 133, Rn. 1.

zunächst lediglich der Gesellschaftszweck verändert und die Gesellschaft in Form einer Abwicklungsgesellschaft fortbesteht.[24]

Wie die Gesellschaft bei Fehlen einer vertraglichen Vereinbarung abgewickelt werden muss, bestimmen die §§ 145 ff. HGB. Der Gesetzgeber unterscheidet in § 145 Abs. 1 HGB zwischen Auseinandersetzung und Liquidation, wobei es sich hierbei nicht um Gegensätze handelt, sondern die Liquidation ist das in den §§ 146 ff. HGB geregelte Verfahren, also eine gesetzlich geregelte Art der Auseinandersetzung.[25]

Auch für das Auseinandersetzungsverfahren nach den §§ 145 ff. HGB gilt, dass bei Fehlen etwaiger vertraglicher Vereinbarungen alle Gesellschafter gemeinsam die Liquidation vorzunehmen haben (§ 146 Abs. 1 S. 1 HGB), unabhängig davon, ob zuvor alle oder einzelne Gesellschafter einzelgeschäftsführungs- oder einzelvertretungsbefugt waren.[26] Weitere Ausführungen hierzu folgen sogleich unten.[27]

III. Kommanditgesellschaft (KG)

Auf Grund des Verweises in § 161 Abs. 2 HGB gelten die Auflösungsgründe des § 131 Abs. 1 und Abs. 2 HGB nicht nur für die Auflösung einer OHG, sondern ebenso für die Auflösung einer KG. Dies gilt gleichermaßen für die soeben dargestellten wichtigen Folgen der Auflösung.

---

24 Baumbach/Hopt-*Roth*, § 131, Rn. 2; MünchKomm. HGB-*K.Schmidt*, § 145, Rn. 2; Oetker-*Kamanabrou*, § 131, Rn. 3, § 145, Rn. 1; Röhricht/Graf v. Westphalen/Haas-*Haas*, § 145, Rn. 4.

25 MünchKomm. HGB-*K.Schmidt*, § 145, Rn. 6; Oetker-*Kamanabrou*, § 145, Rn. 3, jeweils mit weiteren Nachweisen.

26 Baumbach/Hopt-*Roth*, § 146, Rn. 2; MünchKomm. HGB-*K.Schmidt*, § 146, Rn. 13. Oetker-*Kamanabrou*, § 146, Rn. 5 (mit weiteren Nachweisen); Staub-*Habersack*, § 146, Rn. 8.

27 Siehe hierzu sogleich unten: 1. Kapitel, C), II, 2. sowie III.

C) 2. Phase: Die Auseinandersetzung einer Personengesellschaft

I. Gesellschaft bürgerlichen Rechts

Das gesetzliche Verfahren sowie die Reihenfolge der Liquidation einer GbR ist in den §§ 730 ff. BGB geregelt. Diese Vorschriften sind insoweit maßgeblich, als zwischen den Gesellschaftern keine vertragliche Vereinbarung über die Durchführung der Auseinandersetzung vorliegt.[28]

1. Rückgabe von Gegenständen

Gemäß § 732 S. 1 BGB sind jedem Gesellschafter zunächst die Gegenstände zurückzugeben, die er der Gesellschaft zur Benutzung überlassen hat.

Diese Rückgabe kann sofort verlangt werden, es sei denn, die Gesellschaft kann auf den jeweiligen Gegenstand noch nicht verzichten, wie es beispielsweise bei der Überlassung eines Raumes der Fall sein kann.[29]

2. Berichtigung der Gesellschaftsschulden; Erstattung von Einlagen

Der nächste Schritt der Auseinandersetzung ist in § 733 BGB geregelt. § 733 Abs. 1 S. 1 BGB sieht vor, die Gesellschaftsschulden zu begleichen. Gemeint sind damit alle Schulden, die nach den Vereinbarungen der Gesellschafter von der Gesellschaft selbst erfüllt werden sollen.[30] Erfasst sind Drittschulden[31], aber ebenso können Sozialverbindlichkeiten zu den gemeinschaftlichen Schulden nach Abs. 1 gehören.[32]

Nach § 733 Abs. 2 S. 1 BGB sind aus dem nach Begleichung der Gesellschaftsschulden verbleibenden Gesellschaftsvermögen die Einlagen zurückzuerstatten. Für Einlagen, die nicht in Geld geleistet wurden, sieht § 733 Abs. 2 S. 2 BGB Wertersatz vor. Für geleistete Dienste und Werkleistungen kann gemäß § 733 Abs. 2 S. 3 BGB kein Wertersatz verlangt werden.

28 Bamberger/Roth-*Schöne*, § 730, Rn. 10.
29 Palandt-*Sprau*, § 732, Rn. 1.
30 MünchKomm. BGB-*Schäfer*, § 733, Rn. 6.
31 Palandt-*Sprau*, § 733, Rn. 2; Staudinger-*Habermeier* § 733 Rn. 6.
32 Erman-*H.P. Westermann*, § 733, Rn. 2; MünchKomm. BGB-*Schäfer*, § 733, Rn. 7; Soergel-*Hadding/Kießling*, § 733, Rn. 7.

Für den Fall, dass zur Berichtigung der Gesellschaftsschulden und Rückzahlung der Einlagen nicht ausreichend flüssige Mittel vorhanden sind, sieht § 733 Abs. 3 BGB, soweit wie es dazu erforderlich ist, die Versilberung des Gesellschaftsvermögens vor.[33] Eine vollständige Umwandlung des Gesellschaftsvermögens in Geld sieht § 733 Abs. 3 BGB jedoch gerade nicht vor, sondern eben nur insoweit, wie es zur Befriedigung der Gläubiger und zur Einlagenerstattung erforderlich ist.[34]

Die Art der Versilberung bestimmt sich bei Fehlen einer vertraglichen Vereinbarung der Gesellschafter von Gesetzes wegen gemäß § 731 S. 2 BGB nach den Regelungen über die Gemeinschaft.[35] Die §§ 752 ff. BGB sehen bei Teilbarkeit des jeweiligen Gegenstandes eine Teilung in Natur vor beziehungsweise bei Unteilbarkeit einen Verkauf. Auf diese Vorschriften wird sogleich unten[36] noch genauer eingegangen, an dieser Stelle seien sie aber bereits erwähnt.

3. Verteilung des Überschusses

„Schlussstein in der Auseinandersetzung"[37] ist die Verteilung des Überschusses. Verbleibt nach der Schuldenberichtigung und Einlagenrückerstattung ein solcher Überschuss, wird er gemäß § 734 BGB unter den Gesellschaftern verteilt.

4. Nachschusspflicht bei Verlust

Quasi als Gegenstück zu § 734 BGB sieht § 735 BGB vor, dass die Gesellschafter für Fehlbeträge persönlich aufzukommen haben, soweit das Gesellschaftsvermögen zur Berichtigung der gemeinschaftlichen Schulden und zur Rückerstattung der Einlagen nicht ausreicht. Anders als bei der werbenden Gesellschaft, bei der § 707 BGB eine Verlustausgleichspflicht

---

33 Bamberger/Roth-*Schöne*, § 733, Rn. 17; Palandt-*Sprau*, § 733, Rn. 11.

34 Erman-*H.P. Westermann*, § 733, Rn. 7; MünchKomm. BGB-*Schäfer*, § 733, Rn. 22; Staudinger-*Habermeier*, § 733, Rn. 12.

35 Bamberger/Roth-*Schöne*, § 733, Rn. 19; Erman-*H.P. Westermann*, § 733, Rn. 7; MünchKomm. BGB-*Schäfer*, § 733, Rn. 23; Palandt-*Sprau*, § 733, Rn. 11; Prütting/Wegen/Weinreich-*Ditfurth*, § 733, Rn. 10.

36 Siehe hierzu sogleich unten: 1. Kapitel, E).

37 MünchKomm. BGB-*Schäfer*, § 734, Rn. 1.

der Gesellschafter verhindert, besteht bei in der Abwicklung der Gesellschaft also eine Nachschusspflicht.[38]

5. Erfordernis einer Auseinandersetzungsbilanz

Für die Auseinandersetzung einer GbR ist die Erstellung einer formellen Schlussbilanz, im Unterschied zu § 154 HGB, nicht gesetzlich vorgeschrieben.[39] Eine solche ist gleichwohl auch bei der GbR erforderlich, sollten die finanziellen Verhältnisse der Gesellschaft nicht überschaubar sein und die Auseinandersetzung ohne Schlussbilanz zu Unsicherheiten führen.[40]

6. Aufgaben und Befugnisse der Liquidatoren

a) Aufgaben der Liquidatoren

Zu den Aufgaben der Liquidatoren gehören die Beendigung aller schwebenden Geschäfte (§ 730 Abs. 2 S. 1 BGB) sowie die Durchführung der gerade dargestellten Liquidationsmaßnahmen nach den §§ 732 bis 735 BGB.[41]

b) Geschäftsführungs- beziehungsweise Vertretungsbefugnisse

Die Geschäftsführungsbefugnis steht bei der GbR im Stadium ihrer werbenden Phase gemäß § 709 BGB grundsätzlich allen Gesellschaftern gemeinschaftlich zu.[42] Nach § 714 BGB besteht hinsichtlich der Vertretungsmacht anknüpfend an die Geschäftsführungsbefugnis der Grundsatz der Gesamtvertretung.[43] Hiervon können die Gesellschafter vertraglich abweichen und beispielsweise alle oder einzelne Gesellschafter mit Einzelgeschäftsführungsbefugnis[44] und/oder Einzelvertretungsmacht ausstatten.[45]

---

38 Erman-*H.P. Westermann*, § 735, Rn. 1.

39 MünchKomm. BGB-*Schäfer*, § 730, Rn. 58.

40 *BGH* v. 17.02.1969, WM 1969, 591 (592); MünchKomm. BGB-*Schäfer*, § 730, Rn. 58.

41 Bamberger/Roth-*Schöne*, § 730, Rn. 25; MünchKomm. BGB-*Schäfer*, § 730, Rn. 44 f.

42 Palandt-*Sprau*, Vorb v §§ 709–715, Rn. 4.

43 Palandt-*Sprau*, § 714, Rn. 3.

44 Bamberger/Roth-*Schöne*, § 709, Rn. 22.

45 Bamberger/Roth-*Schöne*, § 714, Rn. 6.

Derartige vertraglich eingeräumte Geschäftsführungsbefugnisse erlöschen jedoch gemäß § 730 Abs. 2 S. 2 BGB mit der Auflösung der Gesellschaft, wenn die Gesellschafter für die Phase der Auseinandersetzung keine anders lautende Vereinbarung treffen beziehungsweise getroffen haben.[46] Vom Zeitpunkt der Auflösung an gilt das Kollektivprinzip des § 709 Abs. 1 BGB[47], und zwar selbst dann, wenn zuvor alle oder einzelne Gesellschafter Einzelgeschäftsführungsbefugnis hatten.[48] Von nun an steht allen Gesellschaftern die Geschäftsführung gemeinschaftlich zu, § 730 Abs. 2 S. 2 Halbsatz 2 BGB. Aufgrund der Regelung des § 714 BGB gilt dies ebenso für die Vertretungsmacht, das heißt in der Auseinandersetzung sind die Gesellschafter als Abwickler bei Fehlen einer anders lautenden Vereinbarung nur gemeinsam vertretungsbefugt.[49]

Der Grund für diese Regelung liegt darin, dass sich mit der Auflösung der Gesellschaft die Interessenlage der einzelnen Gesellschafter ändert.[50] Ab diesem Zeitpunkt ist das Interesse der Gesellschafter nicht mehr auf die Verwirklichung des vertraglich vereinbarten Zwecks gerichtet, sondern darauf, die Auseinandersetzung des gemeinschaftlichen Vermögens vorzunehmen und sich dabei gegenseitig zu kontrollieren.[51]

c) Besonderheit bei einer Publikums-GbR

aa) Begriff einer Publikums-GbR

Fraglich ist, ob die Bestimmung des § 730 Abs. 2 S. 2 Halbsatz 2 BGB auch Anwendung findet, wenn eine Publikums-GbR auseinandergesetzt werden muss.

Eine Publikumsgesellschaft setzt sich regelmäßig aus einer Vielzahl von Gesellschaftern zusammen: den Gründungsgesellschaftern sowie den zum

---

46 *BGH* v. 10.01.1963, WM 1963, 248 (249); *OLG Köln* v. 29.05.1995, NJW-RR 1996, 27 (28); Erman-*H.P.Westermann*, § 730, Rn. 7; Staudinger-*Habermeier*, § 730, Rn. 12.

47 Bamberger/Roth-*Schöne*, § 730, Rn. 23.

48 *BGH* v. 10.01.1963, WM 1963, 248 (249); *OLG Köln* v. 29.05.1995, NJW-RR 1996, 27 (28); Jauernig-*Stürner*; § 730, Rn. 2; MünchKomm. BGB-*Schäfer*, § 730, Rn. 40; Palandt-*Sprau*, § 730, Rn. 3.

49 MünchKomm. BGB-*Schäfer*, § 730, Rn. 43; Staudinger-*Habermeier*, § 730, Rn. 16.

50 Bamberger/Roth-*Schöne*, § 730, Rn. 23.

51 *RG*, RGZ 100, 165 (166); MünchKomm. BGB-*Schäfer*, § 730, Rn. 40.

Beitritt eingeladenen, nicht untereinander verbundenen, lediglich auf kapitalistischer Basis beteiligten Mitgesellschaftern.[52] Den Mitgesellschaftern stehen in der Regel lediglich Kontrollrechte zu, wohingegen die Geschäftsführungs- und Vertretungsbefugnisse allein bei den Gründungsgesellschaftern liegen.[53] Der Zweck solcher Publikumsgesellschaften ist die Sammlung von Kapital.[54] Betreibt die Gesellschaft kein Handelsgewerbe, handelt es sich hierbei oftmals um eine GbR.[55] Ein typisches Beispiel für eine derartige Publikumsgesellschaft ist ein geschlossener Immobilienfonds.[56] Eine als GbR organisierte Publikumsgesellschaft weicht in ihrer Struktur vom gesetzlichen Leitbild der §§ 705 ff. BGB ab und ist stattdessen vielmehr körperschaftlich geprägt.[57] Aus diesem Grund hat die Rechtsprechung für die Publikums-GbR teilweise von den §§ 705 ff. BGB abweichende Grundsätze aufgestellt, beispielsweise betreffend die Frage der Gesellschafterhaftung nach § 708 BGB[58] oder auch die Auslegung des Gesellschaftsvertrages.[59] Aufgrund der körperschaftlichen Struktur der Publikums-GbR stellt sich auch im Rahmen des § 730 Abs. 2 S. 2 BGB die Frage, ob die Vorschrift nach Auflösung der Publikums-GbR zur Anwendung kommen kann oder ob aufgrund der atypischen Struktur auch insoweit andere Grundsätze gelten müssen.

---

52 NK-BGB/*Heidel/Hanke*, § 705, Rn. 74; Prütting/Wegen/Weinreich-*Ditfurth*, § 705, Rn. 48.

53 Bamberger/Roth-*Schöne*, § 705, Rn. 192; Prütting/Wegen/Weinreich-*Ditfurth*, § 705, Rn. 48.

54 Palandt-*Sprau*, § 705, Rn. 47; Prütting/Wegen/Weinreich-*Ditfurth*, § 705, Rn. 48.

55 Bamberger/Roth-*Schöne*, § 705, Rn. 192; NK-BGB/*Heidel/Hanke*, § 705, Rn. 74; Palandt-*Sprau*, § 705, Rn. 47.

56 NK-BGB/*Heidel/Hanke*, § 705, Rn. 74.

57 NK-BGB/*Heidel/Hanke*, § 705, Rn. 74; Prütting/Wegen/Weinreich-*Ditfurth*, § 705, Rn. 48.

58 *BGH* v. 04.07.1977, BGHZ 69, 207 (209); *BGH* v. 12.11.1979, BGHZ 75, 321 (327).

59 *BGH* v. 04.07.2005, ZIP 2005, 1455 f.

bb) Eine Ansicht: analoge Anwendung von § 265 Abs. 1 AktG

Nach einer Auffassung soll in diesem Fall § 265 Abs. 1 Aktiengesetz (AktG) analog gelten.[60] Diese Sichtweise geht davon aus, § 730 Abs. 2 S. 2 Halbsatz 2 BGB sei auf die althergebrachte Gesellschaft mit einer überschaubaren Anzahl von Mitgliedern zugeschnitten und passe auf die körperschaftlich strukturierte und aus einer unüberschaubaren Anzahl von Mitgliedern bestehende Publikums-GbR nicht, weil die Abwicklungsgesellschaft dann praktisch handlungsunfähig wäre.[61] Auch bei der Publikums-KG wende die höchstrichterliche Rechtsprechung daher nicht die Regeln des Personengesellschaftsrechts an, sondern kapitalgesellschaftsrechtliche Prinzipien.[62] § 730 Abs. 2 S. 2 Halbsatz 2 BGB sei ungeeignet, um eine praktikable und rasche Liquidation einer solchen Gesellschaft zu erreichen, daher sprächen die besseren Gründe für eine analoge Anwendung des § 265 Abs. 1 AktG und demnach seien nur die ursprünglichen Geschäftsführer, welche auch in der werbenden Phase die Gesellschaft vertraten zur Abwicklung berufen.[63]

cc) Andere Ansicht (*BGH*): Anwendung von § 730 Abs. 2 S. 2 BGB

Der *BGH* trat dieser Auffassung jedoch entgegen.[64] Er entschied mit Urteil vom 05.07.2011, dass nicht auf § 265 Abs. 1 AktG oder § 66 Abs. 1 GmbHG in jeweils analoger Anwendung zurückgegriffen werden könne, sondern vielmehr auch hier gemäß § 730 Abs. 2 S. 2 BGB die den einzelnen Gesellschaftern verliehene Einzelgeschäftsführungsbefugnis erlischt. Die Geschäftsführung und Vertretung stehe somit von der Auflösung an allen Gesellschaftern gemeinschaftlich zu. Zuvor habe allerdings eine ergänzende Vertragsauslegung zu erfolgen, denn ein Rückgriff auf das dispositive Gesetzesrecht komme nur als letzter Notbehelf in Betracht.[65] Erst wenn

---

60 *LG Nürnberg-Fürth* v. 25.06.2010, NZG 2010, 1101 (1101) = NJW 2010, 2960; MünchKomm. BGB-*Schäfer*, § 730, Rn. 40.

61 *LG Nürnberg-Fürth* v. 25.06.2010, NZG 2010, 1101 (1101); auch *KG* v. 03.05.2010, NZG 2010, 1102 (1103).

62 Siehe hierzu sogleich unten: 1. Kapitel, C), III., 2.

63 *LG Nürnberg-Fürth* v. 25.06.2010, NZG 2010, 1101 (1101); MünchKomm. BGB-*Schäfer*, § 730, Rn. 40.

64 *BGH* v. 05.07.2011, NZG 2011, 1140 = NJW 2011, 3087.

65 *BGH* v. 20.09.1993, BGHZ 123, 281 (286); *BGH* v. 05.07.2011, NJW 2011, 3087; MünchKomm. BGB-*Ulmer/Schäfer*, § 705, Rn. 174.

sich kein hypothetischer Parteiwille dahingehend erkennen lasse, dass die bisherigen einzeln geschäftsführungsberechtigten Gründungsgesellschafter als Liquidatoren auch die Geschäfte der Auseinandersetzungsgesellschaft führen sollten, gelte die Regelung des § 730 Abs. 2 S. 2 BGB.[66] Laut *BGH* fehlt es für eine analoge Anwendung von § 265 Abs. 1 AktG oder § 66 Abs. 1 GmbHG an der erforderlichen Regelungslücke.[67] Die Handlungsfähigkeit einer Publikumsgesellschaft in der Liquidationsphase könne sichergestellt werden, indem durch Beschluss eine von § 730 Abs. 2 S. 2 BGB abweichende Anordnung getroffen werde. Überdies könne das Gericht auf Antrag eines Gesellschafters analog § 146 Abs. 2 HGB einen Liquidator ernennen, wenn dafür ein wichtiger Grund bestehe.[68] Des Weiteren würde eine analoge Anwendung der §§ 265 Abs. 1 AktG, 66 Abs. 1 GmbHG den Gesellschafterinteressen zuwiderlaufen. Der *BGH* argumentiert also mit den Interessen sämtlicher Gesellschafter. Wie oben dargestellt[69], erfährt die Gesellschaft durch die Auflösung eine Zweckänderung: Ihr Zweck besteht nunmehr in der Liquidation des Gesellschaftsvermögens. Weil die Gesellschafterinteressen in der Liquidation – anders als bei der werbenden Gesellschaft – nicht mehr als parallel laufend vermutet werden, sondern stärker auseinander gehen, sollen sämtliche Gesellschafter gemeinsam über die erforderlichen Liquidationsmaßnahmen entscheiden.[70] Durch eine analoge Anwendung kapitalgesellschaftsrechtlicher Normen würde den Gesellschaftern dieses Recht genommen, so der *BGH*.

Ebenso verwirft der *BGH* die Argumentation hinsichtlich einer Parallele zu einer Publikums-Kommanditgesellschaft, auf welche weitgehend kapitalgesellschaftsrechtliche Regeln angewendet werden.[71]

---

66 *BGH* v. 05.07.2011, NJW 2011, 3087 (3088).
67 *BGH* v. 05.07.2011, NJW 2011, 3087 (3089).
68 *BGH* v. 05.07.2011, NJW 2011, 3087 (3089); so auch MünchKomm. HGB-*K. Schmidt*, § 146, Rn. 2a; MünchKomm. BGB-*Schäfer*, § 730, Rn. 40.
69 Siehe hierzu bereits oben: 1. Kapitel, B), I., 2.
70 Siehe hierzu bereits oben: 1. Kapitel, C), III., 6., b).
71 Vgl. hierzu: *BGH* v. 02.06.2003, BGHZ 155, 121 (123 f.); *BGH* v. 11.01.2011, ZIP 2011, 322 (324).

Dies sei nämlich dann nicht möglich, wenn die konkrete Ausgestaltung des Gesellschaftsvertrages dem entgegenstehe.[72] Weise der Gesellschaftsvertrag keine kapitalgesellschaftsrechtlichen Elemente auf, verbiete sich trotz einer Vielzahl von Gesellschaftern eine analoge Anwendung kapitalgesellschaftsrechtlicher Regelungen.

dd) Zusammenfassung

Der *BGH* lehnt die analoge Anwendung von §§ 265 Abs. 1 AktG, 66 Abs. 1 GmbHG auf die Publikums-GbR während der Phase ihrer Liquidation ab. Insbesondere das Argument, die Interessen der Gesellschafter stünden einer Anwendung kapitalgesellschaftsrechtlicher Regelungen entgegen, überzeugt. Die vom Gesetzgeber in § 730 Abs. 2 S. 2 Halbsatz 2 BGB vorgesehene Regelung, nach der bei Fehlen einer etwaigen vertraglichen Vereinbarung (wieder) alle Gesellschafter geschäftsführungs- und vertretungsbefugt sind, sollte grundsätzlich nicht umgangen werden. Die Möglichkeit einer sachgerechten Behandlung von Härtefällen eröffnet der *BGH* über die analoge Anwendung von § 146 Abs. 2 HGB.[73] Um die aus Sicht der bislang einzeln geschäftsführungs- und vertretungsbefugten Gründungsgesellschafter unschöne Folge des § 730 Abs. 2 S. 2 BGB zu vermeiden, sollte der Gesellschaftsvertrag einer Publikums-GbR eine entsprechende Regelung für den Fall der Auseinandersetzung enthalten.[74]

7. Durchsetzungssperre

a) Sinn und Zweck

Während der Auseinandersetzung gilt eine sogenannte Durchsetzungssperre. Das bedeutet, einzelne Gesellschafter können ihre gegen die Gesellschaft oder gegen die Mitgesellschafter bestehenden Ansprüche während der Auseinandersetzung nicht mehr selbstständig mittels Leistungsklage geltend machen.[75] Der Sinn und Zweck der Durchsetzungssperre liegt

---

72 Vgl. hierzu: *BGH* v. 11.01.2011, ZIP 2011, 322 (324); E/B/J/S-*Henze*, § 177a Anh. B, Rn. 26.

73 *BGH* v. 05.07.2011, NJW 2011, 3087 (3089).

74 *Wolfer*, GWR 2011, 445 (445).

75 *BGH* v. 13.06.1957, WM 1957, 1027 (1029); *BGH* v. 02.07.1962, BGHZ 37, 299 (304); *BGH* v. 17.02.1969, WM 1969, 591 (592); *OLG Hamm* v. 12.05.2004, NZG 2004, 765 (765); Bamberger/Roth-*Schöne*, § 730, Rn. 20

darin, Hin- und Herzahlungen während der Auseinandersetzung zu verhindern[76] und damit die Auseinandersetzung zu erleichtern.[77]

b) Ausnahmen

Von diesem Grundsatz werden Ausnahmen gemacht. Nämlich dann, wenn von vornherein feststeht, dass dem jeweiligen Gesellschafter nach Erstellung der Schlussbilanz ein bestimmter Mindestanspruch zusteht beziehungsweise dass er einen bestimmten Betrag unter keinen Umständen zurückzahlen muss.[78]

8. Entbehrlichkeit einer Liquidation

Nicht jede Auflösung einer GbR zieht zwingend eine Liquidation nach sich. Es gibt Fälle, in denen die Auflösung der Gesellschaft ausnahmsweise zugleich zu deren Vollbeendigung führt. Ist kein gemeinschaftliches Vermögen vorhanden, ist für eine Auseinandersetzung kein Raum.[79] Die zwei wichtigsten Beispiele für einen derartigen Fall sind der Rückgang der Mitgliederzahl auf einen Gesellschafter und die Auflösung einer Innengesellschaft.[80]

(mit weiteren *BGH*-Entscheidungen in Fn 50); Erman-*H.P. Westermann*, § 730, Rn. 11; MünchKomm. BGB-*Schäfer*, § 730, Rn. 49, Palandt-*Sprau*, § 730, Rn. 6.

76 *BGH* v. 24.10.1994, NJW 1995, 188 (189); Erman-*H.P. Westermann*, § 730, Rn. 11; MünchKomm BGB-*Schäfer*, § 730, Rn. 49: Palandt-*Sprau*, § 730, Rn. 6.

77 Erman-*H.P. Westermann*, § 730, Rn. 11.

78 *BGH* v. 02.07.1962, BGHZ 37, 299 (305); *BGH* v. 01.04.1974, WM 1974, 749 (751); *BGH* v. 14.01.1980, NJW 1980, 1628 (1628); *BGH* v. 11.05.1995, NJW 1995, 2843 (2844), *BGH* v. 02.10.1997, NJW 1998, 376 (376); MünchKomm. BGB-*Schäfer*, § 730, Rn. 49; Staudinger-*Habermeier*, § 730, Rn. 22; Soergel-*Hadding*, § 730, Rn. 4.

79 *RG*, JW 1937, 2970 (2971); *BGH* v. 05.07.1993, ZIP 1993, 1307 (1307); *OLG Frankfurt a.M.* v. 16.06.1995, NJW-RR 1996, 101 (102).

80 Bamberger/Roth-*Schöne*, Vorb. zu §§ 723 ff., Rn. 3; MünchKomm. BGB-*Schäfer*, Vor § 723, Rn. 9 f.

9. Verweis auf das Gemeinschaftrecht

Gemäß § 731 S. 2 BGB gelten für die Auseinandersetzung der GbR im Übrigen die Vorschriften über die Gemeinschaft. Das heißt, soweit weder etwaige zwischen den Gesellschaftern getroffene Vereinbarungen noch die §§ 730 ff. BGB für die vollständige Auseinandersetzung weiterhelfen, gelten subsidiär die Regelungen über die Aufhebung der Gemeinschaft (§§ 749 bis 758 BGB).[81] Die Streitigkeiten darüber, auf welche Vorschriften der §§ 749 ff. BGB genau verwiesen wird, sollen an dieser Stelle dahinstehen. Unstreitig gilt der Verweis jedenfalls für die §§ 752, 753 BGB[82], deren heutige Anwendbarkeit auf die rechtsfähige GbR Gegenstand dieser Arbeit sein soll.

Der Verweis auf die Teilungsvorschriften der Gemeinschaft setzt denklogisch voraus, dass überhaupt noch Gesellschaftsvermögen vorhanden ist, denn ansonsten bedarf es schließlich keiner Vermögensauseinandersetzung.[83]

Relevant wird § 731 S. 2 BGB zum einen, soweit Gesellschaftsvermögen versilbert werden muss, um Gesellschaftsschulden zu berichtigen und/oder Einlagen an die Gesellschafter zurückzuerstatten, § 733 Abs. 3 BGB, und die Gesellschafter sich gerade nicht einvernehmlich auf eine vollständige Liquidation geeinigt haben.[84] Dann erfolgt die Versilberung des Gesellschaftsvermögens zum Zwecke der Einlagenrückerstattung und/oder zur Schuldenberichtigung aufgrund des Verweises in § 731 S. 2 BGB nach § 753 Abs. 1 S. 1 BGB, also im Wege des Pfandverkaufs beziehungsweise der Teilungsversteigerung.[85]

---

81 Soergel-*Hadding/Kießling*, § 731, Rn. 3.

82 Bamberger/Roth-*Schöne*, § 731, Rn. 4; Erman-*H.P. Westermann*, § 731, Rn. 2; MünchKomm. BGB-*Schäfer*, § 731, Rn. 4; Palandt-*Sprau*, § 731, Rn. 1; Soergel-*Hadding/Kießling*, § 731, Rn. 4.

83 Bamberger/Roth-*Schöne*, § 731, Rn. 4; MünchKomm. BGB-*Schäfer*, § 731, Rn. 4; Soergel-*Hadding/Kießling*, § 731, Rn. 3; Staudinger-*Habermeier*, § 731, Rn. 3.

84 MünchKomm. BGB-*Schäfer*, § 733, Rn. 22.

85 *BGH* v. 05.12.1991, NJW 1992, 830 (832); Bamberger/Roth-*Schöne*, § 733, Rn. 19; Erman-*H.P. Westermann*, § 733, Rn. 7; MünchKomm. BGB-*Schäfer*, § 733, Rn. 23; Palandt-*Sprau*, § 733, Rn. 11; Prütting/Wegen/Weinreich-*Ditfurth*, § 733, Rn. 10.

Zum anderen spielt § 731 S. 2 BGB eine Rolle, wenn nach der Auseinandersetzung gemäß den §§ 732 bis 735 BGB, also nach Rückerstattung der Einlagen und nach Berichtigung der Gesellschaftsschulden, noch Gesellschaftsvermögen vorhanden ist und die Gesellschafter keine abweichende Vereinbarung darüber getroffen haben, wie die verbleibenden Vermögensgegenstände unter ihnen aufgeteilt werden sollen.[86]

In dem Fall gelten subsidiär die §§ 752 ff. BGB.[87] Eine genauere Darstellung zu den §§ 752 ff. BGB erfolgt sogleich unten.[88]

Gegenstand dieser Arbeit soll die Frage sein, ob die Verweisungsnorm des § 731 S. 2 BGB heute überhaupt noch einen Anwendungsbereich hat, das heißt, ob man die §§ 731 S. 2, 752 ff. BGB heute auf die rechtsfähige GbR anwenden kann. Dies könnte möglicherweise mit dem heutigen Verständnis der (Außen-) GbR als rechtsfähige Personengesellschaft in einem Widerspruch stehen. Ob dem so tatsächlich so ist, wird unten[89] erörtert.

II. Offene Handelsgesellschaft

Die Liquidation einer OHG erfolgt nach den §§ 145 ff. HGB. Diese Vorschriften sind maßgeblich, sofern nicht eine andere Art der Auseinandersetzung vertraglich vereinbart wurde.[90]

1. Auflauf der Liquidation und Aufgaben der Liquidatoren

Der Ablauf der Liquidation beziehungsweise die Aufgaben der Liquidatoren richten sich hauptsächlich nach § 149 HGB.[91] Nach dieser Vorschrift haben sie die laufenden Geschäfte zu beendigen, die Forderungen einzuziehen, das übrige Vermögen in Geld umzusetzen und die Gläubiger zu befriedigen. Weitere Aufgaben finden sich u. a. in § 154 HGB (Aufstellung einer Liquidationsbilanz), § 155 HGB (Verteilung des restlichen Vermögens unter den Gesellschaftern) oder auch § 157 HGB (das Erlöschen der Firma

86 Bamberger/Roth-*Schöne*, § 731, Rn. 4; Palandt-*Sprau*, § 731, Rn. 1.
87 MünchKomm. BGB-*Schäfer*, § 731, Rn. 4; Palandt-*Sprau*, § 731, Rn. 1.
88 Siehe hierzu sogleich unten: 1. Kapitel, E), III.
89 Ab dem 2. Kapitel.
90 Röhricht/Graf v. Westphalen/Haas-*Haas*, § 145, Rn. 1; Staub-*Habersack*, Vor § 145, Rn. 2.
91 Henssler/Strohn-*Klöhn*, § 149 HGB, Rn. 1.

ist zur Eintragung in das Handelsregister anzumelden).[92] Hervorgehoben werden soll an dieser Stelle, dass die Umsetzung des übrigen Vermögens in Geld i.S.v. § 149 S. 1 HGB bei der Liquidation einer OHG auf anderem Wege als bei der Auseinandersetzung einer GbR erfolgt beziehungsweise erfolgen kann. Bei der GbR wird das übrige Vermögen wegen des Verweises in §§ (733 Abs. 3), 731 S. 1 BGB nach § 753 BGB versilbert, das heißt bei beweglichen Sachen im Wege der öffentlichen Versteigerung beziehungsweise der Teilungsversteigerung bei Grundstücken.[93] Die Liquidatoren einer OHG sind nicht an die insoweit einschränkenden BGB-Vorschriften gebunden, sondern können die in Betracht kommenden Schritte zur Versilberung des Gesellschaftsvermögens nach pflichtgemäßem Ermessen selbst bestimmen.[94] Sie können daher die einzelnen Vermögensgegenstände der Gesellschaft anstatt im Wege der öffentlichen Versteigerung zum Beispiel auch freihändig verkaufen.[95]

2. Liquidatoren

Sofern die Durchführung der Liquidation durch Gesellschafterbeschluss oder durch den Gesellschaftsvertrag nicht einzelnen Gesellschaftern oder anderen Personen übertragen ist, erfolgt sie durch sämtliche Gesellschafter als Liquidatoren, § 146 Abs. 1 S. 1 HGB (sogenannte „geborene Liquidatoren").[96] Im Zweifel sind demnach sämtliche Gesellschafter Liquidatoren, das heißt auch die nicht persönlich haftenden und die während der werbenden Phase von der Geschäftsführung und Vertretung ausgeschlossenen Gesellschafter.[97] Wurde hingegen per Gesellschaftsvertrag oder Gesellschafterbeschluss ein Gesellschafter unter Ausschluss der

92 Staub-*Habersack*, § 149, Rn. 1.
93 Näheres dazu sogleich unten: 1. Kapitel, E), III. 2.
94 E/B/J/S-*Hillmann*, § 149, Rn. 18; MünchKomm. HGB-*K.Schmidt*, § 149, Rn. 35; Röhricht/Graf v. Westphalen/Haas-*Haas*, § 149, Rn. 14; Staub-*Habersack*, § 149, Rn. 34.
95 Baumbach/Hopt-*Roth*, § 149, Rn. 4; Staub-*Habersack*, § 149, Rn. 34.
96 Baumbach/Hopt-*Roth*, § 146, Rn. 2.
97 Baumbach/Hopt-*Roth*, § 146, Rn. 2; Henssler/Strohn-*Klöhn*, § 146 HGB, Rn. 4; MünchKomm. HGB-*K.Schmidt*, § 146, Rn. 13; Staub-*Habersack*, § 146, Rn. 9.

übrigen oder ein Dritter mit der Liquidation beauftragt, so bezeichnet man diesen als „gekorenen Liquidator“.[98]

Darüber hinaus bestimmt § 150 Abs. 1 HGB, dass mehrere Liquidatoren nur gemeinsam handeln können, soweit nicht etwas anderes vereinbart wurde.[99] Die Regelung des § 150 Abs. 1 HGB sieht also in Abweichung von dem in den §§ 115, 125 HGB für die OHG normierten Grundsatz der Einzelgeschäftsführung beziehungsweise –vertretung für die Liquidation die gemeinschaftliche Geschäftsführung und Vertretung vor.[100] Insoweit besteht hier eine Parallele zur GbR, bei der wegen § 730 Abs. 2 S. 2 Halbsatz 2 BGB im Zweifel ebenfalls alle Gesellschafter gemeinsam die Liquidation durchführen müssen. Ein Unterschied im Vergleich zur Liquidation einer GbR liegt darin, dass gemäß § 146 Abs. 2 HGB auf Antrag eines Beteiligten aus wichtigen Gründen die Ernennung von Liquidatoren durch das Gericht, in dessen Bezirke die Gesellschaft ihren Sitz hat, erfolgen kann. Dadurch soll eine etwaige bevorstehende oder eingetretene Handlungsunfähigkeit der Gesellschaft abgewendet werden können.[101] § 730 BGB sieht diese Option hingegen nicht vor.

III. Kommanditgesellschaft

1. Liquidation wie bei der OHG

Wegen des Verweises in § 161 Abs. 2 HGB gelten die vorgenannten Ausführungen zur Liquidation einer OHG für die Liquidation einer KG entsprechend. Dies gilt auch hinsichtlich § 146 Abs. 1 S. 1 HGB, so dass nicht nur die persönlich haftenden Komplementäre, sondern auch sämtliche Kommanditisten geborene Liquidatoren sind.[102]

---

98 Baumbach/Hopt-*Roth*, § 146, Rn. 4.

99 MünchKomm. HGB-*K.Schmidt*, § 150, Rn. 1.

100 Röhricht/Graf v. Westphalen/Haas-*Haas*, § 150, Rn. 1; Staub-*Habersack*; § 150, Rn. 1.

101 Oetker-*Kamanabrou*, § 146, Rn. 14.

102 *BGH* v. 24.09.1982, WM 1982, 1170 (1170); *OLG Hamm* v. 05.09.1996, NJW-RR 1997, 32 (33 f.); MünchKomm. HGB-*K.Schmidt*, § 146, Rn. 14; Röhricht/Graf v. Westphalen/Haas-*Haas*, § 146, Rn. 3; Staub-*Habersack*, § 146, Rn. 12.

2. Besonderheit bei einer Publikums-KG

Etwas anderes gilt jedoch bei der Liquidation einer Publikums-KG. Für eine Publikums-KG können laut *BGH* die HGB-Vorschriften über die Liquidation (§§ 146 ff. HGB), anders als bei einer OHG oder einer typischen KG, nicht gelten.[103] Einer Publikums-KG gehört regelmäßig eine unüberschaubare Zahl einander unbekannter, nicht am Ort des Gesellschaftssitzes lebender Kommanditisten an, deren Funktion hauptsächlich in der Sammlung von Kapital besteht.[104] Damit sei eine Publikums-KG nicht, wie das dem Gesetzgeber des HGB vor Augen stehende Modell der Handelsgesellschaft, personalistisch, sondern vielmehr körperschaftlich strukturiert.[105] Um diesem Umstand Rechnung zu tragen, wendet der *BGH* die Regelungen des Personengesellschaftsrechts auf diese Organisationsform nicht an, sondern ersetzt sie durch kapitalgesellschaftsrechtliche Prinzipien.[106]

Fehlt im Gesellschaftsvertrag einer Publikums-KG eine von § 146 Abs. 1 S. 1 BGB abweichende Bestimmung, soll deshalb davon auszugehen sein, dass im Zweifel die Leitungsorgane im Amt bleiben sollen und somit allein die Komplementäre die Liquidation durchführen.[107] Darin liegt zudem ein Unterschied zur Liquidation einer Publikums-GbR, bei welcher der *BGH* die analoge Anwendung kapitalgesellschaftsrechtlicher Vorschriften wie gezeigt[108] ablehnt.

---

103 *BGH* v. 02.06.2003, NJW 2003, 2676 (2676).

104 *BGH* v. 02.06.2003, NJW 2003, 2676 (2676).

105 *BGH* v. 02.06.2003. NJW 2003, 2676 (2676).

106 Siehe hierzu z.B. *BGH* v. 30.03.1998, NZG 1998, 463 (463); *BGH* v. 24.03.2003, NJW 2003, 1729 (1729) = NZG 2003, 525 (525).

107 Koller/Roth/Morck-*Koller*, § 146, Rn. 1; MünchKomm. HGB-*K.Schmidt*, § 146, Rn. 14; Röhricht/Graf v.Westphalen/Haas-*Haas*, § 146, Rn. 3a; Staub-*Habersack*, § 146, Rn. 13.

108 Siehe hierzu bereits oben: 1. Kapitel, C), I., 6., c).

D) 3. Phase: Die Vollbeendigung einer Personengesellschaft

I. Gesellschaft bürgerlichen Rechts

Die GbR ist beendet, wenn das Gesamthandsvermögen vollständig abgewickelt wurde[109], das heißt, sobald kein aktives Gesellschaftsvermögen mehr vorhanden ist.[110] Auf eine Schuldentilgung gegenüber den Gesellschaftsgläubigern oder auf einen Kostenausgleich zwischen den Gesellschaftern kommt es für die Beendigung der Gesellschaft nicht an.[111] Stellt sich nach Erstellung der Schlussabrechnung heraus, dass sich noch Gegenstände im Gesamthandsvermögen der Gesellschaft befinden, so war die Gesellschaft in Wirklichkeit noch gar nicht beendet und die Gesellschafter haben die Auseinandersetzung wieder aufzunehmen (Nachtragsliquidation).[112]

II. OHG und KG

Die Vollbeendigung der OHG beziehungsweise der KG tritt nach herrschender Meinung dann ein, wenn das nach Begleichung der Gesellschaftsschulden verbliebene Vermögen unter den Gesellschaftern verteilt wurde, das heißt wenn kein Aktivvermögen mehr bei der Gesellschaft vorhanden ist.[113] Durch die Verteilung des noch vorhandenen Aktivvermögens gemäß § 155 HGB erlischt die Gesellschaft.[114] Wie bei der Vollbeendigung einer GbR gilt auch hier: die OHG beziehungsweise die KG ist noch nicht vollbeendet, soweit sich im Nachhinein herausstellt, dass noch Aktivvermögen

---

109 *BGH* v. 11.04.1957, BGHZ 24, 91 (93f.) = NJW 1957, 989; Bamberger/Roth-*Schöne*, § 730, Rn. 22; MünchKomm. BGB-*Schäfer*, § 730, Rn. 38; Soergel-*Hadding/Kießling*, § 730, Rn. 32.

110 Soergel-*Hadding/Kießling*, § 730, Rn. 32.

111 Bamberger/Roth-*Schöne*, § 730, Rn. 22.

112 Erman-*H.P. Westermann*, § 730, Rn. 14; MünchKomm. BGB-*Schäfer*, § 730, Rn. 39; Soergel-*Hadding/Kießling*, § 730, Rn. 32.

113 *BGH* v. 21.06.1979, NJW 1979, 1987 (1987); Baumbach/Hopt-*Roth*, § 157, Rn. 1; E/B/J/S-*Hillmann*, § 155, Rn. 21; Oetker-*Kamanabrou*, § 155, Rn. 11; Röhricht/Graf v. Westphalen/Haas-*Haas*, § 155, Rn. 12; Staub-*Habersack*, § 155, Rn. 34.

114 *BGH* v. 21.06.1979, NJW 1979, 1987 (1987); Baumbach/Hopt-*Roth*, § 157, Rn. 1; Oetker-*Kamanabrou*, § 155, Rn. 11.

vorhanden ist.[115] In dem Fall haben die bisherigen Liquidatoren eine Nachtragsliquidation durchzuführen.[116]

E) Die Aufhebung einer Gemeinschaft

Im Folgenden soll nun die Aufhebung und Abwicklung einer Gemeinschaft in ihren Grundzügen dargestellt werden. Von Relevanz für die vorliegende Arbeit sind vor allem die §§ 752 und 753 BGB, auf welche § 731 S. 2 BGB für die Auseinandersetzung einer GbR verweist. Diese beiden Vorschriften spielen deshalb nicht nur für die Aufhebung und Abwicklung einer Gemeinschaft eine Rolle, sondern können ebenso bei der Auseinandersetzung des Gesellschaftsvermögens einer GbR Bedeutung erlangen.

I. Allgemeines

Anders als bei einer Personengesellschaft wird bei einer Bruchteilsgemeinschaft keine Liquidation betrieben, sondern sie endet durch Aufhebung gemäß den §§ 749 ff. BGB.[117] Eine Auflösung mit anschließender Auseinandersetzung, in der das Gesamthandsvermögen veräußert wird und die Schulden ausgeglichen werden, findet nicht statt.[118]

Nach § 749 Abs. 1 BGB gilt für eine Gemeinschaft das Prinzip der jederzeitigen Aufhebbarkeit[119], das heißt jeder Teilhaber kann jederzeit die Aufhebung der Gemeinschaft verlangen. Gedanklich sind hierbei zwei Aspekte zu unterscheiden, namentlich die Frage, *ob* die Gemeinschaft aufgehoben wird, und die Frage, *wie* die Aufhebung konkret durchgeführt wird.[120]

---

115 *BGH* v. 21.06.1979, NJW 1979, 1987 (1987); Baumbach/Hopt-*Roth*, § 157, Rn. 3; E/B/J/S-*Hillmann*, § 155, Rn. 22; MünchKomm. HGB-*K.Schmidt*, § 155, Rn. 56; Staub-*Habersack*, § 155, Rn. 35.

116 Staub-*Habersack*, § 155, Rn. 35.

117 Erman-*L.Aderhold*, § 749, Rn. 1; MünchKomm. BGB-*K.Schmidt*, § 749, Rn. 1.

118 Soergel-*Hadding*, § 749, Rn. 1.

119 *BGH* v. 19.12.1974, BGHZ 63, 348 (351) = NJW 1975, 687 (688); Erman-*L. Aderhold*, § 749 Rn. 1; *Schnorr*, Die Gemeinschaft nach Bruchteilen, S. 378; Staudinger-*Langhein*, § 749, Rn. 45.

120 Palandt-*Sprau*, Vorb v §§ 749–758, Rn. 1.

Die Aufhebung der Gemeinschaft kann zum Beispiel durch einstimmigen Beschluss erfolgen.[121] Eine derartige Aufhebungsvereinbarung betrifft das „Ob“ der Aufhebung.[122] Das „Wie“ der Aufhebung, also der Inhalt des Teilungsanspruchs, richtet sich hingegen nach einer Teilungsvereinbarung.[123] Praktisch fällt meist beides zusammen.[124] Können sich die Teilhaber der Gemeinschaft nicht einigen, helfen insoweit die §§ 749 ff. BGB weiter. Die Voraussetzungen der Aufhebung werden in den §§ 749 bis 751 BGB geregelt, wohingegen sich der Inhalt des Aufhebungsanspruchs aus den §§ 752 bis 754 BGB ergibt.[125]

II. Die Rechtsnatur des Aufhebungsrechts und ein einheitlicher Aufhebungsanspruch

Umstritten ist die Rechtsnatur des Aufhebungsrechts. Während es sich nach einer teilweise vertretenen Ansicht um ein Gestaltungsrecht handelt[126], geht die ganz herrschende Meinung von einem Anspruch aus.[127] Mangels weiterer Bedeutung für diese Arbeit wird hinsichtlich dieses Streits auf nähere Ausführungen verzichtet.

Diese herrschende Meinung unterteilt sich wiederum in zwei Auffassungen, von denen die früher überwiegende Ansicht zwischen einem Anspruch auf Aufhebung der Gemeinschaft und einem Anspruch auf Vollzug der Aufhebung differenzierte.[128] Danach sollte die Gemeinschaft zunächst durch einen gemeinsamen Beschluss aufgehoben werden (notfalls Klage auf Zustimmung zur Aufhebung erforderlich) und anschließend eine konkrete

---

121 Palandt-*Sprau*, Vorb v §§ 749–758, Rn. 2.

122 MünchKomm. BGB-*K.Schmidt*, § 749, Rn. 30.

123 MünchKomm. BGB-*K.Schmidt*, § 749, Rn. 31.

124 Erman-*L.Aderhold*, § 749, Rn. 10; Staudinger-*Langhein*, § 749, Rn. 25.

125 MünchKomm. BGB-*K.Schmidt*, § 749, Rn. 2, 5.

126 Esser/Schmidt-*Schmidt*, AT Teilband 2, I § 38 IV, 2c; Jauerning-*Stürner*, § 749, Rn. 2.

127 Bamberger/Roth-*Gehrlein*, § 749, Rn. 2; MünchKomm. BGB-*K.Schmidt*, § 749, Rn. 19 f.; Palandt-*Sprau*, § 749, Rn. 1; Staudinger-*Langhein*, § 749, Rn. 19 ff.; Soergel-*Hadding*, § 749, Rn. 4.

128 *Enneccerus/Lehmann*, § 186 II; *Schlosser*, Gestaltungsklagen und Gestaltungsurteile, S. 35, 145, 288.

Teilung vereinbart und durchgeführt werden (notfalls durch Leistungsklage herbeizuführen).[129]

Ganz überwiegend wird mittlerweile allerdings von einem einheitlichen Aufhebungsanspruch ausgegangen, der auf die konkrete, entweder durch Vereinbarung oder Gesetz (§§ 752, 753 BGB) geregelte, Aufhebungsmaßnahme gerichtet ist.[130] Das bedeutet, dass ein Anspruch auf Aufhebung *an sich* nicht existiert, sondern vielmehr ein Anspruch, der im konkreten Einzelfall auf die Herbeiführung der zur Aufhebung erforderlichen Leistung zielt.[131]

Der Anspruch ist folglich im Fall des § 752 BGB auf Mitwirkung an der Teilung des Gegenstands in Natur gerichtet und im Fall des § 753 BGB auf Duldung des Zwangsverkaufs und auf die Mitwirkung bei der Erlösteilung.[132]

III. Der Inhalt des Aufhebungsanspruchs

Der Inhalt des Aufhebungsanspruchs, also der Vollzug der Aufhebung, richtet sich primär nach einer konkreten Teilungsvereinbarung unter den Teilhabern.[133] Bei Fehlen einer solchen ergibt sich der Anspruchsinhalt aus den §§ 752 bis 754 BGB.[134] Die Aufhebung erfolgt demnach durch

---

129 Soergel-*Hadding*, § 749, Rn. 5.

130 *OLG Hamm* v. 02.12.1991, NJW-RR 1992, 665 (666); Bamberger/Roth-*Gehrlein*, § 749, Rn. 2; Erman-*L.Aderhold*, § 749, Rn. 2; *Hellwig*, Anspruch und Klagerecht (1924), 444, Fn. 4; MünchKomm. BGB-*K.Schmidt*, § 749, Rn. 20; NK-BGB/*Radlmayr*, § 749, Rn. 10; Palandt-*Sprau*, Vorb v §§ 749–758, Rn. 1; Prütting/Wegen/Weinreich-*Ditfurth*, § 749, Rn. 2; *K.Schmidt*, JR 1979, 317 (319); Staudinger-*Langhein*, § 749, Rn. 7 ff.

131 Bamberger/Roth-*Gehrlein*, § 749, Rn. 2; Erman-*L.Aderhold*, § 749, Rn. 2; MünchKomm. BGB-*K.Schmidt*, § 749, Rn. 20; Palandt-*Sprau*, Vorb v §§ 749–758, Rn. 1; Prütting/Wegen/Weinreich-*Ditfurth*, § 749, Rn. 2.

132 *OLG Hamm* v. 02.12.1991, NJW-RR 1992, 665 (666); Bamberger/Roth-*Gehrlein*, § 749, Rn. 2; Erman-*L.Aderhold*, § 749, Rn. 2; jurisPK-BGB/*Habermeier*, § 749, Rn. 10; MünchKomm. BGB-*K.Schmidt*, § 749, Rn. 20; NK-BGB/*Radlmayr*, § 749, Rn. 10; Palandt-*Sprau*, Vorb v §§ 749–758, Rn. 1; Prütting/Wegen/Weinreich-*Ditfurth*, § 749, Rn. 2; *K.Schmidt*, JR 1979, 317 (319); Staudinger-*Langhein*, § 749, Rn. 7 ff.

133 Bamberger/Roth-*Gehrlein*, § 749, Rn. 9.

134 MünchKomm. BGB-*K.Schmidt*, § 752, Rn. 8.

Realteilung (§ 752 BGB) oder Verkauf (§ 753 BGB), wobei die Teilung durch Verkauf faktisch die Regel ist.[135]

1. Teilung in Natur (§ 752 BGB)

§ 752 S. 1 BGB sieht vor, dass die Aufhebung der Gemeinschaft durch Teilung in Natur erfolgt, wenn der gemeinschaftliche Gegenstand sich in gleichartige, den Anteilen der Teilhaber entsprechende Teile zerlegen lässt. Der Gegenstand muss hierbei real teilbar sein, das heißt es müssen sich ohne Wertminderung gleichartige Teile bilden lassen.[136] Dies ist insbesondere bei Geld oder anderen vertretbaren Sachen der Fall.[137] Der Inhalt des Aufhebungsanspruchs besteht in diesem Fall in der Mitwirkung an der Teilung und ist bei Weigerung der übrigen Teilhaber mit Hilfe der Leistungsklage durchzusetzen.[138]

2. Teilung durch Verkauf (§§ 753, 754 BGB)

Ist der gemeinschaftliche Gegenstand hingegen unteilbar, erfolgt die Aufhebung der Gemeinschaft durch Verkauf des (beweglichen) Gegenstands nach den Vorschriften über den Pfandverkauf, bei Grundstücken durch Zwangsversteigerung, sowie durch die sich daran anschließende Teilung des Erlöses, § 753 Abs. 1 S. 1 BGB.

Voraussetzung für eine Teilung durch Verkauf ist demnach, dass der gemeinschaftliche Gegenstand zwar veräußerungsfähig, aber unteilbar ist.[139] Bei bebauten Grundstücken ist dies beispielsweise regelmäßig der Fall[140], ebenso bei Tieren[141] und wohl auch bei einem Kraftfahrzeug.

---

135 MünchKomm. BGB-*K.Schmidt*, § 752, Rn. 2; Prütting/Wegen/Weinreich-*Ditfurth*, § 752, Rn. 1.

136 Bamberger/Roth-*Gehrlein*, § 752, Rn. 2; Erman-*L.Aderhold*, § 752, Rn. 2; Palandt-*Sprau*, § 752, Rn. 2; Staudinger-*Langhein*, § 752, Rn. 11.

137 Palandt-*Sprau*, § 752, Rn. 3; Soergel-*Hadding*, § 752, Rn. 6.

138 Erman-*L.Aderhold*, § 752, Rn. 6; MünchKomm. BGB-*K.Schmidt*, § 752, Rn. 32; Palandt-*Sprau*, § 752, Rn. 4.

139 MünchKomm. BGB-*K.Schmidt*, § 753, Rn. 5.

140 *OLG Hamm* v. 02.12.1991, NJW-RR 1992, 665 (665); Bamberger/Roth-*Schöne*, § 752, Rn. 3; Palandt-*Sprau*, § 752, Rn. 3; Prütting/Wegen/Weinreich-*Ditfurth*, § 752, Rn. 3.

141 Palandt-*Sprau*, § 752, Rn. 3.

a) Bewegliche Sachen

Für den Verkauf beweglicher Sachen verweist § 753 Abs. 1 S. 1 BGB auf die Vorschriften über den Pfandverkauf, also auf die §§ 1233 ff. BGB.

Gemäß § 1233 Abs. 1 BGB ist der Verkauf nach den §§ 1234 bis 1240 BGB zu bewirken. § 1233 Abs. 2 BGB ermöglicht zudem einen Verkauf gemäß dem Verfahren bei der Zwangsvollstreckung, das heißt nach den §§ 814 ff. ZPO. Eines Vollstreckungstitels bedarf es nur im Fall des Verkaufs nach § 1233 Abs. 2 BGB.[142]

Der Normalfall im Rahmen des § 1233 BGB ist die Verwertung durch privaten Verkauf nach Absatz 1.[143] Der Verkauf erfolgt dann gemäß § 1235 Abs. 1 BGB im Wege öffentlicher Versteigerung. Der Begriff der öffentlichen Versteigerung ist in § 383 Abs. 3 S. 1 BGB legal definiert. Die Versteigerung erfolgt durch einen Gerichtsvollzieher oder einen öffentlich bestellten Auktionator als Vertreter.[144] Für den Fall, dass der Gegenstand einen Börsen- oder Marktpreis hat, findet gemäß § 1235 Abs. 2 BGB die Vorschrift des § 1221 BGB Anwendung. Danach kann ein freihändiger Verkauf durch einen zu solchen Verkäufen öffentlich ermächtigten Handelsmäkler oder durch eine zur öffentlichen Versteigerung befugte Person erfolgen. Letztere sind zum Beispiel Gerichtsvollzieher (§ 383 Abs. 3 BGB)[145] und gemäß § 20 Abs. 3 BNotO auch Notare. Soll die Sache nach §§ 1235 Abs. 2, 1221 BGB freihändig verkauft werden, müssen sich jedoch alle Teilhaber darüber einig sein.[146] Gegen den Willen der anderen kann ein aufhebungswilliger Teilhaber den Gegenstand also nur nach § 1235 Abs. 1 BGB im Wege der öffentlichen Versteigerung verkaufen.

Die gemäß § 1234 Abs. 1 S. 1 BGB erforderliche Verkaufsandrohung ist bei einem Teilungsverkauf nach § 753 BGB gegenstandslos, weil diese beim Pfandverkauf nur den Zweck hat, dem Eigentümer zu ermöglichen,

---

142 Bamberger/Roth-*Gehrlein*, § 753, Rn. 2; MünchKomm. BGB-*K.Schmidt*, § 753, Rn. 13; Staudinger-*Langhein*, § 753, Rn. 9.

143 Bamberger/Roth-*Sosnitza*, § 1233, Rn. 2; Prütting/Wegen/Weinreich-*Nobbe*, § 1233, Rn. 1.

144 Prütting/Wegen/Weinreich-*Nobbe*, § 1235, Rn. 1.

145 MünchKomm. BGB-*Damrau*, § 1221, Rn. 2.

146 Staudinger-*Langhein*, § 753, Rn. 10.

von seinem Ablösungsrecht Gebrauch zu machen; eine solche Ablösungsmöglichkeit besteht hier allerdings nicht.[147]

b) Unbewegliche Sachen
Handelt es sich bei dem gemeinschaftlichen Gegenstand um ein Grundstück, erfolgt die Aufhebung der Gemeinschaft in diesem Fall durch Zwangsversteigerung und Teilung des Erlöses, § 753 Abs. 1 S. 1 BGB. § 753 Abs. 1 S. 1 BGB verweist damit auf die §§ 180 ff. ZVG[148], nach welchen sich die Zwangsversteigerung zum Zwecke der Aufhebung einer Gemeinschaft an einem Grundstück richtet. Für das Verfahren nach den §§ 180 ff. ZVG hat sich der Begriff „Teilungsversteigerung" durchgesetzt.[149]

aa) Sinn und Zweck der Teilungsversteigerung
Der Sinn und Zweck des Verfahrens nach den §§ 180 ff. ZVG liegt darin, eine Auflösung der Gemeinschaft zu ermöglichen, wenn eine Teilung in Natur nicht möglich ist[150] und eine gütliche Einigung der Teilhaber nicht erreicht werden konnte.[151] Zu beachten ist, dass die Gemeinschaft durch die Teilungsversteigerung selbst noch nicht aufgelöst wird, sondern vielmehr bereitet dieses Verfahren die Auflösung lediglich vor, indem ein unteilbares Grundstück versteigert und dadurch ein unter den Gemeinschaftsmitgliedern aufteilbarer Erlös erzielt wird.[152] Die Gemeinschaft setzt sich an dem Erlös fort.[153] Die eigentliche Auseinandersetzung der Gemeinschaft erfolgt hinsichtlich der Verteilung des erzielten Erlöses.[154]

---

147 MünchKomm. BGB-*K.Schmidt*, § 753, Rn. 13; NK-BGB/*Radlmayr*, § 753, Rn. 3; Staudinger-*Langhein*, § 753, Rn. 9.
148 Palandt-*Sprau*, § 753, Rn. 3.
149 *Böttcher*, § 180, Rn. 2; Dassler/Schiffhauer-*Hintzen*, § 180, Rn. 1; Hk-ZV/*Stumpe*, § 180, Rn. 1.
150 *Böttcher*, § 180, Rn. 1; Hk-ZV/*Stumpe*, § 180, Rn. 2.
151 Hk-ZV/*Stumpe*, § 180, Rn. 1.
152 *Böttcher*, § 180, Rn. 2; Dassler/Schiffhauer-*Hintzen*, § 180, Rn. 1; Hk-ZV/*Stumpe*, § 180, Rn. 1.
153 *Böttcher*, § 180, Rn. 1; Dassler/Schiffhauer-*Hintzen*, § 180, Rn. 1.
154 *Böttcher*, § 180, Rn. 1; Hk-ZV/*Stumpe*, § 180, Rn. 1.

bb) Antragsinhalt und Antragsbefugnis

Nach den §§ 15, 180 Abs. 1 ZVG wird das Verfahren nur auf Antrag angeordnet. Der Antrag muss das zu versteigernde Grundstück, das Gemeinschaftsverhältnis, das aufgehoben werden soll, sowie die Art der Beteiligung des Antragstellers an ihr, die Antragsgegner mit ladungsfähiger Anschrift und das Begehren, die Zwangsversteigerung zum Zwecke der Aufhebung der Gemeinschaft anzuordnen, enthalten.[155]

Antragsbefugt ist grundsätzlich jeder Teilhaber an der Gemeinschaft.[156] Er muss gemäß § 181 Abs. 2 S. 1 ZVG im Grundbuch eingetragen sein. Eines vollstreckbaren Titels gegen die übrigen Teilhaber auf Duldung der Zwangsvollstreckung bedarf es für die Antragstellung grundsätzlich nicht, § 181 Abs. 1 ZVG. Erforderlich sind nur ein bestehendes Gemeinschaftsverhältnis und die Beteiligung des Antragstellers daran.[157]

cc) (Un-) Beachtlichkeit materiell-rechtlicher Hinderungsgründe

Möglicherweise bestehen materiell-rechtliche Hinderungsgründe, die einer Aufhebung der Gemeinschaft entgegenstehen und sie unzulässig machen. Als Beispiel ist zu nennen, dass die Teilhaber die Aufhebung auf Dauer oder auf Zeit ausgeschlossen oder von einer Kündigungsfrist abhängig gemacht haben.[158] Dann ist die Teilungsversteigerung zwar unzulässig[159], allerdings werden derartige materiell-rechtliche Hinderungsgründe vom Vollstreckungsgericht nicht beachtet, so dass kein Verfahrenshindernis besteht.[160] Etwas anderes gilt jedoch, soweit diese Belastung nach § 1010 BGB im Grundbuch eingetragen ist.[161] Eine solche Eintragung steht der Teilungsversteigerung entgegen, da sie vom Vollstreckungsgericht von Amts wegen berücksichtigt wird, § 28 Abs. 1 ZVG.[162] In dem Fall bedarf

---

155 *Böttcher*, § 180, Rn. 36; Dassler/Schiffhauer-*Hintzen*, § 180, Rn. 43; Hk-ZV/*Stumpe*, § 181, Rn. 4.

156 *Böttcher*, § 180, Rn. 37; Dassler/Schiffhauer-*Hintzen*, § 181, Rn. 4; Hk-ZV/*Stumpe*, § 181, Rn. 10; *Stöber*, § 180, Rn. 3.

157 Hk-ZV/*Stumpe*, § 181, Rn. 3.

158 Hk-ZV/*Stumpe*, § 181, Rn. 3.

159 Hk-ZK/*Stumpe*, § 180, Rn. 28.

160 Dassler/Schiffhauer-*Hintzen*, § 181, Rn. 38; *Stöber*, § 180, Rn. 9.8.

161 *Böttcher*, § 180, Rn. 18; Dassler/Schiffhauer-*Hintzen*, § 181, Rn. 2; Hk-ZV/*Stumpe*, § 181, Rn. 2.

162 *Stöber*, § 180, Rn. 9.7.

es eines entsprechenden Duldungstitels gegen die anderen Teilhaber, der dem Vollstreckungsgericht vorgelegt werden muss.[163]

Sämtliche anderweitige Gründe, welche die materielle Unzulässigkeit der Teilungsversteigerung begründen, beachtet das Vollstreckungsgericht, wie bereits erwähnt, nicht.[164] Wollen die übrigen Teilhaber sich gegen eine (unzulässige) Teilungsversteigerung zur Wehr setzen, etwa weil die Aufhebung der Gemeinschaft vertraglich ausgeschlossen wurde, ohne im Grundbuch eingetragen zu sein, müssen sie dies mit der Klage nach § 771 ZPO tun.[165] Obwohl es sich nicht um eine Maßnahme der Zwangsvollstreckung handelt, ist die Vorschrift hier entsprechend anzuwenden.[166]

Gemäß § 180 Abs. 2 ZVG kann das Vollstreckungsgericht auf Antrag eines Miteigentümers auf die Dauer von längstens sechs Monaten die einstweilige Einstellung des Verfahrens anordnen, wenn dies bei Abwägung der widerstreitenden Interessen der mehreren Eigentümer angemessen erscheint. Die einstweilige Einstellung soll verhindern, dass ein wirtschaftlich Stärkerer unter Ausnutzung vorübergehender Umstände die Versteigerung „zur Unzeit“ durchsetzt, um den wirtschaftlich Schwächeren zu ungünstigen Bedingungen aus dem Grundstück zu drängen.[167] Durch die einstweilige Einstellung kann somit ein zeitlich befristeter Aufschub erreicht werden.[168] Es geht um vorübergehende Umstände; solche, die auf Dauer bestehen, sind untauglich.[169]

---

163 Dassler/Schiffhauer-*Hintzen*, § 181, Rn. 15.

164 *Böttcher*, § 180, Rn. 18.

165 *BGH* v. 29.11.2007, NotBZ 2008, 231 (231); *Böttcher*, § 180, Rn. 18; Dassler/Schiffhauer-*Hintzen*, § 181, Rn. 38; Gottwald/Mock-*Gottwald*, Zwangsvollstreckung, § 771, Rn. 3; Hk-ZV/*Stumpe*, § 180, Rn. 31, § 181, Rn. 3; *Stöber*, § 180, Rn. 9.8.

166 *BGH* v. 23.02.1984, WM 1984, 538 (539); Palandt-*Sprau*, § 753, Rn. 3.

167 *BGH* v. 23.01.1981, NJW 1981, 2065 (2066).

168 Dassler/Schiffhauer-*Hintzen*, § 180, Rn. 86.

169 *Böttcher*, § 180, Rn. 68.

c) Verkauf von Rechten

Die Aufhebung einer Gemeinschaft an einem Recht bestimmt sich nach § 1277 BGB.[170] In den wichtigsten Fällen gelten jedoch Sonderregelungen[171], insbesondere § 754 BGB betreffend gemeinschaftliche Forderungen. Ist die Forderung teilbar, geht § 752 BGB vor.[172] Unteilbare Forderungen können gemäß § 754 S. 1 BGB verkauft werden, aber nur dann, wenn eine Einziehung noch nicht möglich ist, also wenn die Forderungen noch nicht fällig sind.[173] Ist die Einziehung hingegen möglich, kann jeder Teilhaber die gemeinschaftliche Einziehung verlangen, § 754 S. 2 BGB.

Im Fall eines zulässigen Verkaufs bedarf es ausweislich des Wortlauts von § 1277 BGB eines vollstreckbaren Titels, anders als bei dem Verkauf nach den §§ 1233 ff. BGB oder der Teilungsversteigerung nach den §§ 180 ff. ZVG. Nach Einziehung der Forderung setzt sich die Bruchteilsgemeinschaft am eingezogenen Forderungsgegenstand fort.[174]

d) Rechtsfolge des Verkaufs nach den §§ 752 bis 754 BGB

Der durch den Verkauf erzielte Erlös tritt im Wege der dinglichen Surrogation an die Stelle des gemeinschaftlichen Gegenstands.[175] Die Gemeinschaft ist nach der Veräußerung des Gegenstands noch nicht aufgehoben, sondern sie setzt sich an dem Erlös fort.[176] Sie ist erst dann beendet, wenn die anteilig zu tragenden Kosten der Verwertung aus dem Erlös getilgt[177] und der restliche Erlös unter den Teilhabern verteilt wurde.[178]

---

170 Bamberger/Roth-*Gehrlein*, § 753, Rn. 2; MünchKomm. BGB-*K.Schmidt*, § 753, Rn. 15; Staudinger-*Langhein*, § 753, Rn. 15.

171 Staudinger-*Langhein*, § 753, Rn. 12.

172 *RG*, RGZ 65, 5 (7); NK-BGB/*Radlmayr*, § 754, Rn. 1; Palandt-*Sprau*, § 754, Rn. 2.

173 Bamberger/Roth-*Gehrlein*, § 754, Rn. 2.

174 NK-BGB/*Radlmayr*, § 754, Rn. 2.

175 *BGH* v. 03.02.1966, WM 1966, 577 (578); *BGH* v. 12.05.1969, BGHZ 52, 99 (99); *BGH* v. 20.02.1984, NJW 1984, 2526 (2526); Bamberger/Roth-*Gehrlein*, § 753, Rn. 4; Erman-*L.Aderhold*, § 753, Rn. 1; MünchKomm. BGB-*K.Schmidt*, § 753, Rn. 31; Palandt-*Sprau*, § 753, Rn. 5/6.

176 MünchKomm. BGB-*K.Schmidt*, § 753, Rn. 31.

177 Staudinger-*Langhein*, § 753, Rn. 44.

178 Bamberger/Roth-*Gehrlein*, § 753, Rn. 4; Palandt-*Sprau*, § 753, Rn. 5/6.

IV. Die prozessuale Durchsetzung des Aufhebungsanspruchs

Nach der früher herrschenden Meinung, die von einem mehrstufigen Aufhebungsanspruch ausging, war zur prozessualen Durchsetzung eine Aufhebungsklage und zusätzlich eine Klage auf Vollziehung der Teilung (kumulative Klagehäufung) zu erheben.[179]

Der von der mittlerweile vorherrschenden Auffassung vertretene einheitliche Aufhebungsanspruch wird bei Widerstand der übrigen Teilhaber durch *eine* Leistungsklage geltend gemacht.[180] Das heißt, der jeweilige widersprechende Teilhaber ist auf Duldung oder Vornahme der Handlung, die für die vorgesehene Teilungsart erforderlich ist, zu verklagen.[181] Bei der Auflösung nach § 752 BGB ist die Klage deshalb auf Mitwirkung bei der Teilung in Natur gerichtet.[182]

Erfolgt die Aufhebung der Gemeinschaft wegen Unteilbarkeit des Gegenstandes nach § 753 BGB, *kann* auf Duldung des Verkaufs und *muss* auf Mitwirkung bei der Teilung des Erlöses geklagt werden.[183] Eine gesonderte Klage, gerichtet auf Zustimmung zu einem Aufhebungsbeschluss, ist nicht erforderlich, vor allem weil dadurch eine gesetzlich nicht vorgesehene unnötige Aufspaltung der Beendigung vermieden wird.[184]

Wegen besonderer Relevanz für diese Arbeit sei noch einmal hervorgehoben, dass der widersprechende Teilhaber nur im Fall des Verkaufs gemäß §§ 753 Abs. 1, 1233 Abs. 2 BGB (Verkauf beweglicher Sachen nach den Vorschriften bei der Zwangsvollstreckung, §§ 814 ff. ZPO) auf Duldung des Verkaufs verklagt werden *muss*. Dabei ist durch Leistungsklage ein Titel gerichtet auf Duldung des Verkaufs, Herausgabe an den

---

179 *Enneccerus/Lehmann*, § 186 II; Soergel-*Hadding*, § 749, Rn. 5.

180 Bamberger/Roth-*Schöne*, § 749, Rn. 2; Erman-*L.Aderhold*, § 749, Rn. 2; MünchKomm. BGB-*K.Schmidt*, § 749, Rn. 40; NK-BGB/*Radlmayr*, § 749, Rn. 10; Palandt-*Sprau*, Vorb v §§ 749–758, Rn. 1; *K.Schmidt*, JR 1979, 317 (319); Staudinger-*Langhein*, § 749, Rn. 13.

181 Erman-*L.Aderhold*, § 749, Rn. 2; MünchKomm. BGB-*K.Schmidt*, § 749, Rn. 41; NK-BGB/*Radlmayr*, § 749, Rn. 10; Palandt-*Sprau*, § 749, Rn. 2; *K.Schmidt*, JR, 1979, 317 (319).

182 MünchKomm. BGB-*K.Schmidt*, § 749, Rn. 41; NK-BGB/*Radlmayr*, § 749, Rn. 10; Soergel-*Hadding*, § 752, Rn. 8.

183 MünchKomm. BGB-*K.Schmidt*, § 749, Rn. 41.

184 Palandt-*Sprau*, Vorb v §§ 749–758, Rn. 1.

Gerichtsvollzieher als Versteigerungsperson sowie Mitwirkung bei der Teilung des Erlöses unter Angabe der Quote zu erwirken.[185]

Bei der Zwangsversteigerung eines Grundstücks gemäß § 753 Abs. 1 S. 1 2. Alt. BGB i. V. m. den §§ 180 ff. ZVG bedarf es keines vollstreckbaren Titels.[186] Ebenso wenig bedarf es eines solchen bei dem Verkauf einer beweglichen Sache gemäß § 753 Abs. 1 S. 1 1. Alt. i. V. m. § 1233 Abs. 1 BGB.[187] Eine Klage auf Duldung des Verkaufs wird deshalb in den beiden vorgenannten Fällen mangels Rechtsschutzbedürfnisses teilweise sogar für unzulässig gehalten[188], weil der Teilungsverkauf hier gerade keinen vollstreckbaren Titel voraussetzt. Jedoch kann für den auflösungswilligen Teilhaber dennoch ein Interesse an einer Duldungsklage bestehen, weil er hiermit die Rechtmäßigkeit des Verkaufs außer Streit stellen kann und etwaigen Klagen der übrigen Teilhaber, die sich womöglich dem Verkauf widersetzen, zuvorkommt.[189] Erfolgt der Verkauf mithin gemäß §§ 753 Abs. 1, 1233 Abs. 1 BGB beziehungsweise gemäß §§ 753 Abs. 1 BGB, 180 ff. ZVG, *kann* zwar auf Duldung des Verkaufs geklagt werden[190], schließlich besteht wie soeben dargestellt ein diesbezüglicher Anspruch des aufhebungswilligen Teilhabers. Jedoch ist eine Duldungsklage kein Muss, denn der Teilungsverkauf setzt wie gesagt nur ausnahmsweise einen Titel voraus, nämlich im Fall des Verkaufs beweglicher Sachen nach den §§ 753 Abs. 1 S. 1 1233 Abs. 2 BGB.[191]

Festzuhalten bleibt demnach, dass ein einzelner aufhebungswilliger Teilhaber einen unteilbaren gemeinschaftlichen Gegenstand bei Fehlen einer Teilungsvereinbarung zunächst eigenständig nach § 753 BGB veräußern kann, ohne zuvor auf gerichtlichem Wege einen Duldungstitel gegen die

---

185 Bamberger/Roth-*Gehrlein*, § 753, Rn. 2.

186 Bamberger/Roth-*Gehrlein*, § 753, Rn. 3; MünchKomm. BGB-*K.Schmidt*, § 753, Rn. 17; Palandt-*Sprau*, § 753, Rn. 3; Soergel-*Hadding*, § 753, Rn. 6.

187 MünchKomm. BGB-*K.Schmidt*, § 753, Rn. 13.

188 *LG Münster*, FamRZ 1960, 117 (118).

189 jurisPK-BGB/*Habermeier*, § 749, Rn. 21; MünchKomm. BGB-*K.Schmidt*, § 749, Rn. 41; NK-BGB/*Radlmayr*, § 753, Rn. 10; Staudinger-*Langhein*, § 749, Rn. 14 (jedenfalls bzgl. der Teilungsversteigerung von Grundstücken).

190 MünchKomm. BGB-*K.Schmidt*, § 749, Rn. 41; Staudinger-*Langhein*, § 749, Rn. 14.

191 jurisPK-BGB/*Habermeier*, § 749, Rn. 21; MünchKomm. BGB-*K.Schmidt*, § 749. Rn. 41, § 753, Rn. 4, 13 und 17.

widersprechenden Teilhaber erwirken zu müssen.[192] Erst wenn sich die Teilhaber nach der Durchführung des Verkaufs über die Verteilung des Erlöses nicht einigen können oder aus anderen Gründen eine Aufteilung verweigern, wäre nach oben Gesagtem eine Aufhebungsklage erforderlich, und zwar gerichtet auf die aus § 753 BGB geschuldete Handlung, sprich: auf die Mitwirkung an der Verteilung des Erlöses.[193]

Etwas anderes gilt im Fall des Verkaufs eines Rechts. Wie oben dargestellt, bedarf es hierfür gemäß § 1277 BGB eines vollstreckbaren Titels gegen die übrigen Gemeinschaftsmitglieder.[194] Soll zum Beispiel die Gemeinschaft an einer Forderung aufgelöst werden, kann der aufhebungswillige Teilhaber die Forderung nicht sofort eigenständig veräußern, sondern muss zunächst einen Duldungstitel gegen die übrigen Teilhaber erwirken

F) Der *BGH*-Beschluss vom 16.05.2013

Diese Arbeit behandelt wie oben dargelegt die Fragestellung, wie die Versilberung des Gesellschaftsvermögens einer GbR zu erfolgen hat, sollten sich die Gesellschafter vor oder während der Auseinandersetzung in diesem Punkt nicht einigen können. Als Aufhänger für die Problematik dient eine in der amtlichen Entscheidungssammlung enthaltene Entscheidung des *BGH* vom 16. Mai 2013.[195] Daher werden im Folgenden zunächst der Sachverhalt sowie die Leitsätze dieses *BGH*-Beschlusses dargestellt.

I. Sachverhalt

Mehrere natürliche Personen erwarben 1986 als Gesellschaft bürgerlichen Rechts (GbR) ein Grundstück. Sie nutzten es teilweise selbst und vermieteten es im Übrigen. Im Laufe der Jahre kam es zu Spannungen zwischen den Gesellschaftern, die dazu führten, dass einer der Gesellschafter Mietüberschüsse nicht mehr an die übrigen Gesellschafter auszahlte und schließlich die von ihm als Rechtsanwaltskanzlei genutzten Räume in dem Anwesen

---

192 NK-BGB/*Radlmayr*, § 753, Rn. 10.

193 *K.Schmidt*, JR 1979, 317 (319).

194 Siehe hierzu bereits oben: 1. Kapitel, E), III., 2., c).

195 *BGH* v. 16.05.2013, BGHZ 197, 262 ff. = NZG 2013, 1338 ff. = DNotZ 2013, 930 ff. = ZIP 2013, 1763 ff. = WM 2013, 1748 ff.

aufgab. Einer der übrigen Gesellschafter kündigte mit Schreiben vom 10. März 2010, 17. Januar 2012 und vom 22. Februar 2012 die Gesellschaft. Auf Antrag desselben Gesellschafters hat das Vollstreckungsgericht die Teilungsversteigerung des Grundstücks angeordnet. Einen Antrag des Gesellschafters, welcher die Mietüberschüsse nicht weiter an die übrigen Gesellschafter auszahlte, auf einstweilige Einstellung des Verfahrens hat das Vollstreckungsgericht zurückgewiesen. Sofortige Beschwerden gegen diese beiden Entscheidungen blieben ohne Erfolg. Mit der zugelassenen Rechtsbeschwerde strebte letztgenannter Gesellschafter vor dem *BGH* nun in erster Linie die endgültige Aufhebung der Teilungsversteigerung, in zweiter Linie die einstweilige Einstellung an.

II. Die Leitsätze der Entscheidung

Der *BGH* entschied in dem Fall mit Beschluss vom 16. Mai 2013 wie folgt:

1. Gegenstand eines Teilungsversteigerungsverfahrens kann auch das Grundstück einer GbR sein. Die Anerkennung der Rechtsfähigkeit der GbR ändert daran nichts.
2. Den Antrag kann der einzelne Gesellschafter stellen, ohne zuvor seinen Anspruch auf Versteigerung des Gesellschaftsgrundstücks gegen die übrigen Gesellschafter oder die GbR gerichtlich durchsetzen zu müssen.
3. Die GbR selbst und die übrigen Gesellschafter können Einwände aus dem Gesellschaftsvertrag oder dem Gesellschaftsverhältnis gegen die Teilungsversteigerung im Wege der Widerspruchsklage analog § 771 ZPO geltend machen.

2. Kapitel: Die Auseinandersetzung mit den bislang vertretenen Argumenten aus der Literatur und aus der Rechtsprechung

Im nun folgenden 2. Kapitel soll mit der Behandlung der entscheidenden Frage, ob die §§ 731 S. 2, 752 ff. BGB auch nach Anerkennung der Rechtsfähigkeit der GbR heute noch auf die GbR angewendet werden können, begonnen werden.

Der *BGH*[196] beschäftigte sich ausdrücklich bloß mit der Zulässigkeit einer Teilungsversteigerung, also mit der Frage, wie zum Gesellschaftsvermögen gehörende Grundstücke zu veräußern sind. Von der Frage der Anwendbarkeit der §§ 731 S. 2, 752 ff. BGB auf die heutige rechtsfähige GbR gleichermaßen betroffen ist natürlich auch die Veräußerung beweglicher Vermögensgegenstände, denn insoweit spielen die §§ 731 S. 2, 752 ff. BGB ebenfalls eine Rolle.

A) Überblick

Nach dem 1. Leitsatz des *BGH*-Beschlusses hat die Anerkennung der Rechtsfähigkeit der GbR nichts daran geändert, dass auch das Grundstück einer GbR Gegenstand eines Teilungsversteigerungsverfahrens sein kann. Der Verweis in § 731 S. 2 BGB auf die §§ 752 ff. BGB und damit auch auf die §§ 180 ff. ZVG gelte auch heutzutage noch.

Möglicherweise stellt die Teilungsversteigerung heute, das heißt nach Anerkennung der Rechtsfähigkeit einer (Außen-) GbR, jedoch kein für die Auseinandersetzung des Vermögens einer GbR in Betracht kommendes Verfahren mehr dar. Dies hängt maßgeblich von der Frage ab, ob man von der Verweisung in § 731 S. 2 BGB auf § 753 Abs. 1 S. 1 2. Alt. BGB, der wiederum auf die §§ 180 ff. ZVG verweist, heute noch Gebrauch machen kann. Der Anwendungsbereich der §§ 731 S. 2, 752 ff. BGB könnte durch die Anerkennung der Rechtsfähigkeit der GbR in Bezug auf diese entfallen sein.

196 *BGH* v. 16.05.2013, BGHZ 197, 262 ff. = NZG 2013, 1338 ff. = DNotZ 2013, 930 ff. = ZIP 2013, 1763 ff. = WM 2013, 1748 ff.

Im Rahmen einer Untersuchung dieses ersten Leitsatzes wird daher nun erörtert, inwieweit die Rechtsfähigkeit der GbR einer Anwendung der §§ 731 S. 2, 752 ff. BGB (§§ 180 ff. ZVG) entgegensteht. Mit anderen Worten: Gelten die §§ 731 S. 2, 752 ff. BGB heute noch für die rechtsfähige GbR oder sollte die Auseinandersetzung des Gesellschaftsvermögens nach den Vorschriften über die Gemeinschaft allein deshalb erfolgen, weil die GbR vom historischen Gesetzgeber als nicht rechtsfähige Gesamthandsgesellschaft ausgestaltet wurde, bei der das Gesellschaftsvermögen nicht der Gesellschaft selbst, sondern den Gesellschaftern in ihrer gesamthänderischen Verbundenheit zugeordnet wurde?

Welche Argumente sprechen für und gegen eine Anwendung der §§ 731 S. 2, 752 ff. BGB auf die heutige rechtsfähige GbR?

Dazu soll zunächst kurz die ursprüngliche vom historischen BGB-Gesetzgeber zur Versilberung des Gesellschaftsvermögens der GbR vorgesehene Regelung dargestellt werden (unter B), ebenso die ursprüngliche rechtliche Konzeption der GbR (unter C).

Anschließend werden die in der Literatur vertretenen Ansichten zur Anwendbarkeit der §§ 731 S. 2, 752 ff. BGB auf die (heutige) GbR dargelegt. Sodann folgt eine chronologische Aufbereitung der diesbezüglichen Rechtsprechung (unter D).

Abschließend setzt sich diese Arbeit mit den Argumenten aus Literatur und Rechtsprechung, insbesondere mit der Argumentation des *BGH* aus dem genannten aktuellen Beschluss[197], auseinander (unter E und F).

Insbesondere wird untersucht, ob die Anwendbarkeit der §§ 731 S. 2, 752 ff. BGB auf die heutige rechtsfähige GbR dem Willen des (historischen) Gesetzgebers entspricht und inwieweit die Anerkennung der Rechtsfähigkeit der GbR und die Konsequenz, dass das Gesellschaftsvermögen heute nicht mehr den Gesellschaftern in ihrer gesamthänderischen Verbundenheit, sondern nunmehr der Gesellschaft selbst zugeordnet ist, der Anwendbarkeit der §§ 731 S. 2, 752 ff. BGB auf die heute rechtsfähige GbR entgegenstehen könnte.

---

197 *BGH* v. 16.05.2013, BGHZ 197, 262 ff. = NZG 2013, 1338 ff. = DNotZ 2013, 930 ff. = ZIP 2013, 1763 ff. = WM 2013, 1748 ff.

B) Der Verweis in § 731 S. 2 BGB auf die §§ 752 ff. BGB

§ 731 S. 2 BGB hat lediglich den Charakter einer Verweisungsnorm und verweist, wie oben dargestellt[198], auf die §§ 752 ff. BGB.[199] Auch im Rahmen von § 733 Abs. 3 BGB spielen die §§ 752 ff. BGB, wie oben gezeigt, eine Rolle.[200] Das heißt, sollte das vorhandene Gesellschaftsvermögen zur Schuldenberichtigung beziehungsweise zur Einlagenrückerstattung nicht ausreichen und deshalb insoweit eine Versilberung des Gesellschaftsvermögens notwendig sein, erfolgt diese wegen des Verweises in § 731 S. 2 BGB nach den Vorschriften über die Gemeinschaft, also nach den §§ 752 ff. BGB.[201]

Nach der vorgesehenen Konzeption des historischen Gesetzgebers sollte die Auseinandersetzung der nicht als rechtsfähig konzipierten GbR bei Fehlen einer entsprechenden vertraglichen Vereinbarung somit nach den Vorschriften über die Teilung einer Gemeinschaft erfolgen.

Über den Verweis von § 731 S. 2 BGB gelangt man bei Unteilbarkeit der Sache(n) in § 753 BGB. Diese Vorschrift wiederum verweist für den Verkauf einer unbeweglichen Sache in ihrem Abs. 1 S. 1 2. Alt. auf die Vorschriften über die Zwangsversteigerung, in diesem Fall auf die oben bereits erläuterten Vorschriften über die Teilungsversteigerung, das heißt auf die §§ 180 ff. ZVG.[202] Für die Veräußerung beweglicher Sachen verweist § 753 Abs. 1 S. 1 1. Alt. BGB auf die Vorschriften über den Pfandverkauf, das heißt auf die §§ 1233 ff. BGB.

Insoweit besteht ein Unterschied zwischen der Auseinandersetzung einer GbR und der Auseinandersetzung einer OHG beziehungsweise einer KG. Die §§ 145 ff. HGB enthalten nämlich keinen dem § 731 S. 2 BGB entsprechenden Verweis auf die Vorschriften über die Gemeinschaft.[203]

---

198 Siehe hierzu bereits oben: 1. Kapitel, C), I., 9.
199 MünchKomm. BGB-*Schäfer*, § 731, Rn. 1, 5.
200 Siehe hierzu bereits oben: 1. Kapitel, C), I., 9.
201 MünchKomm. BGB-*Schäfer*, § 730, Rn. 22; siehe hierzu auch bereits oben: 1. Kapitel, C), I., 9.
202 Siehe hierzu bereits oben: 1. Kapitel, E), III., 2., b).
203 Siehe hierzu bereits oben: 1. Kapitel, C), II., 1.

C) (Ursprüngliche) gesetzliche Konzeption der GbR

Als Grundlage für die Erörterung des Problems sollte man sich zunächst einmal die gesetzliche Konzeption einer GbR vergegenwärtigen, wie sie vom historischen Gesetzgeber des BGB vorgesehen wurde und welche wesentlichen Folgen die Anerkennung der Rechtsfähigkeit für die GbR hatte, insbesondere hinsichtlich der Vermögenszuordnung.

I. Keine Rechtsfähigkeit

Eine GbR entsteht gemäß § 705 BGB, wenn mehrere Personen (Gesellschafter) einen Vertrag schließen, der anstatt auf den Austausch von Leistungen auf die Erreichung eines gemeinsamen Zweckes gerichtet ist und durch den sich die beteiligten Gesellschafter gegenseitig zur Förderung dieses Zweckes verpflichten.[204]

Die lange herrschend vertretene sog. tradierte Gesamthandslehre ging davon aus, die GbR sei eine Personengemeinschaft ohne eigene Rechtsfähigkeit und lediglich ein auf vertraglicher Grundlage beruhendes Schuldverhältnis der Gesellschafter, welchen das Gesellschaftsvermögen als Objekt zur gesamten Hand zustehe.[205] Diese Sichtweise entspricht dem Wortlaut des Gesetzes, denn gemäß § 718 Abs. 1 BGB werden die für die Gesellschaft erworbenen Gegenstände gemeinschaftliches Vermögen der Gesellschafter (Gesellschaftsvermögen). Rechtsträger ist nach dieser Auffassung nicht die Gesellschaft selbst, sondern die Gesellschafter in ihrer gesamthänderischen Verbundenheit; das Gesellschaftsvermögen sei nur ein den Gesellschaftern zustehendes Sondervermögen.[206] Dem Verständnis des historischen Gesetzgebers entspricht die Rechtsfähigkeit der GbR jedenfalls nicht (vgl. § 718 Abs. 1, § 706 Abs. 2 BGB).[207]

---

204 jurisPK-BGB/*Bergmann*, § 705, Rn. 1; Palandt-*Sprau*, § 705, Rn. 1.

205 So z. B. *Zöllner*, FS Gernhuber, 1993, 563 ff. und *Hueck*, FS Zöllner, 1998, 275 ff. jeweils mit umfassenden Nachweisen zu dieser traditionellen Auffassung auf Seite 563 in Fn. 1 beziehungsweise auf Seite 277 in Fn. 8; *Berndt/Boin*, NJW 1998, 2855 ff; *Cordes*, JZ 1998, 545 (551); *Heil*, NZG 2001, 300 ff; *Weber-Grellet*, AcP 182 (1982), 316 (328).

206 *BGH* v. 26.03.1981, BGHZ 80, 222 ff.; vgl. hierzu auch die Darstellung in jurisPK-BGB/*Bergmann*, § 705, Rn. 42.

207 Staudinger-*Habermeier*, Vor § 705, Rn. 9.

II. Rechtsfähigkeit der (Außen-) GbR

Nach der heute ganz herrschenden Meinung ist die GbR selbst eine rechtsfähige Personengesellschaft.[208] Die Rechtsfähigkeit der (Außen-) GbR wurde schließlich auch vom *BGH* in seinem Grundsatzurteil vom 29.01.2001 anerkannt.[209] Danach besitzt die (Außen-) GbR Rechtsfähigkeit, soweit sie durch die Teilnahme am Rechtsverkehr eigene Rechte und Pflichten begründet.[210] Auch der Gesetzgeber hat in modernen Gesetzen die Rechtsfähigkeit der GbR anerkannt, so zum Beispiel in § 11 Abs. 2 Nr. 1 der Insolvenzordnung (InsO) oder auch in § 191 Abs. 2 Nr. 1 des Umwandlungsgesetzes (UmwG).

III. Folgen des Urteils zur Anerkennung der Rechtsfähigkeit

Die Anerkennung der Rechtsfähigkeit der Außen-GbR hatte für deren Stellung im Rechtsverkehr enorme Folgen. Die Außen-GbR ist nun in der Lage Rechte zu erwerben wie zum Beispiel eigene Forderungen[211] oder auch Eigentum an Sachen.[212] Zudem kann sie Verbindlichkeiten begründen.[213]

In der Folgezeit hat der *BGH* (und auch der Gesetzgeber) außerdem die materielle Grundbuchfähigkeit[214] sowie die formelle Grundbuchfähigkeit[215] der GbR anerkannt. Materiell-rechtlich steht das Eigentum an einer zum Gesellschaftsvermögen gehörenden Liegenschaft nicht den Gesellschaftern zu, sondern der Gesellschaft selbst.[216] Die Gesellschaft bürgerlichen Rechts kann unter der Bezeichnung in das Grundbuch eingetragen

---

208 Vor allem *Flume*, ZHR 136 (1972), 177, 187 ff.; Soergel-*Hadding/Kießling*, Vor § 705, Rn. 21; vgl statt vieler weiterer die Darstellung in MünchKomm. BGB-*Ulmer*, § 705, Rn. 298 ff.

209 *BGH* v. 29.01.2001, BGHZ 146, 341 ff. = NJW 2001, 1056 ff.

210 *BGH* v. 29.01.2001, NJW 2001, 1056 (1056).

211 Staudinger-*Habermeier*, Vor § 705, Rn. 10.

212 MünchKomm. BGB-*Ulmer*, § 705, Rn. 310; Staudinger-*Habermeier*, Vor § 705, Rn. 10.

213 Bamberger/Roth-*Schöne*, § 705, Rn. 142; NK-BGB/*Heidel/Hanke*, § 705, Rn. 15.

214 *BGH* v. 25.09.2006, NJW 2006, 3716.

215 *BGH* v. 04.12.2008, NJW 2009, 594.

216 *BGH* v. 25.09.2006, NJW 2006, 3716 (3716).

werden, die ihre Gesellschafter im Gesellschaftsvertrag für sie vorgesehen haben.[217]

D) Meinungsstand in Literatur und Rechtsprechung

Im Folgenden werden die in der Literatur und der Rechtsprechung vertretenen Ansichten zur Anwendbarkeit der §§ 731 S. 2, 752 ff. BGB auf die (rechtsfähige) GbR dargestellt.

I. Ansichten in der Literatur

1. Alte Rechtslage

Früher, das heißt bevor die Rechtsfähigkeit der GbR anerkannt wurde, konnte die Anwendbarkeit der §§ 180 ff. ZVG für die Auseinandersetzung einer aufgelösten GbR aufgrund des Verweises in § 731 S. 2 BGB problemlos bejaht werden. Die GbR ist nach der Vorstellung des historischen Gesetzgebers als Gesamthand ausgestaltet und die eingebrachten oder die für sie erworbenen Gegenstände waren Gesamthandsvermögen der Gesellschafter.[218] Der Rechtsträger des Gesellschaftsvermögens war nicht die GbR selbst, sondern die Gesellschafter in ihrer gesamthänderischen Verbundenheit.[219] Bei Fehlen einer entsprechenden anders lautenden Vereinbarung gelangte man zur Auseinandersetzung des verbliebenen (Grundstücks-) Gesellschaftsvermögens über die gesetzlichen Verweise der §§ 731 S. 2, 753 Abs. 1 S. 1 BGB in die Vorschriften der §§ 180 ff. ZVG, welche zur Auseinandersetzung des aus einem Grundstück bestehenden Gesellschaftsvermögens die Teilungsversteigerung vorsehen.[220]

---

217 *BGH* v. 04.12.2008, NJW 2009, 594.

218 *Eickmann*, Die Teilungsversteigerung, 5. Auflage, Rn. 14.

219 *BGH* v. 26.03.1981, BGHZ 80, 222 ff.

220 Zur alten Rechtslage insbesondere: *Eickmann*, Die Teilungsversteigerung, 5. Auflage, Rn. 14; *Hamme*, Die Teilungsversteigerung, Rn. 17; *Storz*, Praxis der Teilungsversteigerung, 1. Auflage 1992, B 1.3.4.

2. Neue Rechtslage

a) Zustimmende Ansichten

In den Kommentaren zum BGB wird bislang so gut wie nicht problematisiert, dass die Teilungsversteigerung nicht mehr das für die Auseinandersetzung einer aufgelösten rechtsfähigen GbR zulässige Verfahren darstellen könnte beziehungsweise dass § 731 S. 2 BGB durch die Anerkennung der Rechtsfähigkeit der GbR möglicherweise vollständig seinen Anwendungsbereich verloren haben könnte. Durchweg wird in den Kommentierungen zu § 731 S. 2 BGB sowie zu § 733 Abs. 3 BGB ausgeführt, diese Vorschriften verwiesen auf die §§ 752 ff. BGB und das verbleibende Gesellschaftsvermögen sei bei Fehlen einer entsprechenden Vereinbarung nach diesen Vorschriften zu verwerten.[221] Es wird folglich entweder mit derart großer Selbstverständlichkeit davon ausgegangen, die Anerkennung der Rechtsfähigkeit der GbR habe keine Auswirkungen auf die Regelungen in § 731 S. 2 beziehungsweise § 733 Abs. 3 BGB, dass eine Behandlung dieser Thematik unnötig erscheint. Oder aber, es hat sich bislang kaum jemand Gedanken über diese Fragestellung gemacht.

Ganz ähnlich sieht es in den Kommentierungen zu den §§ 180 ff. ZVG aus. Auch hier wird nahezu durchgängig von der Möglichkeit einer Teilungsversteigerung zum Zwecke der Auseinandersetzung einer aufgelösten GbR ausgegangen. Eine Problematisierung findet insoweit überhaupt gar nicht statt. Die §§ 180 ff. ZVG werden völlig selbstverständlich für die Auseinandersetzung des Grundstücksvermögens einer rechtsfähigen GbR für anwendbar erklärt. Die Auseinandersetzung richte sich bei Fehlen einer entsprechenden Vereinbarung aufgrund des Verweises in § 731 S. 2 BGB nach den für die Bruchteilsgemeinschaft geltenden Regelungen der §§ 752 ff. BGB.[222] Damit komme nach § 753 Abs. 1 S. 1 BGB auch für eine

---

221 Bamberger/Roth-*Schöne*, § 731, Rn. 4, § 733, Rn. 19; Erman-*H.P. Westermann*, § 731, Rn. 2; MünchKomm. BGB-*Schäfer*, § 731, Rn. 4, § 733, Rn. 22; NK-BGB/*Heidel/Hanke*, § 731, Rn. 3, § 733, Rn. 14; Palandt-*Sprau*, § 731, Rn. 1, § 733, Rn. 11; Prütting/Wegen/Weinreich-*Ditfurth*, § 731, Rn. 2, § 733, Rn. 9/10; Soergel-*Hadding/Kießling*, § 731, Rn. 4, § 733, Rn. 15/16; Staudinger-*Habermeier*, § 731, Rn. 3, § 733, Rn. 12.

222 *Brox/Walker*, Zwangsvollstreckungsrecht, § 31, Rn. 989; Dassler/Schiffhauer-*Hintzen*, noch bis zur 13. Auflage, § 180, Rn. 27 (heute anders; siehe sogleich unten: 2. Kapitel, D), I., 2., b), aa); *Eickmann*, Zwangsversteigerungs- und

aufgelöste BGB-Gesellschaft die Teilungsversteigerung in Betracht.[223] Die Auseinandersetzungsversteigerung nach den §§ 180 ff. ZVG greife, wenn mehrere an einem Grundstück zur gesamten Hand (u.a. §§ 731 S. 2, 733 Abs. 3 BGB) berechtigt seien.[224]

b) Ablehnende Ansichten

aa) Die Ansicht von *Hintzen*

Hintzen war offenbar der Erste aus den Reihen der Literatur, der die Problematik, welche durch die Anerkennung der Rechtsfähigkeit der GbR entstanden ist, erkannt hat. Zumindest sieht er ein Problem hinsichtlich der Durchführung einer Teilungsversteigerung. Er betont, dass die GbR in der aktuellen Rechtsprechung des *BGH* sowie durch gesetzliche Änderungen, insbesondere durch die Einfügung von Abs. 2 in § 47 GBO und die Neuregelung in § 899a BGB, in Bezug auf Grundstücke weitgehend der OHG und KG gleichgestellt sei.[225]

Ob § 731 S. 2 BGB aus diesen Gründen insgesamt seinen Anwendungsbereich verloren hat, thematisiert *Hintzen* nicht. Er geht offenbar weiterhin von einer grundsätzlichen Anwendbarkeit dieser Vorschrift aus (der Verweis betrifft ja schließlich nicht nur die Frage der Teilungsversteigerung eines Grundstücks, sondern ebenfalls die Frage der Veräußerung beweglichen Gesellschaftsvermögens). Jedoch sei die Verweisung auf die Vorschriften über die Gemeinschaft nunmehr so zu interpretieren, dass eine Teilungsversteigerung grundsätzlich ausgeschlossen ist.[226] Er begründet dies mit dem Nichtvorliegen einer in § 180 Abs. 1 ZVG erforderlichen

---

Zwangsverwaltungsrecht, 2. Auflage 2004, § 28, II., 2.; Hk-ZV/*Stumpe*, § 180, Rn. 12; Keller-*Riedel*, Handbuch Zwangsvollstreckungsrecht, Kapitel 4, Rn. 520; *Stöber*, § 180, Rn. 2.4, c); nicht eindeutig bei Gaul/Schilken/Becker-Eberhard, Zwangsvollstreckungsrecht, § 61, Rn. 12, wo die Rede davon ist, die Teilungsversteigerung komme in Betracht, wenn eine Bruchteilsgemeinschaft oder eine Gesamthandsgemeinschaft an einem Grundstück aufgehoben werden soll und die Gemeinschafter sich nicht einigen können. An dieser Stelle bleibt insoweit unklar, ob dies auch für die Auseinandersetzung einer GbR gelten soll.

223 *Böttcher*, § 180, Rn. 9.

224 *Baur/Stürner/Bruns*, Zwangsvollstreckungsrecht, § 34.7.

225 Dassler/Schiffhauer-*Hintzen*, § 180, Rn. 27.

226 Dassler/Schiffhauer-*Hintzen*, § 180, Rn. 27.

Gemeinschaft. Eine solche sei nicht im Grundbuch eingetragen, sondern vielmehr die GbR selbst.[227] Eine Teilungsversteigerung sei nur noch zulässig, wenn die Gesellschafter analog § 145 Abs. 1 HGB eine andere Art der Auseinandersetzung vereinbart hätten.[228]

Hintzen verneint also ausdrücklich lediglich die Anwendbarkeit der §§ 180 ff. ZVG für die Auseinandersetzung des Gesellschaftsvermögens der heutigen rechtsfähigen GbR. Zu der generellen Anwendbarkeit von § 731 S. 2 BGB auf die rechtsfähige GbR äußert er sich allerdings nicht.

bb) Die Ansicht von *Becker*

In der Literatur äußerte sich *Becker* in einem Aufsatz erstmals grundlegend zu diesem Thema.[229] Er beschäftigt sich darin eingehend mit der Frage, ob es die Zwangsversteigerung zur Auseinandersetzung einer GbR heute überhaupt noch geben kann. Dies setzt seiner Ansicht nach voraus, dass der Verweis in § 731 S. 2 BGB auf § 753 Abs. 1 S. 1 BGB, welcher wiederum auf die §§ 180 ff. ZVG verweist, heute noch gültig ist.

Seiner Auffassung nach kann § 731 S. 2 BGB nur noch dann einen Anwendungsbereich haben, wenn die GbR auch nach Anerkennung ihrer Rechtsfähigkeit noch als Gesamthandsgemeinschaft anzusehen ist.[230] Weil nach Anerkennung der Rechtsfähigkeit der GbR das Gesellschaftsvermögen dinglich der Gesellschaft selbst zugeordnet ist, und nicht mehr wie früher den Gesellschaftern, sei für die Außengesellschaft das Gesamthandsprinzip als Prinzip der dinglichen Vermögenszuordnung jedoch aufgegeben worden.[231] Ein anderes Verständnis liefe seiner Ansicht nach dem Begriff der „Gesamthand" zuwider, welche sich dadurch auszeichne, eine Rechtsgemeinschaft mehrerer Inhaber eines Vermögens zu sein.[232] Er stützt diese These auf einen Vergleich der Vermögenszuordnung bei anderen Gesamthandsgemeinschaften wie etwa bei der Erbengemeinschaft. Nach Anerkennung der Rechtsfähigkeit der GbR sei diese nicht mehr als Gesamthandsgesellschaft zu verstehen und mithin verlören alle Vorschriften,

---

227 Dassler/Schiffhauer-*Hintzen*, § 180, Rn. 27.
228 Dassler/Schiffhauer-*Hintzen*, § 180, Rn. 27.
229 *Becker*, ZfIR 2013, 314 ff.
230 *Becker*, ZfIR 2013, 314 (317).
231 *Becker*, ZfIR 2013, 314 (317).
232 *Becker*, ZfIR 2013, 314 (317).

die an das Gesamthandsprinzip anknüpfen, ihren Anwendungsbereich, zum Beispiel § 718 Abs. 1 und auch § 719 Abs. 1 BGB.[233] Entscheidend ist für *Becker* also, wer der Rechtsträger des Gesellschaftsvermögens ist.

Nach *Beckers* Auffassung ist § 731 S. 2 BGB bei der Auseinandersetzung des Gesellschaftsvermögens einer rechtsfähigen GbR heute deshalb überhaupt nicht mehr anwendbar, weil nunmehr die Gesellschaft selbst der Rechtsträger des Gesellschaftsvermögens ist. Mangels bestehender Rechtsgemeinschaft sei die Teilungsversteigerung zur Auseinandersetzung einer aufgelösten GbR nicht länger möglich, weil nunmehr deren materiellrechtliche Grundlage entfallen sei.[234]

II. Ansichten in der Rechtsprechung

Die Rechtsprechung hat sich, soweit ersichtlich, nicht allzu häufig mit der Frage der Möglichkeit einer Teilungsversteigerung zur Auseinandersetzung einer aufgelösten GbR beschäftigt. Es lassen sich nur einige wenige Urteile finden, die eine Teilungsversteigerung zum Gegenstand haben. Die meisten Entscheidungen setzen sich hierbei mit der Frage der Anwendbarkeit des § 731 S. 2 BGB auf die rechtsfähige GbR allerdings nicht auseinander, was zum Teil allein aufgrund des (alten) Entscheidungsdatums auch nicht weiter verwundert.

1. Keine Anwendung der §§ 752 ff. BGB auf die GbR

Früher wurde eine Ansicht vertreten, nach welcher die beweglichen Gegenstände nicht gemäß §§ 731 S. 2, 753 Abs. 1 S. 1 BGB nach den Vorschriften über den Pfandverkauf und die Grundstücke nicht im Wege der Teilungsversteigerung verkauft werden sollten, sondern nach der Verkehrssitte.[235] Die §§ 752 ff. BGB sollten also trotz des Verweises in § 731 S. 2 BGB bei der Auseinandersetzung des Gesellschaftsvermögens einer (nicht rechtsfähigen) GbR gar nicht zur Anwendung kommen.

233 *Becker*, ZfIR 2013, 314 (317).

234 *Becker*, ZfIR 2013, 314 (319).

235 *RG*, JW 1934, 3268 f.; dem folgend: RGRK/*v. Gamm*, 12. Auflage 1978, § 733, Rn. 12; Staudinger-*Kessler*, 12. Auflage 1991; § 733, Rn. 19.

Diese Auffassung berücksichtigt allerdings nicht den insoweit klaren gesetzlichen Verweis des § 731 S. 2 BGB auf die §§ 752 ff. BGB.[236] Daher wird diese Sichtweise von der heute ganz herrschenden Meinung nicht mehr vertreten.[237] Grundsätzlich soll sich die Versilberung nach den Vorschriften über den Pfandverkauf beziehungsweise über die Teilungsversteigerung richten. Nur ausnahmsweise könne von der Verkehrssitte auf eine von § 753 BGB abweichende Vereinbarung der Gesellschafter geschlossen werden.[238]

2. *LG Lübeck* (1986)

Im Jahr 1986 lag dem *Landgericht Lübeck* ein Fall vor, in dem es um die Anordnung einer Teilungsversteigerung ging.[239] Das Gericht ging davon aus, eine solche könne nach Kündigung oder Auflösung der Gesellschaft im Rahmen der §§ 730 ff. BGB erfolgen.[240] Das selbstverständliche Ausgehen von der Möglichkeit einer Teilungsversteigerung verwundert insoweit natürlich nicht, denn im Jahre 1986 galt die GbR noch nicht als rechtsfähig, so dass sich das Problem der Anwendbarkeit von § 731 S. 2 BGB beziehungsweise der §§ 180 ff. ZVG auf die rechtsfähige GbR zu diesem Zeitpunkt natürlich noch überhaupt nicht stellte.

3. *LG Konstanz* (1987)

Auch das *Landgericht Konstanz* problematisierte in seinem Beschluss aus dem Jahr 1987 die grundsätzliche Möglichkeit einer Teilungsversteigerung

---

236 Staudinger-*Habermeier*, § 733, Rn. 13.

237 Noch offengelassen bei *BGH* v. 05.12.1991, NJW 1992, 830 (832); ausdrücklich ablehnend nun *BGH* v. 16.05.2013, NZG 2013, 1338 (1339); Bamberger/Roth-*Schöne*, § 733, Rn. 19; Erman-*H.P. Westermann*, § 733, Rn. 7; MünchKomm. BGB-*Schäfer*, § 733, Rn. 23; NK-BGB/*Heidel/Hanke*, § 733, Rn. 14; Palandt-*Sprau*, § 733, Rn. 11; Prütting/Wegen/Weinreich-*Ditfurth*, § 733, Rn. 10; Soergel-*Hadding/Kießling*, § 733, Rn. 16; Staudinger-*Habermeier*, § 733, Rn. 13.

238 MünchKomm. BGB-*Schäfer*, § 733, Rn. 23; NK-BGB/*Heidel/Hanke*, § 733, Rn. 14; Soergel-*Hadding/Kießling*, § 733, Rn. 16; Staudinger-*Habermeier*, § 733, Rn. 13.

239 *LG Lübeck* v. 06.03.1986, NJW-RR 1986, 836 f.

240 *LG Lübeck* v. 06.03.1986, NJW-RR 1986, 836 (837).

nicht, sondern ging stillschweigend davon aus.[241] Auch dies ist in Anbetracht des Entscheidungsdatums wiederum keine Überraschung.

4. *BGH* (1991)

Der *BGH* beschäftigte sich in einem Urteil zur Pfändung und Verwertung der Beteiligung an einer BGB-Gesellschaft zumindest beiläufig ebenfalls mit dieser Thematik.[242] Auch er ging, zu diesem Zeitpunkt mangels Rechtsfähigkeit der GbR selbstverständlich, von der grundsätzlichen Möglichkeit einer Teilungsversteigerung als Instrumentarium zur Auseinandersetzung einer BGB-Gesellschaft aus.[243]

5. *LG Hamburg* (2002)

Die erste Gerichtsentscheidung nach der Anerkennung der Rechtsfähigkeit der GbR kam im Jahr 2002 vom *Landgericht Hamburg*. Das Gericht entschied in seinem Beschluss: „Die Gläubigerin kann in dem hier vorliegenden Fall unmittelbar die Teilungsversteigerung gemäß § 180 f. ZVG beantragen."[244] Ob die mittlerweile anerkannte Rechtsfähigkeit der GbR dem womöglich entgegensteht, thematisierte das *LG Hamburg* nicht. Es wurde vielmehr weiterhin wie selbstverständlich von der Anwendbarkeit der §§ 180 ff. ZVG (und damit auch des § 731 S. 2 BGB) ausgegangen.

6. *BGH* (2007)

In einem Beschluss aus dem Jahr 2007 stellte der *BGH* klar, unter welchen Voraussetzungen eine Teilungsversteigerung zur Auseinandersetzung einer aufgelösten BGB-Gesellschaft in Anbetracht von § 181 Abs. 2 ZVG angeordnet werden darf beziehungsweise wann sie einstweilen einzustellen oder aufzuheben ist.[245] Zu der Frage, ob die Vorschriften zur Teilungsversteigerung überhaupt noch anwendbar sind, äußerte sich der entscheidende

---

241 *LG Konstanz* v. 05.05.1987, NJW-RR 1987, 1023.

242 *BGH* v. 05.12.1991, BGHZ 116, 222 ff. = ZIP 1992, 109 ff. = NJW 1992, 830 ff.

243 *BGH* v. 05.12.1991, NJW 1992, 830 (832).

244 *LG Hamburg* v. 26.02.2002, Az. 328 T 103/01, BeckRS 2002, 10629.

245 *BGH* v. 29.11.2007, NJW-RR 2008, 1547 f. = MDR 2008, 287 = WM 2008, 408.

Senat nicht. Vielmehr ging er stillschweigend davon aus und hielt an dieser Möglichkeit fest.

7. *OLG Frankfurt am Main* (2009)

In dem Fall, der dem *OLG Frankfurt am Main* im Jahr 2009 vorlag, ging es unter anderem um die Auseinandersetzung einer GbR, welche aus zwei natürlichen Personen bestand, die sich nicht darüber einig wurden, wie das Gesellschaftsvermögen liquidiert werden sollte.[246] Einziges Vermögen der Gesellschaft war ein Grundstück. Das Gericht ging in seinem Beschluss von der Erforderlichkeit einer Teilungsversteigerung aus, „da sich die Parteien zu keiner einvernehmlichen und wirtschaftlich sinnvollen Lösung verständigen können".[247] Deshalb sei „der gesetzlich vorgegebene Weg einer Versteigerung erforderlich".[248] Das *OLG Frankfurt am Main* bezeichnet die Teilungsversteigerung als den „gesetzlich vorgegebenen Weg". Es ging demnach eindeutig von der Anwendbarkeit der §§ 731 S. 2, 753 Abs. 1 S. 1 BGB, §§ 180 ff. ZVG aus. Eine Auseinandersetzung mit dem Problem erfolgte wiederum nicht. Die Möglichkeit der Auseinandersetzung einer BGB-Gesellschaft im Wege einer Teilungsversteigerung als der „gesetzlich vorgegebene Weg" wurde vielmehr lediglich festgestellt, jedoch nicht näher begründet.

8. *AG Dortmund* (2011)

Die zeitlich nächste Entscheidung fällte das *Amtsgericht Dortmund* im Jahr 2011.[249] Dem Beschluss dieses Gerichts lag ein Sachverhalt zu Grunde, in dem eine GbR als Eigentümerin eines Grundstückes im Grundbuch eingetragen war. Die GbR bestand hier aus mehreren natürlichen Personen und wurde gemäß § 727 BGB aufgelöst. Anschließend stellte ein Gesellschafter alleine einen Antrag auf Teilungsversteigerung des Grundstückes nach den §§ 180 ff. ZVG.

Das *AG Dortmund* war, soweit ersichtlich, das erste Gericht, das die Problematik überhaupt erkannte und sich damit beschäftigte. Es betonte

---

246 *OLG Frankfurt a.M.* v. 08.07.2009, Az. 13 U 52/08, BeckRS 2009, 89277.
247 *OLG Frankfurt a.M.* v. 08.07.2009, Az. 13 U 52/08, BeckRS 2009, 89277.
248 *OLG Frankfurt a.M.* v. 08.07.2009, Az. 13 U 52/08, BeckRS 2009, 89277.
249 *AG Dortmund* v. 15.09.2011, Az. 273 K 033/11, BeckRS 2011, 25872.

zunächst, dass die Anerkennung der Rechtsfähigkeit der GbR eine ganz entscheidende Änderung bewirkt habe.[250] Während die Gesellschaft bürgerlichen Rechts früher keine eigenen Rechte und Pflichten begründen konnte und die Gesellschafter persönlich und gesamthänderisch die Rechtsträger des Gesellschaftsvermögens waren, sei heutzutage die Gesellschaft selbst als Rechtsinhaberin anzusehen.[251] Das *AG Dortmund* hob zudem ausdrücklich die Anerkennung der Grundbuchfähigkeit einer BGB-Gesellschaft hervor und die damit einhergehende Folge, dass die Gesellschaft selbst Eigentümerin des Grundstücks ist und nicht deren Gesellschafter. Auch nach ihrer Auflösung bleibe die GbR rechtsfähig und Eigentümerin des Grundstückes, an dem die Gesellschafter weiterhin keine eigenen Rechte hätten.[252] Das Gericht erkannte darüber hinaus, dass die bisherige Meinung in der Literatur zu dieser Frage in Anbetracht der früheren Behandlung der GbR „durchaus logisch und konsequent" sei. Nun allerdings müsse diese Rechtspraxis überprüft werden.

Im Ergebnis bejahte das Gericht, ohne es zu diskutieren, die grundsätzliche Möglichkeit einer Teilungsversteigerung zur Auseinandersetzung des Gesellschaftsvermögens einer rechtsfähigen GbR und damit unausgesprochen auch die Anwendbarkeit des § 731 S. 2 BGB auf diese. Nach seiner Auffassung sollten allerdings bei Fehlen einer anders lautenden vertraglichen Vereinbarung auf Grund der Regelung des § 730 Abs. 2 S. 2 BGB nur alle Gesellschafter gemeinsam in der Lage sein, einen derartigen Antrag zu stellen. Das *AG Dortmund* beschäftigte sich also vielmehr mit der Frage der alleinigen Antragsbefugnis[253] als mit dem Problem, ob eine Teilungsversteigerung wegen der Rechtsfähigkeit der GbR *überhaupt noch* möglich ist.

9. *BGH* (2013)

Im Jahre 2013 beschäftigte sich der *BGH* in seinem oben dargelegten Beschluss[254] erstmals eingehend mit dieser Frage. Er betont ausdrücklich,

250 Siehe hierzu bereits oben: 2. Kapitel, C), III.
251 *AG Dortmund* v. 15.09.2011, Az. 273 K 033/11, BeckRS 2011, 25872.
252 *AG Dortmund* v. 15.09.2011, Az. 273 K 033/11, BeckRS 2011, 25872.
253 Siehe hierzu unten: 4. Kapitel, D).
254 *BGH* v. 16.05.2013, BGHZ 197, 262 ff. = NZG 2013, 1338 ff.

dass auch das Grundstück einer rechtsfähigen GbR Gegenstand eines Teilungsversteigerungsverfahrens sein kann. Die Anerkennung der Rechtsfähigkeit der GbR habe daran nichts geändert.[255]

Der *BGH* stellte zunächst, wie auch das *AG Dortmund* in seinem Beschluss, klar, dass das Grundstück nicht im gemeinschaftlichen Eigentum der Gesellschafter, sondern im Alleineigentum der GbR steht.[256] Die Zulässigkeit der Teilungsversteigerung ergebe sich deshalb nicht (mehr) unmittelbar aus § 180 Abs. 1 ZVG, jedoch aufgrund des Verweises von § 731 S. 2 BGB auf § 753 Abs. 1 S. 1 BGB, nach welchem die Teilung eines Grundstücks durch Teilungsversteigerung zu erfolgen habe.[257]

Die früher vertretene Auffassung, das Gesellschaftsvermögen sei nach der Verkehrssitte zu verwerten und § 753 BGB auf Gesellschaftsvermögen daher gar nicht anwendbar[258], lehnt der *BGH* nun ausdrücklich ab.[259]

Laut *BGH* hat die Teilrechtsfähigkeit der GbR nur die Zuordnung des Gesellschaftsvermögens verändert, nicht hingegen die Anwendung der Vorschriften über die Auflösung der GbR.[260]

10. Zusammenfassung

Bis auf das *AG Dortmund* hatte zuvor kein Gericht die Anwendbarkeit der §§ 731 S. 2, 752 ff. BGB beziehungsweise der §§ 180 ff. ZVG auf die heutige rechtsfähige GbR problematisiert. Wie selbstverständlich wurde in der Rechtsprechung nach Anerkennung der Rechtsfähigkeit der GbR von der Anwendbarkeit dieser Vorschriften auf die rechtsfähige GbR ausgegangen. Der *BGH* bejahte nun erstmals explizit die Möglichkeit einer Teilungsversteigerung, weil er ausdrücklich davon ausgeht, dass die §§ 731 S. 2, 752 ff. BGB nach wie vor auch auf die rechtsfähige GbR angewendet werden können.

---

255 *BGH* v. 16.05.2013, BGHZ 197, 262 ff. = NZG 2013, 1338 ff.
256 *BGH* v. 16.05.2013, NZG 2013, 1338 (1339).
257 *BGH* v. 16.05.2013, NZG 2013, 1338 (1339).
258 Siehe hierzu bereits oben: 2. Kapitel, D), II., 1.
259 *BGH* v. 16.05.2013, NZG 2013, 1338 (1339).
260 *BGH* v. 16.05.2013, NZG 2013, 1338 (1339).

In einigen ersten Anmerkungen zu der zuletzt genannten *BGH*-Entscheidung schließen sich manche Stimmen aus der Literatur dem *BGH* an.[261] Eine kritische Hinterfragung der Entscheidung erfolgt insoweit allerdings nicht. Vielmehr wird sie offensichtlich als Selbstverständlichkeit angesehen, indem beispielsweise angemerkt wird, sie bringe „keine bahnbrechenden neuen Erkenntnisse“[262] beziehungsweise „sie bringt wenig Neues“.[263]

Andere Stimmen hingegen kritisieren den *BGH* eindeutig für seine Entscheidung und lehnen die Anwendbarkeit der §§ 731 S. 2, 752 ff. BGB auf die heutige rechtsfähige GbR aufgrund des Umstands, dass nunmehr die Gesellschaft selbst der Rechtsträger der Gesellschaftsvermögens ist, ab.[264]

E) Argumente der Literatur und der Rechtsprechung

Im Folgenden werden die Argumente, welche die Literatur und die Rechtsprechung gegen beziehungsweise für eine heutige Anwendung der §§ 731 S. 2, 752 ff. BGB auf die rechtsfähige GbR nennen, betrachtet.

I. Argumente der Literatur gegen eine heutige Anwendung der §§ 731 S. 2, 752 ff. BGB auf die rechtsfähige GbR

1. Die Ansicht von *Hintzen*

Hintzen will die Verweisung in § 731 S. 2 BGB heute so interpretieren, dass bei Fehlen einer Vereinbarung der Gesellschafter die Teilungsversteigerung grundsätzlich ausgeschlossen ist, weil es wegen der heutigen Vermögenszuordnung und der damit verbundenen Eintragung der GbR selbst ins Grundbuch an der für die Teilungsversteigerung notwendigen, im Grundbuch eingetragenen Gemeinschaft i.S.v. § 180 Abs. 1 ZVG fehle.[265] Ob er einen Anwendungsbereich von § 731 S. 2 BGB insgesamt oder lediglich in Bezug auf die Auseinandersetzung mittels Teilungsversteigerung ablehnt,

---

261 *Kessler*, EWiR 2014, 39 f.; *Reiff*, LMK 2013, 352161; *Ruhwinkel*, MittBayNot 2014, 273 ff.; *Wolfer*, GWR 2013, 401; NJW-Spezial 2013, 611 (ohne namentlich genannten Autor).

262 *Wolfer*, GWR 2013, 401.

263 *Reiff*, LMK 2013, 352161.

264 *Becker*, ZfIR 2013, 738 ff.; *Schneider*, ZMR 2013, 907 ff.

265 Dassler/Schiffhauer-*Hintzen*, § 180, Rn. 27.

wird nicht ganz deutlich. Er trägt aber jedenfalls keine Argumente vor, die ausdrücklich für oder gegen eine Anwendbarkeit der Vorschrift in den übrigen Fällen sprächen, zum Beispiel, wenn es um die Veräußerung von beweglichen Gegenständen geht, die zum Gesellschaftsvermögen gehören, also die Frage, ob in dem Fall zum Beispiel die §§ 731 S. 2, 753 Abs. 1 S. 1 1. Alt, 1233 ff. BGB auf die rechtsfähige GbR angewendet werden sollen.

2. Die Ansicht von *Becker* (historisches Argument)

Nach der Auffassung von *Becker* lässt sich die Verweisungsnorm des § 731 S. 2 BGB nur auf der Grundlage der traditionellen Gesamthandslehre erklären[266], nach der den Gesellschaftern das Gesellschaftsvermögen früher in ihrer gesamthänderischen Verbundenheit zugeordnet war und nicht der Gesellschaft selbst. Sollte sich der Verweis tatsächlich nur aufgrund dessen erklären, ließe sich dieses Argument jedenfalls gegen einen heutigen Anwendungsbereich dieser Vorschrift auf die rechtsfähige GbR anführen, denn heute ist wegen ihrer mittlerweile anerkannten Rechtsfähigkeit ja gerade die GbR selbst der Rechtsträger des Gesellschaftsvermögens.[267]

Becker argumentiert, weil sich die Rechtsprechung und der Gesetzgeber hinsichtlich der Außen-GbR von der traditionellen Gesamthandslehre verabschiedet haben, gelte für die Außen-GbR das Gesamthandsprinzip als Prinzip der dinglichen Vermögenszuordnung nicht mehr.[268] Das Vermögen sei nunmehr der Gesellschaft selbst zugeordnet und nicht mehr den Gesellschaftern. Auf letzteren Aspekt stellt auch *Hintzen* ab, allerdings beschränkt er sich in seinen Ausführungen auf die Teilungsversteigerung und das Grundeigentum.[269] Damit unterscheide sich die GbR heute insoweit von den Gesamthandsgemeinschaften des BGB wie zum Beispiel der Erbengemeinschaft, wodurch alle an das Gesamthandsprinzip anknüpfenden gesetzlichen Vorschriften bezüglich der GbR ihren Anwendungsbereich verlieren sollen.[270]

---

266 *Becker*, ZfIR 2013, 314 (316).
267 Siehe hierzu bereits oben: 2. Kapitel, C), III.
268 *Becker*, ZfIR 2013, 314 (317); in diese Richtung wohl auch Dassler/Schiffhauer-*Hintzen*, § 180, Rn. 27.
269 Dassler/Schiffhauer-*Hintzen*, § 180, Rn. 27.
270 *Becker*, ZfIR 2013, 314 (317).

Gerade die Erbengemeinschaft zeige, dass die Gesamthandsgemeinschaft nach wie vor eine Rechtsgemeinschaft mehrerer Inhaber eines Vermögens und nicht selbst rechtsfähiger Vermögensträger sei.[271]

3. Auseinandersetzung mit *Beckers* Argument

Fraglich ist, ob *Beckers* Argument zutreffend ist.

a) Gesamthand

Eine Gesamthandsgemeinschaft ist von einer juristischen Person zu unterscheiden. Gesamthandsgemeinschaften sind jedenfalls die GbR, die OHG sowie die KG, die eheliche Gütergemeinschaft sowie die Erbengemeinschaft.[272]

Sie zeichnet sich nach traditioneller Auffassung dadurch aus, dass die Gesamthänder selbst und nicht eine von ihnen verschiedene „Person" der Rechtsträger des Vermögens sind.[273] Das Gesamthandsvermögen ist ein den Gesamthändern in gesamthänderischer Verbundenheit zustehendes Sondervermögen.[274]

Die GbR wurde vom historischen Gesetzgeber als nicht rechtsfähige Gesamthandsgemeinschaft ausgestaltet.[275]

Nach dem traditionellen Verständnis wurde ein für die Gesellschaft erworbener Gegenstand, sowohl bewegliche Sachen als auch Grundstücke, zum gemeinschaftlichen Vermögen der Gesellschafter.[276]

Gemäß § 719 Abs. 1 BGB kann ein einzelner Gesellschafter nicht über seinen Anteil an dem Gesellschaftsvermögen und an den anderen dazu gehörenden Gegenständen verfügen. Die Gegenstände des Gesellschaftsvermögens sind den Gesellschaftern demnach zur gesamten Hand zugeordnet.[277] Nach diesem Verständnis sind die Gesellschafter die wahren Rechtsträger des Gesellschaftsvermögens, das heißt nach dem Gesamthandsprinzip ist

---

271 *Becker*, ZfIR 2013, 314 (317).
272 Palandt-*Ellenberger*, Einf v § 21, Rn. 2.
273 Palandt-*Ellenberger*, Einf v § 21, Rn. 2.
274 *BGH* v. 07.10.1987, NJW 1988, 556 (556); *BGH* v. 24.01.1990, NJW 1990, 1181 (1181); Palandt-*Ellenberger*, Einf v § 21, Rn. 2.
275 Siehe hierzu bereits oben: 2. Kapitel, C), I.
276 Vgl. die Darstellung in MünchKomm. BGB-*Ulmer*, § 705, Rn. 296.
277 Vgl. die Darstellung in Bamberger/Roth-*Schöne*, § 719, Rn. 1.

das Gesellschaftsvermögen dinglich den Gesellschaftern zugeordnet.[278] In den Protokollen zur Entstehung des BGB heißt es: „Die Gestaltung des Verhältnisses nach dem Grundsatze der gesammten Hand hat neben den obligatorischen auch dingliche Wirkungen. Die in die Gemeinschaft gelangenden Vermögensstücke werden unmittelbar ihrem Zwecke dienstbar gemacht, indem aus ihnen ein selbständiges Gesellschaftsvermögen gebildet wird".[279] Über die zum Gesellschaftsvermögen gehörenden Gegenstände können alle Gesellschafter nur gemeinsam verfügen.[280]

b) Die GbR im Vergleich zu anderen BGB-Gesamthandsgemeinschaften

Grundvoraussetzung für die Richtigkeit von *Beckers* These, der Verweis in § 731 S. 2 BGB lasse sich nur aufgrund der traditionellen Gesamthandslehre erklären, ist zunächst, dass zwischen der GbR und den anderen BGB-Gesamthandsgemeinschaften hinsichtlich der Frage der Vermögenszuordnung in der gesetzlichen Ausgestaltung tatsächlich eine Parallelität besteht beziehungsweise bestand.

aa) Vermögenszuordnung

Bei einer Erbengemeinschaft, kann ein Miterbe gemäß § 2033 Abs. 2 BGB über seinen Anteil an den einzelnen Nachlassgegenständen nicht verfügen, die Erben können gemäß § 2040 Abs. 1 BGB über einen Nachlassgegenstand nur gemeinschaftlich verfügen.[281] Die Parallele zu § 719 Abs. 1 BGB ist damit klar sichtbar.

Gleiches lässt sich zudem bei der von *Becker* insoweit nicht erwähnten ehelichen Gütergemeinschaft erkennen. Auch durch die eheliche Gütergemeinschaft entsteht eine Gemeinschaft zur gesamten Hand.[282] Gemäß § 1419 Abs. 1 BGB kann ein Ehegatte über seinen Anteil am Gesamtgut und an den einzelnen Gegenständen, die zum Gesamtgut gehören, nicht verfügen. Nach § 1450 Abs. 1 S. 1 BGB sind die Ehegatten

---

278 Vgl. die Darstellung in jurisPK-BGB/*Bergmann*.

279 Zitat nach *Becker*, ZfIR 2013, 314 (316) welcher insoweit auf die Protokolle zum BGB, Band 2, 1898, S. 429 f. verweist.

280 Vgl. zum Ganzen: *Becker*, ZfIR 2013, 314 (316 f.).

281 *Becker*, ZfIR 2013, 314 (317).

282 Palandt-*Brudermüller*, § 1416, Rn. 1.

bei gemeinschaftlicher Verwaltung des Gesamtguts nur gemeinschaftlich berechtigt, über das Gesamtgut zu verfügen.

In den vorgenannten Ausführungen zeigt sich die vom historischen Gesetzgeber hinsichtlich der Vermögenszuordnung identische gesetzliche Ausgestaltung der GbR mit anderen Gesamthandsgemeinschaften wie der Erbengemeinschaft oder der ehelichen Gütergemeinschaft.[283] Nach dem Verständnis der tradierten Gesamthandslehre entspricht die Gesellschaft bürgerlichen Rechts insoweit tatsächlich den anderen Gesamthandsgemeinschaften.[284]

bb) Auseinandersetzung

Für die Auseinandersetzung einer GbR gelten bei Fehlen einer vertraglichen Vereinbarung die oben dargestellten Abwicklungsvorschriften der §§ 730 ff. BGB.[285] Für die Auseinandersetzung einer Erbengemeinschaft finden sich ebenfalls spezielle Regelungen im BGB, namentlich in den §§ 2042 ff. BGB. Für die eheliche Gütergemeinschaft existieren entsprechende Vorschriften in den §§ 1471 ff. BGB.

§ 2042 Abs. 2 BGB verweist hierbei ebenso wie § 731 S. 2 BGB auf die §§ 752 ff. BGB. § 1477 Abs. 1 BGB sieht vor, dass bei der Auseinandersetzung einer ehelichen Gütergemeinschaft der Überschuss nach den Vorschriften über die Gemeinschaft geteilt wird. Auch hier besteht somit wie bei der GbR ein Verweis auf die §§ 752 ff. BGB und damit eine weitere Parallele.

cc) Rechtsfähigkeit

Weder eine Erbengemeinschaft noch eine eheliche Gütergemeinschaft ist rechtsfähig.[286] Auch bei der GbR wurde wie oben dargestellt lange Zeit

---

283 *Becker*, ZfIR 2013, 314 (317); Palandt-*Brudermüller*, § 1419, Rn. 1; *Windbichler*, Gesellschaftsrecht, § 3, III., 1. Rn. 4.

284 *Becker*, ZfIR 2013, 314 (317).

285 Siehe hierzu bereits oben: 1. Kapitel, C), I.

286 Bzgl. Erbengemeinschaft: *BGH* v. 21.12.1988, NJW 1989, 2133 (2134); *BGH* v. 11.09.2002, NJW 2002, 3389 (3389); MünchKomm. BGB-*Gergen*, § 2032, Rn. 12; Staudinger-*Werner*, § 2032, Rn. 4, 5; *Ulmer*, AcP 198 (1998), 113 (124 ff.); bzgl. ehelicher Gütergemeinschaft: MünchKomm. BGB-*Kanzleiter*, § 1416, Rn. 3; Palandt-*Brudermüller*, § 1416, Rn. 1; Staudinger-*Thiele*, § 1416, Rn. 3.

davon ausgegangen, sie sei nicht rechtsfähig. Mithin besteht eine weitere parallele Ausgestaltung des historischen Gesetzgebers in Bezug auf GbR, Erbengemeinschaft und eheliche Gütergemeinschaft.

dd) Zwischenergebnis

Folglich lässt sich im Gesetz in der Tat sowohl bezüglich der Rechtsfähigkeit, hinsichtlich der dinglichen Vermögenszuordnung als auch in Bezug auf die Auseinandersetzung die durch den historischen BGB-Gesetzgeber vorgesehene parallele Ausgestaltung von GbR, Erbengemeinschaft wie auch ehelicher Gütergemeinschaft erkennen.[287]

c) Zwischenergebnis

Nach herrschender Auffassung gilt die GbR auch nach Anerkennung ihrer Rechtsfähigkeit trotz ihrer Annäherung an die juristischen Personen weiterhin als Gesamthandsgesellschaft, welche nicht mit einer juristischen Person gleichzustellen ist.[288]

Jedoch ist die GbR aufgrund ihrer mittlerweile anerkannten Rechtsfähigkeit selbst die Inhaberin der der Gesamthand zustehenden Rechte, das bedeutet, das Gesellschaftsvermögen ist heute, wie *Becker*[289], und hinsichtlich des Grundeigentums auch *Hintzen*[290], zu Recht hervorhebt, ausschließlich der GbR als Rechtssubjekt zugeordnet[291]. Dies stellt auch der *BGH* in seinem Beschluss erneut klar.[292]

Beckers Vergleich ist mithin insoweit durchaus zutreffend. Es ist korrekt, dass sich die GbR hinsichtlich der Vermögenszuordnung heute von der Erbengemeinschaft unterscheidet.[293] Ebenso unterscheidet sie sich in diesem Punkt heute auch von der ehelichen Gütergemeinschaft. Die Vermögenszuordnung entspricht bei der GbR mithin nicht mehr der Ausgestaltung, wie

---

287 *Becker*, ZfIR 2013, 314 (317) (der allerdings nur auf die Erbengemeinschaft abstellt).

288 Bamberger/Roth-*Schöne*, § 705, Rn. 17; *Gesmann-Nuissl*, WM 2001, 973 (974); *Huber*, FS Lutter, 2000, 107 ff.; *Ulmer*, ZIP 2001, 585 (588); a.A *Raiser*, AcP 194 (1994), 495 ff.

289 *Becker*, ZfIR 2013, 314 (317).

290 Dassler/Schiffhauer-*Hintzen*, § 180, Rn. 27.

291 Palandt-*Sprau*, § 718, Rn. 1; *Windbichler*, Gesellschaftsrecht, § 3, Rn. 8.

292 *BGH* v. 16.05.2013, NZG 2013, 1338 (1339 f.).

293 *Becker*, ZfIR 2013, 314 (317).

sie bei anderen Gesamthandsgemeinschaften wie der Erbengemeinschaft[294] oder auch der ehelichen Gütergemeinschaft vom historischen Gesetzgeber vorgesehen wurde.

Damit besteht hinsichtlich der Vermögenszuordnung heute ein merklicher Unterschied der GbR zur Erbengemeinschaft und ebenso zur ehelichen Gütergemeinschaft, obwohl diese drei Gesamthände vom historischen Gesetzgeber in Bezug auf ihre Auseinandersetzung identisch ausgestaltet wurden. *Beckers* Aussage, dass der Verweis in § 731 S. 2 BGB auf die §§ 752 ff. BGB deshalb heutzutage für die Auseinandersetzung einer rechtsfähigen GbR nicht mehr gelten kann, wäre somit jedenfalls konsequent.

Fraglich ist nun jedoch, ob sich aus der vom historischen BGB-Gesetzgeber insoweit identisch vorgesehenen gesetzlichen Ausgestaltung der drei oben verglichenen Gesamthände, wie *Becker* es tut, tatsächlich der Schluss ziehen lässt, dass der jeweilige Verweis auf das Gemeinschaftsrecht zur Auseinandersetzung der GbR, der ehelichen Gütergemeinschaft beziehungsweise der Erbengemeinschaft allein in Anbetracht der Tatsache erfolgte, dass mangels Rechtsfähigkeit weder die GbR noch die eheliche Gütergemeinschaft noch die Erbengemeinschaft selbst das Zuordnungsobjekt des jeweiligen gemeinschaftlichen Vermögens waren, und sich der Verweis deshalb nur auf Basis der traditionellen Gesamthandslehre erklärt.[295]

Wäre dem so, würde dieses historische Argument in der Tat gegen eine Anwendung der §§ 731 S. 2, 752 ff. BGB im Rahmen der Auseinandersetzung einer rechtsfähigen GbR sprechen. Denn fügte der historische BGB-Gesetzgeber den Verweis in § 731 S. 2 BGB auf die §§ 752 ff. BGB allein deshalb ein, weil die GbR bei der Entstehung des BGB als nicht rechtsfähig galt, muss davon ausgegangen werden, dass die (Nicht-) Rechtsfähigkeit beziehungsweise die Tatsache, wer der Rechtsträger des Gesellschaftsvermögens ist, jedenfalls für den historischen BGB-Gesetzgeber das Kriterium für oder gegen die Anwendung der §§ 752 ff. BGB für die Auseinandersetzung des Gesellschaftsvermögens der GbR sein sollte.

Daher wird im Folgenden zu prüfen sein, ob man *Beckers* These mit Hilfe der vom *BGH* aufgeführten Argumente entkräften kann. Es ist somit zu untersuchen, ob sich der Verweis in § 731 S. 2 BGB auf die §§ 752 ff.

294 *Becker*, ZfIR 2013, 314 (317).
295 *Becker*, ZfIR 2013, 314 (317).

BGB tatsächlich aufgrund der Tatsache erklären lässt, dass früher nicht die Gesellschaft selbst der Rechtsträger des Gesellschaftsvermögens war, sondern die Gesellschafter in ihrer gesamthänderischen Verbundenheit. Darüber hinaus setzt sich diese Arbeit mit weiteren Argumenten auseinander, die für eine Anwendung der §§ 731 S. 2, 752 ff. BGB auf die heute rechtsfähige GbR sprechen könnten.

II. Argumente des *BGH* für eine Anwendung der §§ 731 S. 2, 752 ff. BGB auf die heutige rechtsfähige GbR

Der *BGH* hält sich mit einer Argumentation zu der Frage des heutigen Anwendungsbereiches der §§ 731 S. 2, 752 ff. BGB auf die rechtsfähige GbR etwas zurück.

Er stellt zunächst in seinem feststellenden Satz, dass die Teilungsversteigerung möglich sei, lediglich darauf ab, dies sei die heute nahezu unbestrittene Ansicht.[296] Er verweist sodann auf einige der oben dargestellten Quellen, sowohl zur alten als auch zur neuen Rechtslage.[297]

Tatsächlich wird über diese Frage sowohl in der Literatur als auch in der Rechtsprechung wie gesehen nahezu nicht gestritten. Dies rührt ganz offensichtlich daher, dass sie grundsätzlich erstmals im Jahr 2011 vom *AG Dortmund* aufgeworfen wurde. Der *BGH* verweist also, ohne selbst das Problem zu erörtern, auf die Literatur, welche zwar das Ergebnis des *BGH* trägt, allerdings insoweit nahezu ohne Problembewusstsein und ohne eine vertiefte Auseinandersetzung mit dem Problem.

Etwas fragwürdig beziehungsweise insoweit nicht zielführend ist der Verweis des *BGH* auf die Quellen zur alten Rechtslage, also die Zeit, bevor die Rechtsfähigkeit der GbR anerkannt wurde[298], mit welchen er seine Argumentation stützen möchte. Zum damaligen Zeitpunkt stellte sich das heutige Problem mangels Rechtsfähigkeit der GbR noch überhaupt gar nicht. Dass in den vom *BGH* angegebenen Quellen zur alten Rechtslage unbestritten die Auffassung vertreten wird, die Teilungsversteigerung sei (wegen des Verweises in § 731 S. 2 BGB) ein zur Auseinandersetzung einer

---

296 *BGH* v. 16.05.2013, NZG 2013, 1338 (1339).
297 *BGH* v. 16.05.2013, NZG 2013, 1338 (1339).
298 Siehe den Verweis in: *BGH* v. 16.05.2013, NZG 2013, 1338 (1339).

aufgelösten GbR denkbares Verfahren, ist demnach selbstverständlich. Auf diese „alten“ Quellen kann eine Argumentation zur heutigen Zeit mithin von vornherein nicht gestützt werden.

1. Das Wortlautargument

Zunächst einmal will der *BGH* die §§ 731 S. 2, 752 ff. BGB heute auf die rechtsfähige GbR anwenden, weil die maßgeblichen gesetzlichen Vorschriften dies auch heute noch so vorsehen.[299]

2. Die Anerkennung der Rechtsfähigkeit der GbR wirkt sich auf die Anwendbarkeit der §§ 731 S. 2, 752 ff. BGB nicht aus

Ferner urteilt der *BGH*, entgegen *Beckers* Annahme, die Anerkennung der Teilrechtsfähigkeit der GbR habe an der entsprechenden Anwendbarkeit der Vorschriften über die Teilungsversteigerung auf Gesellschaftsgrundstücke nichts geändert.[300] Er erwähnt an dieser Stelle in seinem Beschluss die oben erwähnten Auffassungen von *Hintzen* und *Becker* als Gegenmeinung, setzt sich aber leider nicht mit deren Argumentation auseinander. Vielmehr ist der *BGH* der Auffassung „Die Teilrechtsfähigkeit hat nur die Zuordnung des Gesellschaftsvermögens, nicht aber die Anwendung der Vorschriften über die Auflösung der GbR verändert“.[301] Insoweit belässt es der *BGH* bei der Anwendbarkeit der §§ 731 S. 2, 753 Abs. 1 S. 1 BGB, 180 ff. ZVG auf die rechtsfähige GbR.

Der entscheidende Senat betont an späterer Stelle in dem Beschluss noch einmal, „die Vorstellung des Reichsgesetzgebers, dass es ein geschlossenes Gesellschaftsvermögen nicht gebe, dieses vielmehr den Gesellschaftern zustehe, ist allerdings durch die Anerkennung der Rechtsfähigkeit der GbR überholt“ und vielmehr stehe das Vermögen nun dem Verband selbst und nicht mehr den Gesellschaftern zu.[302] Der Gesetzgeber hätte nach Auffassung der *BGH*-Richter die Auseinandersetzung einer GbR stärker an die Abwicklung einer OHG annähern können „wie sie namentlich in § 146

299 *BGH* v. 16.05.2013, NZG 2013, 1338 (1339 f.).
300 *BGH* v. 16.05.2013, NZG 2013, 1338 (1339).
301 *BGH* v. 16.05.2013, NZG 2013, 1338 (1339).
302 *BGH* v. 16.05.2013, NZG 2013, 1338 (1340).

Abs. 1 HGB und § 155 Abs. 1 HGB geregelt ist".[303] Weil er dies nicht getan habe, will der *BGH* deshalb offenbar davon auszugehen, der heutige Gesetzgeber habe den Willen, § 731 S. 2 BGB nach wie vor einen Anwendungsbereich zuzusprechen (was man aus dem Schweigen des heutigen Gesetzgebers zu dieser Frage schließen könne) und „jedenfalls lässt sich die Aufteilung des Grundvermögens der GbR unter Anwendung der Regelungen über die Teilungsversteigerung vornehmen, wie das bis heute gesetzlich vorgesehen ist".[304]

3. Das Innenverhältnis der Gesellschafter untereinander

Der *BGH* argumentiert darüber hinaus damit, dass sich die Rechtsfähigkeit lediglich auf die werbende Außen-GbR auswirkt.[305] Die Aufteilung des Grundvermögens einer GbR, jedenfalls nach Begleichung der Verbindlichkeiten gegenüber Dritten, betreffe hingegen lediglich das Innenverhältnis der Gesellschafter in der Abwicklungsphase untereinander und in diesem Verhältnis wirkt sich nach der Auffassung des *BGH* die Anerkennung der Rechtsfähigkeit der GbR gar nicht aus.[306]

F) Stellungnahme

Der *BGH* liefert somit drei Argumente, welche man *Beckers* Ansicht möglicherweise entgegenhalten könnte.

Der Wortlaut der Vorschriften sieht mit seinem Verweis in § 731 S. 2 BGB auf das Gemeinschaftsrecht auch heute noch die Anwendung der §§ 752 ff. BGB auf die rechtsfähige GbR vor, denn § 731 S. 2 BGB wurde nicht gestrichen. Das Wortlautargument spricht also für eine heutige Anwendbarkeit der besagten Normen auf die rechtsfähige GbR. Dieses Argument ist insoweit jedoch ein schwaches, denn *Becker* beruft sich ja gerade darauf, dass die Norm nur deshalb im Gesetz steht, weil die GbR vom historischen Gesetzgeber als eine nichtrechtsfähige Gesamthandsgesellschaft ausgestaltet wurde.[307] Das Wortlautargument spricht mithin zwar für eine

303 *BGH* v. 16.05.2013, NZG 2013, 1338 (1340).
304 *BGH* v. 16.05.2013, NZG 2013, 1338 (1340).
305 *BGH* v. 16.05.2013, NZG 2013, 1338 (1340).
306 *BGH* v. 16.05.2013, NZG 2013, 1338 (1340).
307 *Becker*, ZfIR 2013, 314 (316 f.).

Anwendbarkeit, ist jedoch nicht geeignet, um *Beckers* These vollends zu entkräften. Deshalb befasst sich diese Arbeit umso intensiver mit den beiden weiteren vom *BGH* genannten Argumenten.

Im Folgenden wird daher nun geprüft, ob die Anerkennung der Rechtsfähigkeit der GbR tatsächlich nichts an dem Anwendungsbereich von § 731 S. 2 BGB geändert hat. Entscheidend für diese Aussage des *BGH* ist unter anderem, ob eine heutige Anwendung der §§ 731 S. 2, 752 ff. BGB auf die rechtsfähige GbR dem Willen des historischen beziehungsweise des heutigen Gesetzgebers entspricht (siehe hierzu sogleich unter I.).

Im Anschluss daran wird untersucht, ob beziehungsweise inwieweit das vom *BGH* genannte Argument überzeugen kann, nach welchem hier lediglich das Innenverhältnis der Gesellschafter untereinander betroffen sei, auf welches sich die Rechtsfähigkeit der GbR nicht auswirke (siehe hierzu sogleich unter II.).

I. Die Anerkennung der Rechtsfähigkeit der GbR wirkt sich auf die Anwendbarkeit der §§ 731 S. 2, 752 ff. BGB nicht aus

Für den *BGH* steht die Rechtsfähigkeit der GbR einer heutigen Anwendung der §§ 731 S. 2, 752 ff. BGB nicht entgegen. Der Gesetzgeber hätte nach Sichtweise des *BGH* nach der Gerichtsentscheidung über die Anerkennung der Rechtsfähigkeit der GbR durch eine Gesetzesänderung reagieren können, was er jedoch unterließ.[308] Daraus will der *BGH* nun offenbar schließen, dass die heutige Anwendbarkeit dem Willen des Gesetzgebers entspricht.

Fraglich erscheint, ob der Wille des (historischen) Gesetzgebers wirklich einen Spielraum lässt, um trotz Rechtsfähigkeit der GbR zu einer heutigen Anwendbarkeit der §§ 731 S. 2, 752 ff. BGB zu gelangen. Jedenfalls auf den Willen des heutigen Gesetzgebers stellt wohl der *BGH* ab, indem er sein Ergebnis damit begründet, der Gesetzgeber hätte nach Anerkennung der Rechtsfähigkeit der GbR tätig werden können, was er aber unterließ.[309]

Um einen heutigen Anwendungsbereich der §§ 731 S. 2, 752 ff. BGB mit dem Willen des Gesetzgebers zu begründen, lassen sich an dieser Stelle

308 *BGH* v. 16.05.2013, NZG 2013, 1338 (1340).
309 *BGH* v. 16.05.2013, NZG 2013, 1338 (1340).

zwei verschiedene Ansätze verfolgen. Denkbar erscheint zum einen, dass bereits der historische Gesetzgeber selbst dann, wenn er die Rechtsfähigkeit der GbR ausdrücklich gesetzlich geregelt hätte, in § 731 S. 2 BGB auf das Gemeinschaftsrecht verwiesen hätte. Wäre dem so, ließe sich auf diese Weise *Beckers* Argument der Boden entziehen, weil der Verweis in § 731 S. 2 BGB dann gerade nicht wie von ihm postuliert lediglich aufgrund der traditionellen Gesamthandslehre und der damit verbundenen Zuordnung des Gesellschaftsvermögens an die Gesellschafter erfolgte.

Zum anderen könnte man, wie der *BGH* es tut, aus dem Schweigen des heutigen Gesetzgebers nach Anerkennung der Rechtsfähigkeit durch die Rechtsprechung schließen, er wolle die Auseinandersetzung wie bisher mit Hilfe von § 731 S. 2 BGB ermöglichen.

1. Der Wille des Gesetzgebers

a) Ausgangspunkt

In seinem Urteil zur Anerkennung der Rechtsfähigkeit der GbR[310] beschäftigte sich der *BGH* unter anderem mit der Frage, ob die gesetzlichen Regelungen der Rechtsfähigkeit der GbR entgegenstehen. Hierzu führte der *BGH* aus: „Die Unvollständigkeit der gesetzlichen Regelung und das erkennbare Bestreben des historischen Gesetzgebers, eine konkrete Festlegung zu vermeiden, lassen Raum für eine an den praktischen Bedürfnissen der Verwirklichung des Gesamthandsprinzips orientierte Beurteilung der Rechtsnatur der GbR".[311] Der Gesetzeswortlaut, insbesondere § 718 Abs. 1 und § 719 BGB, stehe deshalb jedenfalls der Rechtsfähigkeit der GbR nicht entgegen, weil der Gesetzgeber diese Frage offen gelassen habe.[312]

Naheliegend könnte deshalb folgender Gedanke sein: Wegen der unvollständigen Ausgestaltung der Frage zur *Rechtsfähigkeit* der GbR durch den historischen Gesetzgeber könnten insoweit auch keine der Auseinandersetzungsvorschriften der §§ 730 ff. BGB, hier der § 731 S. 2 BGB, ihren Anwendungsbereich verlieren, wenn die Rechtsfähigkeit der GbR später anerkannt wird. Womöglich wollte der historische Gesetzgeber nämlich

310 *BGH* v. 29.01.2001, NJW 2001, 1056 ff.
311 *BGH* v. 29.01.2001, NJW 2001, 1056 (1057).
312 *BGH* v. 29.01.2001, NJW 2001, 1056 (1056 f.) (mit weiteren Nachweisen).

unabhängig von der Rechtsfähigkeit der BGB-Gesellschaft mit § 731 S. 2 BGB auf die §§ 752 ff. BGB verweisen.

b) Gesetzgebungsmaterialien zum BGB

Zu untersuchen ist deshalb, ob sich aus den Gesetzgebungsmaterialien schließen lässt, der BGB-Gesetzgeber hätte eine Auseinandersetzung der GbR nach den Vorschriften über die Teilung einer Gemeinschaft nicht vorgesehen, wenn er die GbR ausdrücklich als rechtsfähige Personengesellschaft konzipiert hätte.

aa) Eheliche Gütergemeinschaft und Erbengemeinschaft

In den Motiven zu den Vorschriften über die Auseinandersetzung der ehelichen Gütergemeinschaft sieht es wie folgt aus: Der Verweis auf die Vorschriften über die Gemeinschaft ergibt sich nach Vorstellung des Gesetzgebers daraus, „daß es sich um die Theilung einer Gemeinschaft handelt".[313] Er verwies demnach schon allein deshalb, weil es um die Auseinandersetzung einer Gesamthandsgemeinschaft geht.

Wie sich aus den Gesetzgebungsmaterialien zur Auseinandersetzung einer Erbengemeinschaft ergibt, erfolgt der Verweis in § 2042 Abs. 2 BGB ebenfalls deshalb, weil für Miterben „das Rechtsverhältnis der Gemeinschaft" gegeben ist.[314]

bb) BGB-Gesellschaft

(1) Motive

Zum heutigen § 731 S. 2 BGB lässt sich in den Motiven des BGB nichts finden, was zur Klärung dieser Frage weiterhilft. Lediglich in den Motiven zum heutigen § 733 BGB findet sich etwas, was einen Anhaltspunkt liefern könnte. § 733 BGB schreibt in seinem Abs. 3 die Versilberung des Gesellschaftsvermögens vor, soweit dies zur Berichtigung der Schulden und zur Rückerstattung der Einlagen erforderlich ist. Die Art und Weise der Versilberung richtet sich bei Fehlen einer Vereinbarung wegen der Regelung des § 731 S. 2 BGB dann nach den Vorschriften über die Gemeinschaft, also den §§ 752 ff. BGB. Der Verweis in § 731 S. 2 BGB auf die §§ 752 ff.

---

313 *Mugdan*, Materialien zum BGB, Band 4, S. 223.

314 *Mugdan*, Materialien zum BGB, Band 5, S. 369.

BGB erlangt also, wie bereits oben dargestellt, auch für die Versilberung des Gesellschaftsvermögens im Fall von § 733 Abs. 3 BGB Bedeutung.[315]

In den Motiven zu § 733 Abs. 3 BGB findet sich die Formulierung „Die Verwerthung der gemeinschaftlichen Gegenstände des Vermögens ist nur insoweit für die Zwecke der Auseinandersetzung unbedingt erforderlich, als die Mittel zur Tilgung der gemeinschaftlichen Schulden und Erstattung der Einlagen (Abs. 2, 3) beschafft werden müssen. Darüber hinaus greifen die allgemeinen Grundsätze über die communio".[316] Der Gesetzgeber erklärt also zunächst lediglich, was er mit der Vorschrift regeln möchte, nämlich, dass das Vermögen einer GbR, anders als das Vermögen einer OHG oder KG[317], in der Auseinandersetzung nicht vollständig versilbert werden muss, sondern zunächst einmal lediglich insoweit, als es zur Schuldenberichtigung und Einlagenrückerstattung erforderlich ist. Ob der historische Gesetzgeber nur deshalb auf das Gemeinschaftsrecht verwies, weil das Vermögen den Gesellschaftern zur gesamten Hand und nicht der Gesellschaft selbst zustand, wird von ihm nicht ausdrücklich erwähnt.

Der letztere der beiden zitierten Sätze spricht allerdings tendenziell eher dafür, dass die Verweisung wie bei der ehelichen Gütergemeinschaft und bei der Erbengemeinschaft nur auf Grund der Ausgestaltung als nicht rechtsfähige Gesamthandsgemeinschaft aufgenommen wurde. Es ist im Zusammenhang mit dem Verweis auf das Recht der „communio", also der *Gemeinschaft*, ausdrücklich von *gemeinschaftlichen* Gegenständen die Rede. In § 718 Abs. 1 BGB hat der Gesetzgeber das Gesellschaftsvermögen als „*gemeinschaftliches* Vermögen der Gesellschafter" definiert. Diese Legaldefinition ist heute wie oben gezeigt überholt, weil nun die Gesellschaft selbst der Rechtsträger des Gesellschaftsvermögens ist.[318] Aus der identischen Formulierung mit dem Begriff „gemeinschaftlich", sowohl in § 718 Abs. 1 BGB als auch in den Motiven des heutigen § 733 Abs. 3 BGB, kann man somit schließen, dass aus der Sicht des historischen Gesetzgebers bei der GbR, jedenfalls hinsichtlich der Vermögenszuordnung und auch bezüglich der Auseinandersetzung dieses Vermögens, eine zur Gemeinschaft

---

315 Siehe hierzu bereits oben: 1. Kapitel, C), I., 9.

316 *Mugdan*, Materialien zum BGB, Band 2, S. 352.

317 Siehe hierzu bereits oben: 1. Kapitel, C), II., 1.

318 Siehe hierzu bereits oben: 2. Kapitel, C), III.

(welche ja gerade ebenfalls nicht rechtsfähig ist) ähnliche beziehungsweise identische Interessenlage bestand, die ihn zu diesem Verweis veranlasste.

Diese Annahme spricht somit dafür, dass § 731 S. 2 BGB bei ausdrücklicher gesetzlicher Regelung der Rechtsfähigkeit der GbR durch den historischen BGB-Gesetzgeber nicht geschaffen worden wäre.

(2) Protokolle

In den Protokollen zur Entstehung des BGB zeigt sich, dass der historische Gesetzgeber darüber diskutierte, welche Vorschriften des Rechts über die Teilung einer Gemeinschaft der Verweis nicht erfassen könne.[319]

„Die Anwendbarkeit der §§ 769, 771, 772 auf die Theilung des Gesellschaftsvermögens, deren Prüfung bei der Berathung der Vorschriften des Gesellschaftsrechts ausgesetzt worden sei, könne keinen Bedenken unterliegen.[320] Die §§ 762 bis 766[321] seien dadurch von der Anwendbarkeit ausgeschlossen, daß die Gesellschaft nach dem Grundsatze der gesammten Hand gestaltet worden sei".[322]

Der Gesetzgeber hat sich bei dem Verweis auf das Gemeinschaftsrecht also zumindest Gedanken über das Gesamthandsprinzip gemacht sowie darüber, welche bestimmten Regelungen des Gemeinschaftsrechts aufgrund der Konzeption der GbR als Gesamthand von dem Verweis in § 731 S. 2 BGB *nicht* erfasst sein können. Dies waren beziehungsweise sind die heutigen §§ 749 bis 751 BGB. Im Umkehrschluss dazu könnte man jetzt argumentieren, der Verweis auf alle übrigen Vorschriften über die Teilung der Gemeinschaft, also auch der Verweis auf die für die Auseinandersetzung der Gesellschaftsvermögens relevanten §§ 752 ff. BGB, sei unabhängig vom Gesamthandsprinzip beziehungsweise unabhängig von der Rechtsfähigkeit der GbR.

Ein solches Argument überzeugt jedoch nicht, denn die §§ 749 bis 751 BGB enthalten lediglich ganz spezielle Regelungen für die *Aufhebung* einer *Gemeinschaft* (namentlich den jederzeitigen Aufhebungsanspruch in § 749 Abs. 1 BGB sowie Regelungen hinsichtlich eines Ausschlusses der

319 *Mugdan*, Materialien zum BGB, Band 2, S. 999.
320 *Mugdan*, Materialien zum BGB, Band 2, S. 999.
321 Die heutigen §§ 749 bis 751 BGB.
322 *Mugdan*, Materialien zum BGB, Band 2, S. 999.

Aufhebung in den §§ 749 Abs. 2 und Abs. 3, 750, 751 BGB) und können deshalb selbstverständlich von vornherein nicht für die GbR gelten, ganz unabhängig davon, ob die GbR rechtsfähig ist oder nicht. Die GbR wurde als Gesamthand ausgestaltet und eben nicht als Gemeinschaft. Für die Auflösung einer GbR gibt es unter anderem die oben dargestellten Auflösungsgründe der §§ 723 ff. BGB.[323] Deshalb konnten die §§ 749 bis 751 auf die GbR ohnehin keine Anwendung finden, unabhängig von ihrer Rechtsfähigkeit. Allein diese Tatsache hat der Gesetzgeber in seinen Protokollen noch einmal klargestellt. Er hat jedoch überhaupt nichts darüber gesagt, inwieweit der Verweis auf die Teilungsvorschriften der Gemeinschaft, also die §§ 752 ff. BGB, im Hinblick auf das Gesamthandsprinzip oder im Hinblick auf die Nichtrechtsfähigkeit der GbR erfolgte.

Deshalb lässt sich daraus auch nicht der Schluss ziehen, der historische Gesetzgeber hätte bei Ausgestaltung der GbR als rechtsfähige Personengesellschaft ebenso auf die §§ 752 ff. BGB verwiesen.

cc) Zwischenergebnis

Im Ergebnis lässt sich den Materialien zur Entstehung des BGB damit nicht eindeutig entnehmen, ob die Vorschrift des § 731 S. 2 BGB auch geschaffen worden wäre, wenn die GbR vom historischen Gesetzgeber als rechtsfähige Personengesellschaft ausgestaltet worden wäre.

Die Protokolle helfen zur Klärung dieser Frage aus dem soeben aufgeführten Grund nicht weiter. Auch den Motiven lässt sich jedenfalls kein Anhaltspunkt *für* einen Willen des historischen BGB-Gesetzgebers, die §§ 731 S. 2, 752 ff. BGB auch auf die rechtsfähige GbR anzuwenden, entnehmen.

Durch die Anerkennung der Rechtsfähigkeit der GbR hat sich die Rechtsträgerschaft am Gesellschaftsvermögen und damit die Vorstellung, die der historische BGB-Gesetzgeber hatte, zwar entscheidend verändert. Dass man zu dieser Frage in den Materialien der BGB-Entstehung keinerlei hilfreiche Anhaltspunkte findet, ist allerdings nicht allzu überraschend, denn über die Frage, ob der Verweis auch bei Rechtsfähigkeit der GbR gelten solle, musste sich der historische BGB-Gesetzgeber ja konsequenterweise gar keine Gedanken machen.

---

323 Siehe hierzu bereits oben: 1. Kapitel, B), I., 1.

Hingegen lassen die Informationen aus den Motiven zur Entstehung des heutigen § 733 BGB aus dem genannten Grund eher den Schluss zu, dass der Verweis in § 731 S. 2 BGB auf die §§ 752 ff. BGB lediglich deshalb erfolgte, weil die GbR aufgrund ihrer Ausgestaltung als nichtrechtsfähige Gesamthandsgesellschaft der (Erben-; ehelichen Güter-) Gemeinschaft jedenfalls in Sachen Vermögenszuordnung ähnlich war.

Zusammenfassend bleibt demnach festzuhalten, dass sich ein heutiger Anwendungsbereich der §§ 731 S. 2, 752 ff. BGB auf die rechtsfähige GbR nicht mit dem Willen des historischen BGB-Gesetzgebers begründen lässt. Dieses Argument kann man *Beckers* Auffassung damit nicht entgegenhalten. Die Erwägungen aus den Motiven des heutigen § 733 BGB sprechen vielmehr sogar *für* Beckers Ansicht, dass der Verweis in § 731 S. 2 BGB auf die §§ 752 ff. BGB allein aufgrund der gesetzlichen Ausgestaltung der GbR als nichtrechtsfähige Gesamthandsgesellschaft erfolgte, und stützen *Beckers* Argumentation.

c) Vergleich mit anderen Gesetzen

Eventuell lässt sich *Beckers* Argument, dass § 731 S. 2 BGB bei ausdrücklich gesetzlich normierter Rechtsfähigkeit der GbR nicht geschaffen worden wäre, durch einen Vergleich der Regelungen zur Vermögensauseinandersetzung einer GbR mit der gesetzlichen Ausgestaltung der Liquidation bei anderen rechtsfähigen Personengesamthandsgesellschaften wie der OHG, der KG und Partnerschaftsgesellschaft widerlegen. Finden sich in den Vorschriften zur Liquidation der soeben genannten rechtsfähigen Personengesellschaften ebenfalls derartige Verweise, kann allein die Rechtsfähigkeit beziehungsweise die Frage, wer der Rechtsträger des Gesellschaftsvermögens ist, für den historischen BGB-Gesetzgeber nicht das entscheidende Kriterium für den Verweis auf die §§ 752 ff. BGB gewesen sein. In dem Fall ließe sich der Verweis nicht lediglich aufgrund der traditionellen Gesamthandslehre erklären und die heutige Anwendbarkeit der §§ 731 S. 2, 752 ff. BGB auf die rechtsfähige GbR würde dem Willen des historischen BGB-Gesetzgebers nicht widersprechen.

Darüber hinaus könnte ein Vergleich zum Wohnungseigentumsgesetz (WEG) und auch zu § 736 ZPO zielführend sein.

aa) Vergleich mit dem HGB

Sowohl die OHG als auch die KG ist ebenso wie die GbR eine Gesamthandsgesellschaft.[324]

Die OHG beziehungsweise die KG kann gemäß § 124 Abs. 1 (§ 161 Abs. 2) HGB unter ihrer Firma Rechte erwerben und Verbindlichkeiten eingehen, Eigentum und andere dingliche Rechte an Grundstücken erwerben, vor Gericht klagen und verklagt werden.

Nach ganz herrschender Auffassung sind nicht die Gesellschafter in ihrer gesamthänderischen Verbundenheit Zuordnungsobjekt der die Gesellschaft betreffenden Rechte und Pflichten, sondern die Gesamthand selbst als ein von den Gesellschaftern verschiedenes Rechtssubjekt ist Trägerin dieser Rechte und Pflichten.[325]

Eine dem § 124 Abs. 1 HGB entsprechende Regelung enthält das BGB für die GbR nicht. Anders als bei der GbR hat der Gesetzgeber die rechtliche Selbstständigkeit der OHG (und über den Verweis in § 161 Abs. 2 HGB auch die der KG) ausdrücklich geregelt.

Die Auseinandersetzung einer OHG beziehungsweise einer KG erfolgt wie oben erläutert nach den §§ 145 ff. HGB.[326] Diese Vorschriften verweisen insoweit nicht auf die BGB-Normen zur Teilung einer Gemeinschaft. Dem lässt sich auch nicht entgegenhalten, in den §§ 145 ff. HGB sei wegen der Regelung des § 105 Abs. 3 HGB ein derartiger Verweis nicht vonnöten, weil nach dieser Vorschrift auf die OHG (und über § 161 Abs. 2 HGB auch auf die KG) die Vorschriften des Bürgerlichen Gesetzbuches über die Gesellschaft Anwendung finden, soweit in dem Abschnitt des HGB nicht ein anderes vorgeschrieben ist. Schließlich schreiben die §§ 145 ff. HGB ja gerade etwas anderes vor. § 149 S. 1 HGB sieht im Grundsatz, anders als bei der GbR, wo gemäß § 733 Abs. 3 BGB eine Versilberung des Gesellschaftsvermögens

---

324 *BGH* v. 16.02.1961, NJW 1961, 1022; *Flume*, AT I/1 S. 50 ff.; E/B/J/S-*Wertenbruch*, § 105, Rn. 7; MünchKomm. HGB-*K.Schmidt*, § 105, Rn. 7; Oetker-*Weitemeyer*, § 105, Rn. 7; Röhricht/Graf von Westphalen/Haas-*Haas*, § 105, Rn. 6.

325 *BGH* v. 05.03.2008, NJW 2008, 1737 (1738); E/B/J/S-*Wertenbruch*, § 105, Rn. 7; MünchKomm. HGB-*K.Schmidt*, § 105, Rn. 7; Oetker-*Weitemeyer*, § 105, Rn. 7; Röhricht/Graf von Westphalen/Haas-*Haas*, § 105, Rn. 6; Staub-*Habersack*, § 124, Rn. 3.

326 Siehe hierzu bereits oben: 1. Kapitel, C), II.

nur insoweit vorgeschrieben ist, wie es zur Schuldenberichtigung und Einlagenrückerstattung erforderlich ist, die vollständige Versilberung des Gesellschaftsvermögens vor.[327] Zudem ermöglichen die maßgeblichen §§ 149 S. 1 und 155 Abs. 1 HGB einen freihändigen Verkauf.[328]

Es ist mithin auffällig, dass der Gesetzgeber in dem Fall, in dem er die rechtliche Selbstständigkeit einer Gesamthandsgesellschaft (hier: OHG und KG) ausdrücklich normiert hat, auf einen dem § 731 S. 2 BGB entsprechenden Verweis auf das Gemeinschaftsrecht verzichtete. Insoweit muss man davon ausgehen, dass der historische Gesetzgeber auch für die Auseinandersetzung einer GbR nicht auf das Gemeinschaftsrecht verwiesen hätte, hätte er die GbR von Gesetzes wegen als eine rechtsfähige Gesellschaft konzipiert.

bb) Vergleich mit dem PartGG

Darüber hinaus könnte ein Vergleich mit der Partnerschaftsgesellschaft nach dem Partnerschaftsgesellschaftsgesetz (PartGG) insoweit ebenfalls herangezogen werden.

Die Partnerschaftsgesellschaft ist eine auf einem Gesellschaftsvertrag beruhende gesamthänderische Personengesellschaft, eine Sonderform der GbR.[329]

Unter anderem in seinen §§ 7 und 8 verweist das PartGG auf das HGB und nähert die Partnerschaftsgesellschaft dadurch der OHG an.[330] Beispielsweise ordnet § 7 Abs. 2 PartGG an: „§ 124 des Handelsgesetzbuches ist entsprechend anzuwenden“. Durch diesen Verweis auf § 124 Abs. 1 HGB hat der Gesetzgeber die Partnerschaftsgesellschaft rechtlich verselbstständigt, sie ist selbstständiges Rechtssubjekt[331] und voll rechtsfähig.[332]

---

327 E/B/J/S-*Hillmann*, § 149, Rn. 18; MünchKomm. HGB-*K.Schmidt*, § 149, Rn. 32.

328 Baumbach/Hopt-*Roth*, § 149, Rn. 4; Oetker-*Kamanabrou*, § 149, Rn. 12; § 155, Rn. 4.

329 MünchKomm. BGB-*Schäfer*, § 1 PartGG, Rn. 7; Ulmer/Schäfer-*Schäfer*, § 1 PartG, Rn. 7.

330 Henssler/Strohn-*Hirtz*, § 1 PartGG, Rn. 2/3; MünchKomm. BGB-*Schäfer*, § 1 PartGG, Rn. 7.

331 Henssler/Strohn-*Hirtz*, § 7 PartGG, Rn. 8.

332 MünchKomm. BGB-*Schäfer*, § 7 PartGG, Rn. 2.

Damit ist die Gesellschaft selbst auch der Träger des Gesellschaftsvermögens.[333] Durch die mittlerweile anerkannte Rechtsfähigkeit der GbR ist dieser Verweis zwar weitgehend bedeutungslos geworden.[334] Das PartGG wurde allerdings bereits im Jahre 1995 erlassen, als die Rechtsfähigkeit der GbR noch nicht anerkannt war.

Für die Liquidation der Partnerschaft sind gemäß § 10 Abs. 1 PartGG die Vorschriften über die Liquidation der offenen Handelsgesellschaft entsprechend anwendbar. Der Gesetzgeber will die Auseinandersetzung der Partnerschaftsgesellschaft nach den im ersten Kapitel erläuterten §§ 145 ff. HGB von statten gehen lassen. Eine Liquidation nach den §§ 730 ff. BGB, insbesondere also auch nach § 731 S. 2 BGB in Verbindung mit den §§ 752 ff. BGB, scheidet für die Partnerschaftsgesellschaft damit aus.

Es zeigt sich mithin auch bei der Partnerschaftsgesellschaft, welcher gesetzlich ausdrücklich die Rechtsfähigkeit verliehen wurde, dass eine Auseinandersetzung dieser Gesellschaftsform beziehungsweise eine Versilberung ihres Gesellschaftsvermögens nach den BGB-Vorschriften über die Teilung einer Gemeinschaft vom Gesetzgeber nicht gewünscht beziehungsweise nicht vorgesehen ist.

cc) Zwischenergebnis

Der Gesetzgeber hat bei den Gesamthandsgesellschaften, denen er ausdrücklich die Rechtsfähigkeit verleiht, auf einen dem § 731 S. 2 BGB entsprechenden Verweis auf die §§ 752 ff. BGB verzichtet. Dies spricht klar dafür, dass er dies auch bei der GbR getan hätte, hätte er deren Rechtsfähigkeit von vornherein ausdrücklich gesetzlich normiert.

dd) Vergleich mit dem Wohnungseigentumsgesetz (WEG)

Diesem gerade genannten Argument ließe sich womöglich ein Vergleich mit der Wohnungseigentümergemeinschaft nach dem WEG entgegenhalten.

(1) Argumentation

Eine Wohnungseigentümergemeinschaft ist zum einen ein vom jeweiligen Mitgliederbestand unabhängiger (teil-) rechts- und parteifähiger Verband

---

333 Henssler/Strohn-*Hirtz*, § 7 PartGG, Rn. 8.

334 MünchKomm. BGB-*Schäfer*, § 7 PartGG, Rn. 12.

sui generis[335] und zugleich eine nicht rechts- und parteifähige Bruchteilsgemeinschaft im Sinne von §§ 741, 1008 BGB.[336] Es handelt sich nicht um eine Personengesellschaft.[337]

§ 10 Abs. 1 WEG bestimmt zunächst, dass Inhaber der Rechte und Pflichten nach den Vorschriften des WEG die Wohnungseigentümer sind, es sei denn, das WEG bestimmt etwas anderes. Eine derartige andere Bestimmung findet sich in § 10 Abs. 6 S. 1 WEG. Die Gemeinschaft der Wohnungseigentümer kann gemäß § 10 Abs. 6 S. 1 WEG im Rahmen der gesamten Verwaltung des gemeinschaftlichen Eigentums gegenüber Dritten und Wohnungseigentümern selbst Rechte erwerben und Pflichten eingehen. Nach § 10 Abs. 6 S. 2 WEG ist sie Inhaberin der als Gemeinschaft gesetzlich begründeten und rechtsgeschäftlich erworbenen Rechte und Pflichten. Nach § 10 Abs. 7 S. 1 WEG gehört das Verwaltungsvermögen der Gemeinschaft der Wohnungseigentümer.

Der Wohnungseigentümergemeinschaft wurde somit vom Gesetzgeber im gewissen Rahmen ausdrücklich die Rechtsfähigkeit verliehen.

Zwar ist die Gemeinschaft der Wohnungseigentümer gemäß § 11 Abs. 1 S. 1 WEG grundsätzlich unauflöslich. Jedoch findet sich in § 17 WEG eine Regelung zur Verteilung der Anteile unter den Miteigentümern, sollte es ausnahmsweise dennoch zu einer Aufhebung der Gemeinschaft kommen. Weil es sich bei der Wohnungseigentümergemeinschaft wie eben gesagt auch um eine Gemeinschaft im Sinne der §§ 741 ff. BGB handelt, bestimmt sich die Durchführung der Auseinandersetzung nach den §§ 749 ff. BGB.[338] Wegen des Verweises in § 753 Abs. 1 S. 1 BGB kommt also auch hier beispielsweise eine Teilungsversteigerung zur Aufhebung der Gemeinschaft nach den §§ 180 ff. ZVG in Betracht.[339]

In diesem Fall zeigt sich, dass der Gesetzgeber bei gleichzeitiger ausdrücklicher Normierung der (Teil-)Rechtsfähigkeit einer Gemeinschaft die Anwendung der Teilungsvorschriften der §§ 752 ff. BGB nicht für ausgeschlossen hält. Dieser Umstand könnte deshalb auch dafür sprechen,

---

335 *BGH* v. 02.06.2005, NJW 2005, 2061.
336 Palandt-*Bassenge*, Einl. WEG, Rn. 5.
337 MünchKomm. BGB-*Commichau*, Vor § 1 WEG, Rn. 49 f.
338 MünchKomm. BGB-*Commichau*, § 17 WEG, Rn. 4.
339 MünchKomm. BGB-*Commichau*, § 17 WEG, Rn. 4.

dass der Gesetzgeber eine Teilung des Gesellschaftsvermögens der GbR nach den §§ 752 ff. BGB auch nach Anerkennung ihrer Rechtsfähigkeit für möglich erachtet, und zwar deshalb, weil er diese Möglichkeit bei der (teil-) rechtsfähigen Wohnungseigentümergemeinschaft ebenfalls zulässt. Es existiert mit der Wohnungseigentümergemeinschaft ein (teil-) rechtsfähiges Konstrukt[340], das nach den §§ 752 ff. BGB auseinanderzusetzen ist. Die übrigen Gemeinschaften, die nach den §§ 752 ff. BGB auseinanderzusetzen sind, namentlich die Bruchteilsgemeinschaft, die eheliche Gütergemeinschaft und die Erbengemeinschaft, sind allesamt nicht rechtsfähig. Die Wohnungseigentümergemeinschaft hingegen ist rechtsfähig. Daraus könnte man nun den Schluss ziehen, die Rechtsfähigkeit (hier: die der GbR) stehe einer Anwendbarkeit der §§ 752 ff. BGB grundsätzlich nicht entgegen.

(2) Kritik

Nimmt man dies an, verkennt man jedoch einen Umstand, der entschieden gegen diese Annahme spricht. Das WEG wurde am 15. März 1951 erlassen und enthielt keine ausdrückliche Normierung der Rechtsfähigkeit einer Wohnungseigentümergemeinschaft.[341] Diese galt vielmehr nach der früheren Rechtsprechung lange Zeit als nicht rechtsfähig.[342] Erst im Jahre 2005 wurde ihre Rechtsfähigkeit vom *BGH* anerkannt.[343] Im Anschluss an diese Entscheidung reformierte der Gesetzgeber durch das Gesetz zur Änderung des Wohnungseigentumsgesetzes und anderer Gesetze vom 26. März 2007[344] das WEG und normierte unter anderem im besagten § 10 Abs. 6 S. 1 WEG die Teilrechtsfähigkeit der Wohnungseigentümergemeinschaft.[345] Hätte er die Auseinandersetzung nach den §§ 752 ff. BGB nun nicht länger für sachgerecht erachtet beziehungsweise hätte er etwas daran ändern

340 Die genaue rechtliche Einordnung der Wohnungseigentümergemeinschaft ist umstritten, an dieser Stelle jedoch nicht von Bedeutung.

341 BGBl. I S. 175, ber. S. 209.

342 *BGH* v. 02.07.1998, NJW 1998, 3279 (3279); *BGH* v. 23.09.1999, NJW 1999, 3713 (3713); *BayObLG* v. 14.02.2002, NJW 2002, 1506 (1507).

343 *BGH* v. 02.06.2005, NJW 2005, 2061.

344 BGBl. I S. 370.

345 Siehe zum Ganzen auch die Darstellung in MünchKomm. BGB-*Commichau*, Vor § 1 WEG, Rn. 59.

wollen, hätte er diesbezüglich eine andere Regelung treffen können, was er jedoch unterließ. Die Durchführung der Auseinandersetzung einer Wohnungseigentümergemeinschaft nach den Teilungsvorschriften der §§ 752 ff. BGB trotz deren Teilrechtsfähigkeit entspricht also wegen der Nichteinführung einer anders lautenden Regelung bei der Reform des WEG eindeutig dem Willen des Gesetzgebers.

Bei der GbR lässt sich dies hingegen nicht annehmen. Der Gesetzgeber unterließ es, nach Anerkennung der Rechtsfähigkeit der (Außen-) GbR die §§ 705 ff. BGB überhaupt zu reformieren. Die Rechtsfähigkeit der GbR ist zwar heute anerkannt[346], im BGB normiert wurde sie hingegen nicht. Insbesondere erfolgte keine komplette Überarbeitung beziehungsweise keine Anpassung der §§ 705 ff. BGB.

Zwar fügte der Gesetzgeber zum 11.08.2009 den § 899a in das BGB ein.[347] Jedoch erfolgte die Einfügung dieser Vorschrift nicht infolge des Urteils zur Anerkennung der Rechtsfähigkeit der GbR, sondern infolge der Urteile, in denen der *BGH* der GbR die Grundbuchfähigkeit zuerkannte.[348] Die Grundbuchfähigkeit blieb nämlich trotz Rechtsfähigkeit der GbR zunächst umstritten.[349] Im zeitlichen Zusammenhang mit diesen Urteilen zur Grundbuchfähigkeit der GbR (nicht zur Rechtsfähigkeit) erließ der Gesetzgeber § 899a BGB und § 47 Abs. 2 GBO.[350] Der Erlass dieser beiden Vorschriften stellt mithin keine unmittelbare Reaktion auf das Urteil zur Anerkennung der Rechtsfähigkeit der GbR dar, anders als es zum Beispiel im oben dargestellten Fall der Wohnungseigentümergemeinschaft und der anschließenden Reform des WEG der Fall war. Zudem steht § 899a BGB auch nicht wie die §§ 705 ff. BGB in Buch 2, Abschnitt 8 (Einzelne Schuldverhältnisse) des BGB, sondern in Buch 3, Abschnitt 2 (Vorschriften über Rechte an Grundstücken).

---

346 Siehe hierzu bereits oben: 2. Kapitel, C), II.

347 BGBl. I 2713.

348 *BGH* v. 25.09.2006, NJW 2006, 3716; *BGH* v. 04.12.2008, NJW 2009, 594.

349 Palandt-*Bassenge*, § 899a, Rn. 1.

350 Eingeführt durch das „Gesetz zur Einführung des elektronischen Rechtsverkehrs und der elektronischen Akte im Grundbuchverfahren sowie zur Änderung weiterer grundbuch-, register- und kostenrechtlicher Vorschriften" (ERVGBG, BGBl. 2009 I, 2713).

Aus diesen Gründen kann aus der Tatsache, dass der Gesetzgeber zwar tätig wurde, indem er § 899a BGB erließ, die §§ 705 ff. BGB jedoch unangetastet ließ, nicht geschlossen werden, es entspreche seinem Willen, § 731 S. 2 BGB weiterhin anzuwenden.

ee) Zwischenergebnis

Aus oben genannten Gründen kann ein entsprechender Wille des heutigen Gesetzgebers zur Weitergeltung des Verweises in § 731 S. 2 BGB, trotz Rechtsfähigkeit der GbR, heutzutage nicht mit einem Vergleich zum WEG begründet werden.

ff) Vergleich mit § 736 ZPO

Ein Vergleich mit § 736 ZPO könnte den Schluss zulassen, dass § 731 S. 2 BGB seinen Anwendungsbereich nicht verloren habe.

(1) Heutiger Anwendungsbereich des § 736 ZPO

Nach § 736 ZPO ist zur Zwangsvollstreckung in das Gesellschaftsvermögen einer nach § 705 des Bürgerlichen Gesetzbuchs eingegangenen Gesellschaft ein gegen alle Gesellschafter ergangenes Urteil erforderlich. Diese Vorschrift entspricht der Diktion des BGB. Sie ist als vollstreckungsrechtliche Ausprägung der in § 719 BGB geregelten gesamthänderischen Bindung des Gesellschaftsvermögens zu verstehen.[351] Sie ist die „prozessuale Parallele zu § 719 BGB".[352] Die Vorschrift wurde lediglich mit Rücksicht auf das Gesamthandsprinzip in das Gesetz aufgenommen.[353]

Durch die Anerkennung der Rechtsfähigkeit hat diese Vorschrift nach einhelliger Meinung jedoch nicht ihren Anwendungsbereich verloren. Die Vorschrift sei heute wie folgt zu verstehen: „Ein Titel gegen die Gesellschaft als solche ist nicht erforderlich, es genügt vielmehr ein Titel gegen alle Gesellschafter als Gesamtschuldner".[354] In das Gesellschaftsvermögen

351 Hk-ZPO/*Kindl*, § 736, Rn. 1.
352 *K.Schmidt*, NJW 2001, 993 (997).
353 *BGH* v. 29.01.2001, NJW 2001, 1056 (1060) verweist auf den Kommentar von *G.Planck*, Generalreferent der Zweiten Kommission: Kommentar zum BGB, Vorb. § 705, Rn. II 2, S. 453, 1. Auflage 1900.
354 *BGH* v. 17.10.2006, NJW 2007, 1813 (1814/1815); *BGH* v. 22.03.2011, NJW 2011, 2048 (2049).

kann heute daher zum einen dann vollstreckt werden, wenn ein Vollstreckungstitel gegen die Gesellschaft als solche vorliegt, zum anderen aber auch dann, wenn der Titel gegen alle einzelnen Gesellschafter aus ihrer persönlichen Mithaftung erwirkt wurde.[355] Die Vorschrift behält dadurch einen eigenen Regelungsgehalt.[356] Die Rechtslage bei der GbR ist insoweit nämlich anders als bei der OHG, bei welcher gemäß § 124 Abs. 2 HGB eine Vollstreckung in das Gesellschaftsvermögen ausschließlich mit einem gegen die Gesellschaft lautenden Titel möglich ist.[357]

(2) Argumentation

Wenn selbst eine Norm wie § 736 ZPO, die ausdrücklich mit Rücksicht auf das Gesamthandsprinzip in das Gesetz aufgenommen wurde[358], nach der Anerkennung der Rechtsfähigkeit der GbR nicht ihren Anwendungsbereich verliert, könnte man davon auszugehen ist, dies sei bei § 731 S. 2 BGB ähnlich, denn dort lässt sich wie oben gezeigt aus den Gesetzgebungsmaterialien nicht ausdrücklich erkennnen, ob die Vorschrift nur wegen der ursprünglichen Konzeption einer gesamthänderischen Vermögenszuordnung an die Gesellschafter in das Gesetz aufgenommen wurde.

(3) Kritik

Bei genauerer Betrachtung überzeugt dieser Gedanke aber nicht. § 736 ZPO verliert seinen Anwendungsbereich heute nur deshalb nicht, weil man ihn wie eben beschrieben so versteht, dass *auch* ein gegen alle Gesellschafter erwirkter Titel die Vollstreckung in das Gesellschaftsvermögen ermöglicht. Er ermöglicht dem Gläubiger heute also eine Alternative, ein Wahlrecht, ob er einen Titel gegen die Gesellschaft oder einen Titel gegen

---

355 *BGH* v. 29.01.2001, NJW 2001, 1056 (1060); Baumbach/Lauterbach/Albers/Hartmann-*Hartmann*, § 736, Rn. 1; Hk-ZPO/*Kindl*, § 736, Rn. 1; Musielak-*Lackmann*, § 736, Rn. 4; Thomas/Putzo-*Seiler*, § 736, Rn. 4; Zöller-*Stöber*, § 736, Rn. 2.

356 *BGH* v. 29.01.2001, NJW 2001, 1056 (1060).

357 *BGH* v. 29.01.2001, NJW 2001, 1056 (1060).

358 *BGH* v. 29.01.2001, NJW 2001, 1056 (1060) verweist auf den Kommentar von *G.Planck*, Generalreferent der Zweiten Kommission: Kommentar zum BGB, Vorb. § 705, Rn. II 2, S. 453, 1. Auflage 1900.

alle Gesellschafter erwirken möchte, um in das Gesellschaftsvermögen zu vollstrecken.[359] Der Gläubiger muss wie oben gesagt nicht einen Titel gegen die Gesellschaft, welche ja die alleinige Rechtsträgerin des Gesellschaftsvermögens ist, erwirken. Wahlweise oder auch zusätzlich[360] kann er ebenso aus einem Titel gegen alle Gesellschafter in das Vermögen der Gesellschaft vollstrecken.

In letzteren Ausführungen liegt der Unterschied zu § 731 S. 2 BGB. Würde man dem § 731 S. 2 BGB nach wie vor einen Anwendungsbereich zugestehen, so läge in der dadurch eröffneten Möglichkeit der Teilung des Gesellschaftsvermögens nach den Vorschriften über die Gemeinschaft keine Alternative / keine wahlweise eröffnete Möglichkeit zur Liquidation des Gesellschaftsvermögens einer GbR. Vielmehr stellte diese dann die (alleinige) gesetzlich vorgesehene Möglichkeit dar. Insoweit besteht ein erkennbarer Unterschied zu § 736 ZPO, welcher nach heutigem Verständnis gerade eine *zusätzliche* Möglichkeit eröffnet.

(4) Zwischenergebnis

Im Ergebnis lässt sich deshalb feststellen, dass ein heutiger Anwendungsbereich der §§ 731 S. 2, 752 ff. BGB auf die rechtsfähige GbR sich nicht mit der Erwägung begründen lässt, § 736 ZPO sei durch die Anerkennung der Rechtsfähigkeit der GbR ebenfalls nicht obsolet geworden.

gg) Zwischenergebnis

Aus den dargelegten Gründen verbietet ein Vergleich mit anderen Gesellschaftsformen beziehungsweise Gesetzen die Annahme, dass eine heutige Anwendung der §§ 731 S. 2 BGB, 752 ff. BGB auf die rechtsfähige GbR dem Willen des (historischen) Gesetzgebers entspricht.

Es kann nicht davon ausgegangen werden, dass der Gesetzgeber den Verweis in § 731 S. 2 BGB auf die §§ 752 ff. BGB auch dann geschaffen hätte, hätte er die Rechtsfähigkeit der GbR gesetzlich normiert.

Ebenso wenig kann man mit dem *BGH* annehmen, der Gesetzgeber habe durch sein Untätigbleiben infolge der *BGH*-Entscheidung zur

---

359 Hk-ZPO/*Kindl*, § 736, Rn. 1; Prütting/Gehrlein-*Kroppenberg*, § 736, Rn. 2.
360 Baumbach/Lauterbach/Albers/Hartmann-*Hartmann*, § 736, Rn. 2.

Anerkennung der Rechtsfähigkeit der GbR die heutige Anwendbarkeit der §§ 731 S. 2, 752 ff. BGB auf die rechtsfähige GbR gebilligt.

2. Ergebnis

Dieses vom *BGH* vorgetragene Argument kann *Beckers* These damit nicht den Boden entziehen.

Beckers Argument, der Verweis in § 731 S. 2 BGB auf die Teilungsvorschriften über die Gemeinschaft lasse sich aufgrund der traditionellen Gesamthandslehre erklären, ist insoweit zutreffend. Die historische Auslegung führt damit zu dem Ergebnis, dass die §§ 731 S. 2, 752 ff. BGB nicht auf die rechtsfähige GbR angewendet werden können. Maßgebend für die direkte Anwendung der §§ 731 S. 2, 752 ff. BGB auf die GbR ist nach diesem Argument, wer der Rechtsträger des Gesellschaftsvermögens ist.[361]

Der Versuch des *BGH*, eine direkte Anwendbarkeit der genannten Vorschriften auf die heutige rechtsfähige GbR mit dem Willen des insoweit untätig gebliebenen Gesetzgebers zu rechtfertigen, gelingt jedenfalls nicht. Mit diesem Argument lässt sich ein heutiger direkter Anwendungsbereich der §§ 731 S. 2, 752 ff. BGB für die rechtsfähige GbR nicht überzeugend begründen. Dies zeigt der soeben durchgeführte Vergleich zu anderen Gesetzen beziehungsweise anderen Personengesamthandsgesellschaften sowie der diesbezüglichen gesetzlichen Ausgestaltung der Auseinandersetzung im Hinblick auf die Versilberung des Gesellschaftsvermögens dieser rechtsfähigen Gesellschaftsformen.

Ob man die §§ 731 S. 2, 752 ff. BGB heute dennoch aus einem anderen Grund, insbesondere aufgrund eines praktischen Bedürfnisses, auf die rechtsfähige GbR anwenden sollte, wird im Folgenden noch eingehend behandelt.

II. Das Innenverhältnis der Gesellschafter untereinander

Zwar lässt sich der Wille des Gesetzgebers (sowohl der des historischen Gesetzgebers als auch der des infolge des *BGH*-Urteils zur Anerkennung der Rechtsfähigkeit der GbR untätig gebliebenen heutigen Gesetzgebers)

---

361 *Becker*, ZfIR 2013, 738 ff.; *Schneider*, ZMR 2013, 907 ff.

wie soeben dargestellt nicht überzeugend zur Begründung einer Anwendung der §§ 731 S. 2, 752 ff. BGB auf die heutige rechtsfähige GbR heranziehen. Dennoch ist es denkbar, dass es andere Gründe gibt, welche die Anwendung der Vorschriften auf die heutige rechtsfähige GbR rechtfertigen können.

Ein weiteres vom *BGH* vorgetragenes Argument ist wie oben gezeigt, dass die Aufteilung des Grundvermögens einer GbR jedenfalls nach Begleichung der Verbindlichkeiten gegenüber Dritten das Innenverhältnis der Gesellschafter in der Abwicklungsphase untereinander betreffe und sich in diesem Verhältnis die Anerkennung der Rechtsfähigkeit der GbR nicht auswirke und die Aufteilung des GbR-Vermögens jedenfalls auch heute noch so vorgenommen werden könne, wie das Gesetz es vorsehe.[362]

Fraglich ist an dieser Stelle, was genau der *BGH* mit dieser Aussage gemeint hat. Denkbar sind verschiedene Interpretationsansätze, denn die Ausführungen des Gerichts sind insoweit nicht ganz eindeutig. In ihnen könnte jedoch der Schlüssel zu dem Tor liegen, hinter dem sich die Anwendung der §§ 731 S. 2 BGB, 752 ff. BGB auf die heutige rechtsfähige GbR verbirgt.

1. Denkbare Interpretationen der *BGH*-Aussage

a) (Stillschweigender) Wechsel der Rechtsträgerschaft

In der Literatur wird der *BGH* für seine Aussage teilweise kritisiert. Insbesondere *Becker* und *Schneider* stellen sich gegen den *BGH*.[363] Man könne, so die Kritiker, die Ausführungen des *BGH* so verstehen, dass dieser davon ausgehe, in der Liquidationsphase seien wiederum die Gesellschafter selbst der Rechtsträger des Gesellschaftsvermögens.[364]

Entscheidend für die (direkte) Anwendbarkeit der §§ 731 S. 2, 752 ff. BGB auf die heutige rechtsfähige GbR sei nach Ansicht der Kritiker allein die Zuordnung des Gesellschaftsvermögens.[365] Wegen der auch während der Auseinandersetzungsphase geltenden Rechtsfähigkeit der GbR und der

---

362 *BGH* v. 16.05.2013, NZG 2013, 1338 (1340).
363 *Becker*, ZfIR 2013, 738 ff.; *Schneider*, ZMR 2013, 907 ff.
364 *Becker*, ZfIR 2013, 738 ff.; *Schneider*, ZMR 2013, 907 ff.
365 *Becker*, ZfIR 2013, 738 (738).

damit verbundenen Tatsache, dass die Rechtsträgerin des Gesellschaftsvermögens auch zu diesem Zeitpunkt nach wie vor nur die Gesellschaft selbst ist, fehlt dieser Ansicht zufolge die Grundlage für eine Gleichbehandlung der Liquidationsgesellschaft mit der Gemeinschaft nach Bruchteilen.[366]

Etwas anderes könne nur dann gelten, wenn der *BGH* hinsichtlich der Vermögenszuordnung einen neuen Standpunkt einnähme, es also zu einem (stillschweigenden) Wechsel der Rechtsträgerschaft kommen würde.[367] Das Gesellschaftsvermögen könnte nach der Kündigung des Gesellschaftsvertrages nunmehr anstelle der Gesellschaft den Gesellschaftern selbst gemeinschaftlich zustehen.[368] Dann würde allerdings, jedenfalls bei Immobilien, das Grundbuch falsch und es müsste insoweit eine Grundbuchberichtigung erfolgen, wobei zudem fraglich wäre, gegen wen in diesem Fall der Anspruch auf Grundbuchberichtigung gerichtet wäre, da dann möglicherweise gar keine parteifähige GbR mehr existiere, welche man zur Zustimmung zur Berichtigung des Grundbuchs gemäß § 894 BGB in Anspruch nehmen könnte.[369] Allein wegen solch ungeklärter Aspekte dürfe der *BGH* nicht von einem Wechsel der Rechtsträgerschaft ausgehen. Insbesondere sei nicht klar, auf welcher Rechtsgrundlage sich ein solcher Eigentumswechsel überhaupt vollziehen solle.[370] Die Kündigung verändere nicht die sachenrechtliche Zuordnung des Gesellschaftsvermögens und mithin mangele es an einer für § 731 S. 2 BGB erforderlichen Rechtsgemeinschaft als Grundlage für dessen Anwendbarkeit.[371]

b) „Doppelte" Vermögensträgerschaft

Becker zieht zusätzlich in Erwägung, die Ausführungen des *BGH* könne man womöglich auch derart verstehen, „dass die rechtsfähige Liquidationsgesellschaft im Außenverhältnis zu Dritten weiterhin Trägerin des Gesellschaftsvermögens bleibt, im Innenverhältnis zum Zwecke der Auseinandersetzung des Gesellschaftsvermögens aber die Gesellschafter als

366 *Becker*, ZfIR 2013, 738 (738 f.).
367 *Schneider*, ZMR 2013, 907 (908).
368 *Becker*, ZfIR 2013, 738 (739).
369 *Becker*, ZfIR 2013, 738 (739).
370 *Schneider*, ZMR 2013, 907 (908).
371 *Becker*, ZfIR 2013, 738 (739); *Schneider*, ZMR 2013, 907 (908).

zur gesamten Hand berechtigte Vermögensträger gelten".[372] Er lehnt diese Konstruktion eines „janusköpfigen Gebilde(s)" jedoch überzeugenderweise direkt ab, weil ein derartiges Verständnis auf eine relative Vermögensträgerschaft hinausliefe, die unserer Rechtsordnung so nicht bekannt ist.[373] Auch *Schneider* stellt ausdrücklich klar, dass wegen der fortbestehenden Eigentümerstellung der Gesellschaft in der Liquidationsphase nicht auch gleichzeitig die Gesellschafter gesamthänderisch gebundenes Eigentum am selben Grundstück innehaben können.[374]

c) Stillschweigende Vereinbarung einer Bruchteilsgemeinschaft

Schneider erwägt darüber hinaus, ob man eine von der gesetzlichen Regelung abweichende Form der Auseinandersetzung in Betracht ziehen könne. Denkbar wäre eine (stillschweigende) abweichende Bestimmung aller Gesellschafter, nach welcher mit der Auflösung der Gesellschaft eine Bruchteilsgemeinschaft entstehen solle.[375]

Diesen Ansatzpunkt verwirft er jedoch sogleich wieder, weil eine derartige Anordnung jedenfalls von sämtlichen Gesellschaftern zu treffen gewesen wäre, sich die Rechtsträgerschaft hinsichtlich des Gesellschaftsvermögens dadurch nicht automatisch verändern würde und der *BGH* zudem nichts weiter zu diesem Punkt ausführte.[376]

d) Automatische Entstehung einer Bruchteilsgemeinschaft

Eventuell könnte man noch darüber nachdenken, ob während der Liquidation nicht durch eine (stillschweigende) Vereinbarung, sondern ganz automatisch eine Bruchteilsgemeinschaft entstehen könnte.

Unabhängig davon, dass es im Gesetz keinerlei Anhaltspunkte dafür gibt, mit welchen sich so etwas begründen ließe, will der *BGH* auf ein derartiges Ergebnis zudem ganz offensichtlich nicht hinaus. Immerhin betont er explizit, dass der Rechtsträger des Gesellschaftsvermögens auch während der Liquidation nach wie vor die Gesellschaft selbst ist und geht

372 *Becker*, ZfIR 2013, 738 (739).
373 *Becker*, ZfIR 2013, 738 (739).
374 *Schneider*, ZMR 2013, 907 (908).
375 *Schneider*, ZMR 2013, 907 (908).
376 *Schneider*, ZMR 2013, 907 (908).

damit ganz klar nicht von einer in der Liquidation automatisch entstandenen Bruchteilsgemeinschaft aus.[377]

Abgesehen davon, lässt sich als ein weiteres Gegenargument gegen eine automatische Entstehung einer Bruchteilsgemeinschaft vorbringen, dass der historische Gesetzgeber diese Möglichkeit während der Entstehung des BGB diskutiert und ausdrücklich abgelehnt hat.

So heißt es in den Motiven zum heutigen § 730 Abs. 2 BGB: „Es wäre allerdings auch die Auffassung möglich: nach der Auflösung dauerten die während der Gesellschaft für die einzelnen Gesellschafter entstandenen Schuldverhältnisse, soweit sie noch nicht erledigt sind, nach den für die Schuldverhältnisse im Allgemeinen geltenden Grundsätze fort, während, wenn noch gemeinschaftliches Vermögen vorhanden, eine nach den §§ 763 ff, zu beurtheilende zufällige Gemeinschaft (communio incidens) vorliege; (...).“.[378] Der Gesetzgeber sah also die Möglichkeit der Entstehung einer Bruchteilsgemeinschaft am Gesellschaftsvermögen als denkbare Option. Er verwarf sie jedoch ausdrücklich, weil sie seiner Meinung nach „zu einem vom legislativen Standpunkte nicht befriedigenden Ergebnisse“ führt.[379] Insbesondere entspräche eine solche Lösung nach Auffassung des Gesetzgebers nicht dem Interesse der Gesellschafter, denn eine Auseinandersetzung des Gesellschaftsvermögens nach den Regelungen über die Gemeinschaft führte zu einer Teilung nach Quoten.[380] Die Gesellschafter hätten jedoch zunächst ein Interesse daran, dass das noch vorhandene Gesellschaftsvermögen zur Schuldenberichtigung und Einlagenerstattung verwendet werde.[381]

Der historische Gesetzgeber selbst hat sich also bewusst gegen die zufällige Entstehung einer Bruchteilsgemeinschaft entschieden. Auf diese Weise lässt sich mithin unter gar keinen Umständen eine Rechtsträgerschaft der Gesellschafter am Gesellschaftsvermögen begründen.

---

377 *BGH* v. 16.05.2013, NZG 2013, 1338 (1340).
378 *Mugdan*, Materialien zum BGB, Band 2, S. 349.
379 *Mugdan*, Materialien zum BGB, Band 2, S. 349.
380 *Mugdan*, Materialien zum BGB, Band 2, S. 349.
381 *Mugdan*, Materialien zum BGB, Band 2, S. 349.

e) Zwischenergebnis

In dieser Arbeit wird das oben genannte Argument *Beckers*, welches sich auf die historische Auslegung der §§ 731 S. 2, 752 ff. BGB stützt, insoweit durchaus für zutreffend gehalten.[382] Dieses Argument spricht dafür, die Vorschriften über die Gemeinschaft für die Auseinandersetzung der heutigen rechtsfähigen GbR nicht anzuwenden. Der Kritik von *Becker* und *Schneider* ist mithin insoweit zuzustimmen, als dass es an der für die Anwendbarkeit der §§ 731 S. 2, 752 ff. BGB auf die rechtsfähige GbR erforderlichen gesamthänderischen Rechtsträgerschaft der Gesellschafter an dem Gesellschaftsvermögen heutzutage fehlt.[383] Wie oben erläutert, kommt es durch die bloße Auflösung der Gesellschaft schließlich zu keinen Änderungen hinsichtlich der Rechtsträgerschaft.[384] Die Gesellschaft als solche bleibt auch nach ihrer Auflösung bestehen, es ändert sich lediglich ihr Zweck. Die Zweckumgestaltung führt zu keiner Änderung der Identität der Gesellschaft in mitgliedschaftlicher und vermögensrechtlicher Hinsicht, das bedeutet, die Zuordnung des Gesellschaftsvermögens bleibt durch die Auflösung unberührt.[385] Rechtsträger des Vermögens ist während der gesamten Liquidation nach wie vor die Gesellschaft selbst, auch wenn die Gesellschafter nach der Schuldenberichtigung letztendlich nur noch das verbliebene Gesellschaftsvermögen unter sich aufteilen müssen.[386]

Diese Tatsache bestreitet der *BGH* allerdings auch nicht. Vielmehr stellt er ausdrücklich klar, dass auch in der Auseinandersetzungsphase heute nunmehr die GbR selbst der Rechtsträger des Gesellschaftsvermögens ist.[387] Für den *BGH* ist das von *Becker* vorgebrachte historische Argument (welches gegen eine heutige Anwendbarkeit der §§ 731 S. 2, 752 ff. BGB

382 Siehe hierzu bereits oben: 2. Kapitel, F), I., 2.

383 *Becker*, ZfIR 2013, 314 (318), ZfIR 2013, 738 (738 f.); *Schneider*, ZMR 2013, 907 (908).

384 Siehe hierzu bereits oben: 1. Kapitel, B), I., 2.

385 Bamberger/Roth-*Schöne*, § 730, Rn. 16; Erman-*H.P.Westermann*, § 730, Rn. 5; MünchKomm. BGB-*Schäfer*, § 730, Rn. 24.

386 *AG Dortmund* v. 15.09.2011, Az. 273 K 033/11, BeckRS 2011, 25872; Bamberger/Roth-*Schöne*, § 730, Rn. 3; Erman-*H.P.Westermann*, 730, Rn. 5; MünchKomm.BGB-*Schäfer*, § 730, Rn. 24; Soergel-*Hadding/Kießling*, § 730, Rn. 1.

387 *BGH* v. 16.05.2013, NZG 2013, 1338 (1340).

auf die rechtsfähige GbR spricht) jedenfalls offenbar kein „Totschlagargument". Deshalb sollte man, auch wenn es zunächst überzeugend ist, dass der Verweis des § 731 S. 2 BGB auf das Gemeinschaftsrecht sich im Hinblick auf die traditionelle Gesamthandslehre erklären lässt, einen heutigen Anwendungsbereich der §§ 731 S. 2, 752 ff. BGB für die rechtsfähige GbR nicht vorschnell und umfänglich verneinen, sondern sich mit den Gegenargumenten etwas genauer befassen.

2. Weitere denkbare Interpretation der *BGH*-Aussage

Das Argument, welches sich auf die fehlende Rechtsträgerschaft der Gesellschafter stützt, ist zwar grundsätzlich nicht auf Anhieb von der Hand zu weisen. Jedoch lässt sich ein heutiger Anwendungsbereich der §§ 731 S. 2, 752 ff. BGB auf die rechtsfähige GbR möglicherweise aus anderen Gründen rechtfertigen. Denn trotz mittlerweile anerkannter Rechtsfähigkeit der GbR könnte während der Auseinandersetzung einer GbR zum Beispiel ein praktisches Bedürfnis nach den Regelungen der §§ 731 S. 2, 752 ff. BGB bestehen. Der Gesetzgeber hat die Norm des § 731 S. 2 BGB jedenfalls bis heute nicht aus dem Gesetz gestrichen, sondern sie steht noch immer im BGB und könnte, soweit sie zu sachgerechten Ergebnissen führt, weiterhin angewendet werden.[388] Dies kann man wie oben gezeigt zwar nicht mit dem bloßen Schweigen des heutigen Gesetzgebers und einer damit unterstellten Billigung begründen.[389] Bestünde allerdings tatsächlich ein praktisches Bedürfnis, muss man sich vom praktischen Standpunkt ausgehend jedenfalls doch noch einmal Gedanken darüber machen, ob und wie man die §§ 731 S. 2, 752 ff. BGB heute weiterhin auf die rechtsfähige GbR anwenden kann.

Die Auffassung, dass die §§ 731 S. 2, 752 ff. BGB heute weiterhin auf die rechtsfähige GbR angewendet werden können, vertritt schließlich auch der *BGH*. Er wendet die Vorschriften weiterhin direkt an. Der entscheidende Senat begründet die Anwendbarkeit unter anderem auch wie folgt: „Die Aufteilung des Grundvermögens einer GbR betrifft – nach Begleichung der Verbindlichkeiten gegenüber Dritten – das Innenverhältnis der

---

388 So der *BGH* v. 16.05.2013, NZG 2013, 1338 (1340).
389 Siehe hierzu bereits oben: 2. Kapitel, F), I, 2.

Gesellschafter untereinander. In diesem Verhältnis wirkt sich die Anerkennung der Rechtsfähigkeit nicht aus. Jedenfalls lässt sich die Aufteilung des Grundvermögens der GbR unter Anwendung der Regelungen über die Teilungsversteigerung vornehmen, wie das bis heute gesetzlich vorgesehen ist“.[390]

Der *BGH* stellt also unter anderem darauf ab, dass sich die Situation im Innenverhältnis der Gesellschafter untereinander noch genauso darstellt wie es vor Anerkennung der Rechtsfähigkeit der GbR war. Damit könnte er grundsätzlich auch Recht haben. Für die Gesellschafter kann es während der Auseinandersetzung des Gesellschaftsvermögens im Innenverhältnis untereinander eigentlich keinen Unterschied machen, ob sie in ihrer gesamthänderischen Verbundenheit der Rechtsträger des Gesellschaftsvermögens sind oder ob dies die Gesellschaft selbst ist. Bestünde also in der Auseinandersetzungsphase einer nunmehr rechtsfähigen GbR unter den Gesellschaftern nach wie vor die gleiche oder zumindest eine vergleichbare Lage dazu, wie es vor Anerkennung der Rechtsfähigkeit der GbR war, erscheint eine Anwendung der §§ 731 S. 2, 752 ff. BGB durchaus denkbar. Daher wird nun erörtert, ob sich die Rechtsfähigkeit, wie der *BGH* es postuliert, im Innenverhältnis der Gesellschafter untereinander tatsächlich nicht auswirkt.

a) Die Auswirkung der Rechtsfähigkeit der GbR auf das Innenverhältnis der Gesellschafter untereinander

Maßgebend für die Beantwortung der Frage, inwieweit sich die Anerkennung der Rechtfähigkeit der GbR nicht auf das Innenverhältnis der Gesellschafter untereinander auswirkt, ist, in welchem Maß die heutige rechtsfähige GbR in der Phase der Auseinandersetzung noch mit der ursprünglich nicht rechtsfähigen GbR, für welche § 731 S. 2 BGB die Vorschriften über die Gemeinschaft unmittelbar anordnet, vergleichbar ist.

Wenn sich die Rechtsfähigkeit der GbR insoweit in der Tat nicht auswirkt, spricht dies wie der *BGH* argumentiert, für eine heutige Anwendung der §§ 731 S. 2, 752 ff. BGB auf die rechtsfähige GbR.[391]

---

390 *BGH* v. 16.05.2013, NZG 2013, 1338 (1340).
391 *BGH* v. 16.05.2013, NZG 2013, 1338 (1340).

Die Rechtsfähigkeit der GbR wirkt sich zunächst einmal im Außenverhältnis zu Dritten aus, denn die Gesellschaft selbst ist die Schuldnerin der Gesellschaftsschulden gegenüber den Gläubigern und sie selbst ist die Rechtsträgerin des Gesellschaftsvermögens.[392] Die Tatsache, dass die Gesellschaft nun selbst die Rechtsträgerin des Gesellschaftsvermögens ist, wirkt sich auch gegenüber den Gesellschaftern aus, welche infolgedessen heutzutage gerade nicht mehr die Rechtsträger sind.[393]

Fraglich ist, ob diese Tatsache für das Innenverhältnis der Gesellschafter untereinander wirklich eine maßgebliche Veränderung mit sich bringt.

Soll Gesellschaftsvermögen zum Zwecke der Auseinandersetzung der Gesellschaft veräußert werden, betrifft dies streng genommen in der Tat lediglich die Gesellschafter untereinander, jedenfalls, wie der *BGH* ausführt, „nach Begleichung der Verbindlichkeiten gegenüber Dritten".[394] Die Situation stellt sich für die Gesellschafter heute im Grunde nicht anders dar als vor Anerkennung der Rechtsfähigkeit der GbR, mit Ausnahme der Tatsache, dass nun die Gesellschaft selbst und nicht die Gesellschafter der Rechtsträger des Gesellschaftsvermögens sind. Die Einzelheiten einer Veräußerung klären die Gesellschafter unter sich, völlig unabhängig davon, wer der Rechtsträger des Gesellschaftsvermögens ist. Insoweit kann man daher eine vergleichbare Interessenlage für den Fall bejahen, dass nach Schuldenberichtigung und Einlagenrückerstattung nur noch das restliche Gesellschaftsvermögen unter den Gesellschaftern zu verteilen ist. Mithin hat der *BGH* in seiner Entscheidung Recht, indem er darauf abstellt: „Die Aufteilung des Grundvermögens einer GbR betrifft – nach Begleichung der Verbindlichkeiten gegenüber Dritten – das Innenverhältnis der Gesellschafter in der Abwicklungsphase untereinander. In diesem Verhältnis wirke sich die Anerkennung der Rechtsfähigkeit nicht aus".[395]

Fraglich ist, ob dies auch gelten kann, insoweit noch Schulden bestehen und/oder die geleisteten Einlagen an die Gesellschafter zurückzuerstatten sind, wie es § 733 Abs. 1 beziehungsweise Abs. 2 BGB vorschreibt. Anlass

---

392 Siehe hierzu bereits oben: 2. Kapitel, C), III.

393 Bamberger/Roth-*Schöne*, § 705, Rn. 142, MünchKomm. BGB-*Ulmer/Schäfer*, § 705, Rn. 310; Staudinger-*Habermeier*, Vor § 705, Rn. 10.

394 *BGH* v. 16.05.2013, NZG 2013, 1338 (1340).

395 *BGH* v. 16.05.2013, NZG 2013, 1338 (1340).

zu dieser Frage gibt die folgende Formulierung des *BGH*: „[...] nach Begleichung der Verbindlichkeiten gegenüber Dritten [...]“.[396]

Im Fall noch nicht beglichener Schulden ist auf den ersten Blick natürlich (auch) das Außenverhältnis gegenüber den Dritten betroffen, welche die Gesellschaft in Anspruch nehmen können/wollen. Muss die Veräußerung von Gesellschaftsvermögen also erfolgen, weil noch Gesellschaftsschulden bestehen, die es aus dem Veräußerungserlös zu tilgen gilt, ist streng genommen nicht nur das Innenverhältnis der Gesellschafter untereinander betroffen, sondern auch die Gläubiger, welche im Falle der Nichtbefriedigung ihrer Ansprüche gegen die Gesellschaft und/oder die Gesellschafter vorgehen können. Zu beachten ist allerdings, dass es bei der Veräußerung des Gesellschaftsvermögens, auch wenn diese erfolgt, um Gesellschaftsschulden zu tilgen, hinsichtlich der konkreten Veräußerung wiederum nur um eine Frage geht, welche die Gesellschafter untereinander klären müssen. Sie versuchen im Idealfall sich über die Veräußerung zu einigen, sie müssen die Veräußerung organisieren etc. beziehungsweise sie müssen, sollten sie gegen eine zu Unrecht erfolgende (Teilungs-) Versteigerung vorgehen wollen, dagegen klagen. Dies sind allesamt Vorgänge, von denen der Gläubiger, also der außenstehende Dritte, zunächst einmal gar nichts mitkommt, so dass er davon unmittelbar überhaupt nicht betroffen ist, sondern lediglich mittelbar.

Aus Wertungsgesichtspunkten besteht hier also kein Unterschied zu dem Fall, in dem die Veräußerung des Gesellschaftsvermögens erst nach Begleichung der Verbindlichkeiten gegenüber Dritten erfolgt. In beiden Fällen sind hinsichtlich der Veräußerungsfragen lediglich die Gesellschafter untereinander betroffen, also das Innenverhältnis. Es macht aus der Sicht der Gesellschafter selbst insoweit jedoch keinen Unterschied, wer genau der Rechtsträger des Gesellschaftsvermögens ist.

Gleiches gilt daher erst recht für den Fall, dass die Veräußerung von Gesellschaftsvermögen erfolgen muss, um geleistete Einlagen gemäß § 733 Abs. 2 BGB an die Gesellschafter zurückzuerstatten. Auch hier sind aus den gerade aufgeführten Gründen lediglich die Gesellschafter im Innenverhältnis untereinander betroffen. Mithin wird man auch in einer solchen

396 *BGH* v. 16.05.2013, NZG 2013, 1338 (1340).

Situation sagen müssen, dass sich die Rechtsfähigkeit an dieser Stelle auf das Innenverhältnis überhaupt nicht auswirkt.

Somit besteht auch dann eine vergleichbare Interessenlage, wenn nach der Schuldenberichtigung im Sinne von § 733 Abs. 1 BGB noch die Einlagen zurückzuerstatten sind gemäß § 733 Abs. 2 BGB.

b) Zwischenergebnis

Der *BGH* geht recht in der Annahme, dass, soweit lediglich das Innenverhältnis der Gesellschafter untereinander betroffen ist, sich die Anerkennung der Rechtsfähigkeit der GbR nicht auswirkt.[397]

Dies ist bei internen Unstimmigkeiten beziehungsweise Problemen hinsichtlich der Veräußerung von Gesellschaftsvermögen, welche nun einmal lediglich die Gesellschafter untereinander betreffen, der Fall. Dies gilt auch unabhängig davon, ob bereits alle Verbindlichkeiten gegenüber Dritten berichtigt, alle Einlagen zurückerstattet sind oder lediglich das restliche Gesellschaftsvermögen unter den Gesellschaftern zu verteilen ist.

3. Zwischenergebnis

Das Argument des *BGH*, dass sich die Anerkennung der Rechtsfähigkeit der GbR auf das hier betroffene Innenverhältnis der Gesellschafter untereinander nicht auswirkt, ist zutreffend und spricht daher für eine Anwendbarkeit der §§ 731 S. 2, 752 ff. BGB auf die heutige rechtsfähige GbR. Dem lässt sich, wie bereits erwähnt, auch nicht entgegenhalten, der *BGH* gehe davon aus, die Gesellschaft selbst sei während ihrer Auseinandersetzung nicht mehr der Rechtsträger des Gesellschaftsvermögens.[398] Der *BGH* stellt nämlich ebenfalls an keiner Stelle in Abrede, die Gesellschaft selbst sei in der Liquidationsphase nicht mehr länger der Rechtsträger des Gesellschaftsvermögens. Vielmehr betont das Gericht sogar, dass es nach Anerkennung der Rechtsfähigkeit der GbR „dieses geschlossene Gesellschaftsvermögen heute gibt und dass das von dem Reichsgesetzgeber so bezeichnete ‚infolge des Vertrags gemeinschaftlich gewordene Vermögen' gerade nicht mehr den Gesellschaftern, sondern dem Verband

---

397 *BGH* v. 16.05.2013, NZG 2013, 1338 (1340) (jedenfalls nach Begleichung der Verbindlichkeiten gegenüber Dritten).

398 Siehe hierzu bereits oben: 2. Kapitel, F), II., 1., a) und e).

selbst zusteht".[399] Das Grundstück der GbR stehe nicht im gemeinschaftlichen Eigentum der Gesellschafter, sondern heutzutage im Eigentum der Gesellschaft selbst.[400] Laut *BGH* wirkt sich die Anerkennung der Rechtsfähigkeit lediglich auf das Innenverhältnis der Gesellschafter in der Abwicklungsphase untereinander nicht aus[401], womit er, wie eben gesehen, auch Recht hat.

III. Zwischenergebnis

Als Zwischenergebnis bleibt zunächst einmal festzuhalten, dass die historische Auslegung gegen eine heutige Anwendung der §§ 731 S. 2, 752 ff. BGB auf die rechtsfähige GbR spricht.[402] Mit dem Willen des heutigen Gesetzgebers, welcher durch sein Untätigbleiben infolge des Urteils zur Anerkennung der Rechtsfähigkeit der GbR eine Anwendung dieser Vorschriften auch auf die rechtsfähige GbR gebilligt haben soll, lässt sich ein heutiger Anwendungsbereich, entgegen der Auffassung des *BGH*, ebenfalls nicht begründen.

Für eine Anwendung der besagten Normen spricht hingegen der Wortlaut, welcher den Verweis in § 731 S. 2 BGB auf die §§ 752 ff. BGB noch immer vorsieht.[403] Darüber hinaus spricht die Tatsache, dass sich die Rechtsfähigkeit der GbR auf das hier lediglich betroffene Innenverhältnis der Gesellschafter untereinander gar nicht auswirkt und insoweit kein Unterschied zu der Situation besteht, als die GbR noch nicht als rechtsfähig anerkannt war, ebenfalls für eine Anwendung der §§ 731 S. 2, 752 ff. BGB auf die heutige rechtsfähige GbR.[404]

Darüber hinaus könnte als ein weiteres Argument für die heutige Anwendung der §§ 731 S. 2, 752 ff. BGB auf die rechtsfähige GbR sprechen, dass es womöglich ein praktisches Bedürfnis nach einer Anwendung dieser

---

399 *BGH* v. 16.05.2013, NZG 2013, 1338 (1340).
400 *BGH* v. 16.05.2013, NZG 2013, 1338 (1339).
401 *BGH* v. 16.05.2013, NZG 2013, 1338 (1340).
402 So auch *Becker*, ZfIR 2013, 314 (316 f.).
403 So auch der *BGH* v. 16.05.2013, NZG 2013, 1338 (1339); *Kessler*, EWiR 2014, 39 f.; zustimmend auch: *Reiff*, LMK 2013, 352161; *Wolfer*, GWR 2013, 401; NJW-Spezial 2013, 611 (ohne namentlich erwähnten Autor).
404 *BGH* v. 16.05.2013, NZG 2013, 1338 (1340).

Vorschriften im Rahmen der Auseinandersetzung des Gesellschaftsvermögens gibt. Ließen sich dadurch auch heute praktisch sinnvolle und sachgerechte Lösungen bei der Auseinandersetzung einer GbR finden, könnte auch diese Tatsache, trotz Rechtsfähigkeit und Vermögensträgerschaft der GbR, einen heutigen Anwendungsbereich der §§ 731 S. 2, 752 ff. BGB auf die rechtsfähige GbR rechtfertigen.

Zu klären ist damit im Folgenden die Frage:

Besteht ein praktisches Bedürfnis nach einem heutigen Anwendungsbereich der §§ 731 S. 2, 752 ff. BGB während der Auseinandersetzung einer rechtsfähigen GbR?

3. Kapitel: Mögliche Konsequenzen einer Nichtanwendung der §§ 731 S. 2, 752 ff. BGB auf die heutige rechtsfähige GbR

Gegenstand der beiden folgenden Kapitel ist die Frage, ob es aus rein praktischen Gründen ein Bedürfnis danach gibt, die §§ 731 S. 2, 752 ff. BGB während der Auseinandersetzung einer rechtsfähigen GbR auch heute noch anzuwenden.

Dazu soll in diesem 3. Kapitel zunächst dargestellt werden, welche Konsequenzen entstünden, würde man die besagten Vorschriften heute nicht mehr auf die GbR anwenden, namentlich die Frage, wie die Versilberung des Gesellschaftsvermögens einer rechtsfähigen BGB-Gesellschaft ohne den entsprechenden Verweis auf das Gemeinschaftsrecht, also ohne die §§ 752 ff. BGB, ablaufen würde.

Stellt sich hierbei heraus, dass es zu unpraktischen Ergebnissen kommt, müsste man im Anschluss daran untersuchen, ob die §§ 731 S. 2, 752 ff. BGB eine bessere Lösung parat halten und somit ein praktisches Bedürfnis für eine Anwendung dieser Vorschriften besteht (dazu später im 4. Kapitel).

A) Ausgangslage

Verneint man die Anwendbarkeit der §§ 731 S. 2, 752 ff. BGB, stellt sich das Problem, wie das Gesellschaftsvermögen einer GbR heute versilbert beziehungsweise auseinandergesetzt wird, sollten die Gesellschafter keine vertragliche Vereinbarung darüber getroffen haben. Sowohl im Fall des § 733 Abs. 3 BGB als auch dann, wenn nach der Schuldenberichtigung beziehungsweise Einlagenrückerstattung im Sinne von § 733 Abs. 1 und Abs. 2 BGB noch Gesellschaftsvermögen übrig bliebe, welches unter den Gesellschaftern zu verteilen ist, wäre eine Auseinandersetzung nach den Vorschriften über die Gemeinschaft, also nach den §§ 752 ff. BGB, bei Nichtanwendung der Verweisungsregelung des § 731 S. 2 BGB undenkbar. Die Auseinandersetzung könnte dann nicht wie oben dargestellt[405]

405 Siehe hierzu bereits oben: 1. Kapitel, E), III.

bei teilbaren Gegenständen nach § 752 BGB durch Teilung in Natur beziehungsweise bei unteilbaren, aber veräußerlichen Gegenständen gemäß § 753 Abs. 1 S. 1 BGB durch Veräußerung im Wege des Pfandverkaufs beziehungsweise im Wege der Teilungsversteigerung erfolgen.

Es bliebe bei unteilbaren beweglichen wie unbeweglichen Vermögensgegenständen allein die Möglichkeit des freien Verkaufs durch die geschäftsführungs- und vertretungsbefugten Gesellschafter.[406]

Geschäftsführungs- und vertretungsbefugt sind bei Fehlen einer entsprechenden vertraglichen Abrede während der Auseinandersetzung aufgrund der Regelung des § 730 Abs. 2 S. 2 Halbsatz 2 BGB alle Gesellschafter gemeinsam.[407] Das bedeutet, alle Gesellschafter müssten sich über den Verkauf jedes einzelnen zum Gesellschaftsvermögen gehörenden Gegenstandes oder auch über den Verkauf des Gesellschaftsvermögens im Ganzen einig sein. Solange eine solche Einigkeit erzielt wird, bestehen keinerlei Bedenken, die §§ 731 S. 2, 752 ff. BGB nicht anzuwenden.

Das Gesetz hat jedoch vor allem die Aufgabe, für solche Fälle eine Lösung parat zu halten, in welchen die Gesellschafter sich gerade nicht darüber einig sind, wie die Versilberung zu erfolgen hat. Es könnte nämlich, zumal wenn die Gesellschafter sich zerstritten haben oder aus anderen Gründen nicht einigen können, im Einzelfall schwierig werden, einen von allen Gesellschaftern gewollten freihändigen Verkauf zu erreichen. Die Verweigerung der Zustimmung muss nämlich nicht sachlich begründet sein und sie kann ebenso aus reiner Bequemlichkeit, Unsicherheit oder Angst resultieren.[408]

B) Mitwirkungspflicht des einzelnen Gesellschafters in der Liquidationsphase

Die Auflösung der Gesellschaft bewirkt nicht nur die Änderung des Gesellschaftszwecks.[409] Durch die Auflösung erfahren unter anderem auch die

---

406 *Becker*, ZfIR 2013, 314 (318 f.).

407 Siehe hierzu bereits oben: 1. Kapitel, B), I., 2 sowie C), I., 6., b).

408 *BGH* v. 16.05.2013, NZG 2013, 1338 (1340), (zwar nicht in Bezug auf die freihändige Veräußerung des Grundstücks, allerdings in Bezug auf die Zustimmung zur Teilungsversteigerung).

409 Siehe hierzu bereits oben: 1. Kapitel, B), I., 2.

Pflichten der Gesellschafter eine wesentliche Änderung.[410] Sie sind nun nicht länger verpflichtet, den vereinbarten Gesellschaftszweck zu fördern, sondern ihre Verpflichtung besteht von nun an in der Förderung der Abwicklung und Beendigung der Auseinandersetzung.[411] „In diesem Stadium beschränkt sich das Interesse des Gesellschafters an dem vertragstreuen Verhalten des anderen Gesellschafters lediglich darauf, daß dieser durch sein Verhalten eine sachgemäße und gerechte Abwicklung des Unternehmens ermöglicht und gewährleistet".[412] Es besteht eine Mitwirkungspflicht, die Abwicklung zu fördern und zu einer zügigen Beendigung der Auseinandersetzung beizutragen.[413] Diese Mitwirkungspflicht erstreckt sich insbesondere auf eine Auskunftserteilung sowie eine Mitwirkung an der Schlussabrechnung.[414]

C) Vorschlag von *Becker*

Becker folgert aus der Pflicht, an der Liquidation der Gesellschaft mitzuwirken, in Ansehung eines zum Gesellschaftsvermögen gehörenden Grundstücks, „dass jeder Gesellschafter zum Zwecke der Auseinandersetzung an der freihändigen Veräußerung des Grundstücks an Dritte oder an einen zur Übernahme bereiten Mitgesellschafter mitwirken muss".[415] Weigere sich ein Gesellschafter mitzuwirken, stehe jedem Mitgesellschafter gegen den sich weigernden Gesellschafter ein Anspruch auf Erteilung der Zustimmung zu der Veräußerung des Grundstücks zu angemessenen Bedingungen (Verkehrswert) zu.[416]

Dieser Anspruch auf Ermächtigung zur Veräußerung sei bei tatsächlicher Verweigerung bei der Mitwirkung an der Veräußerung mittels

410 Bamberger/Roth-*Schöne*, § 730, Rn. 18.

411 *BGH* v. 04.04.1951; BGHZ 1, 324 (332);.Bamberger/Roth-*Schöne*, § 730, Rn. 18.

412 *BGH* v. 04.04.1951; BGHZ 1, 324 (332).

413 *BGH* v. 17.02.1969, WM 1969, 591 (592) (bzgl. Auskunftspflicht); MünchKomm. BGB-*Schäfer*, § 730, Rn. 28; Palandt-*Sprau*, § 730, Rn. 4; Soergel-*Hadding/Kießling*, § 730, Rn. 4, Staudinger-*Habermeier*, § 730, Rn. 11.

414 *BGH* v. 24.11.1980, NJW 1981, 749 (749); *BGH* v. 09.09.2002, NZG 2003, 73 (73); Bamberger/Roth-*Schöne*, § 730, Rn. 18; Erman-*H.P. Westermann*, § 730, Rn. 6.

415 *Becker*, ZfIR 2013, 314 (318).

416 *Becker*, ZfIR 2013, 314 (318).

Leistungsklage geltend zu machen, wobei das rechtskräftige Leistungsurteil gemäß § 894 S. 1 ZPO vollstreckt werde: „Die Ermächtigung zur Veräußerung des Grundstücks im Namen der Gesellschaft gilt als abgegeben, sobald das Urteil rechtskräftig ist".[417] Auf Grundlage dieses Urteils seien die übrigen Gesellschafter sodann berechtigt, als Vertreter der Gesellschaft einen Grundstückskaufvertrag abzuschließen, die Auflassung zu erklären und die Eigentumsumschreibung im Grundbuch zu beantragen.[418]

Nach *Beckers* Auffassung ist dieses Vorgehen im Wege der Leistungsklage zudem vorteilhafter, denn selbst wenn man die Teilungsversteigerung nach den §§ 731 S. 2, 753 Abs. 1 S. 1 2. Alt. BGB; 180 ff. ZVG weiterhin auch für die Auseinandersetzung einer rechtsfähigen GbR zulassen wolle, müsse für den Fall, dass die Auflösung der Gesellschaft (zum Beispiel durch Kündigung) unter den Gesellschaftern streitig sei, zunächst im Wege der Feststellungsklage gemäß § 256 ZPO geklärt werden, ob die Gesellschaft wirksam aufgelöst wurde.[419] Erst auf Basis eines solchen Feststellungsurteils könne dem Vollstreckungsgericht nachgewiesen werden, dass die Gesellschaft aufgelöst worden sei, und erst dann könne das Vollstreckungsgericht die Teilungsversteigerung anordnen.[420] Die Leistungsklage mit dem Ziel, die Zustimmung des sich der Veräußerung verweigernden Gesellschafters einzuklagen, sei deshalb ein einfacherer Weg als im Falle von Streitigkeiten über die Auflösung der Gesellschaft zunächst eine Feststellungsklage erheben zu müssen und anschließend die Teilungsversteigerung zu beantragen, weil im Rahmen der auf Erteilung der Zustimmung zu der Veräußerung gerichteten Leistungsklage die wirksame Auflösung der Gesellschaft direkt mit überprüft werde.[421]

D) Stellungnahme

I. Problematik an *Beckers* Vorschlag

Fraglich ist, ob dieser von *Becker* vorgeschlagene Weg tatsächlich in allen Fällen zu sachgerechten Ergebnissen führt. Es ist korrekt, dass, wie soeben

417 *Becker*, ZfIR 2013, 314 (318 f.).
418 *Becker*, ZfIR 2013, 314 (319).
419 *Becker*, ZfIR 2013, 314 (319).
420 *Becker*, ZfIR 2013, 314 (319).
421 *Becker*, ZfIR 2013, 314 (319).

dargelegt[422], während der Liquidation unter den Gesellschaftern die Pflicht besteht, die Auseinandersetzung voranzutreiben. Dazu könnte selbstverständlich auch die Pflicht gehören, einer freihändigen Grundstücksveräußerung zu angemessenen Bedingungen zuzustimmen. Noch allgemeiner ließe sich womöglich formulieren: es besteht für jeden Gesellschafter die Pflicht, einer freihändigen Veräußerung des Gesellschaftsvermögens zum Teil oder als Ganzes zuzustimmen. Im Ergebnis dürften die Gesellschafter finanziell sogar oftmals allesamt von einem derartigen freihändigen Verkauf profitieren, denn es ist davon auszugehen, dass ein freihändiger Verkauf regelmäßig einen höheren Erlös erzielt als die Veräußerung eines Grundstücks im Wege der Teilungsversteigerung, beziehungsweise nach den Vorschriften über den Pfandverkauf bei beweglichen Sachen. Dies schon allein deshalb, weil bei einem freihändigen Verkauf keine Kosten für ein Versteigerungsverfahren anfallen.

Aus dieser Pflicht zur Zustimmung zu einem freihändigen Verkauf könnte sich bei Weigerung einzelner Gesellschafter dann tatsächlich, wie von *Becker* vorgeschlagen, quasi als Kehrseite ein Anspruch der übrigen Gesellschafter auf Erteilung der Zustimmung ergeben.[423] Jedenfalls müsste dies in Fällen gelten, in denen überhaupt kein Grund ersichtlich ist, sich eines freihändigen Verkaufs zu verwehren. Ob eine derartige Zustimmungspflicht tatsächlich besteht oder nicht, kann allerdings auch offenbleiben, wenn dieser Vorschlag ohnehin aus einem anderen Grund unpraktisch wäre.

Problematisch an *Beckers* Vorschlag könnte nämlich, ungeachtet des tatsächlichen Bestehens der von ihm postulierten Pflicht zur Zustimmung zu der Veräußerung, dessen Umsetzung in der Praxis sein. Genauer gesagt könnte dieser Weg etwas umständlich sein.

Beckers Idee erfordert nämlich ein (zusätzliches) gerichtliches Vorgehen. Auf einen entsprechenden Zustimmungsanspruch dürfte es aus praktischer Sicht, wie bereits gesagt, immer dann ankommen, wenn die Gesellschafter sich zerstritten haben oder sie sich aus anderweitigen Gründen nicht auf eine freihändige Veräußerung einigen können. Solange sich ein einzelner Gesellschafter gegen eine freihändige Veräußerung stellt, kann die GbR ihr

422 Siehe hierzu bereits oben: 3. Kapitel, B).
423 *Becker*, ZfIR 2013, 314 (318 f.).

Vermögen nicht veräußern, da ihr mangels erzielter einvernehmlicher Vertretung durch alle Gesellschafter sowohl der Abschluss wirksamer Kaufverträge als auch die Übertragung des Eigentums an dem Gesellschaftsvermögen verwehrt ist.

Durch das Einklagen einer entsprechenden Zustimmung zur freihändigen Veräußerung ließe sich dieses Problem zwar in der Tat lösen. Jedoch stellt dies eine für die Gesellschafter vor allem sehr zeit- und kostenintensive Vorgehensweise dar. Schließlich nimmt ein Gerichtsverfahren eine gewisse zeitliche Dauer in Anspruch und zudem entstehen dadurch Prozess- und gegebenenfalls auch noch Rechtsanwaltskosten.[424]

Darüber hinaus würde man die Gerichte mit zusätzlicher Arbeit belasten und die Auseinandersetzung (noch mehr) verzögern. Denn auch dann, wenn eine Veräußerung des Gesellschaftsvermögens aufgrund der mittels Urteil erlangten Ermächtigung zur Veräußerung erfolgt, kann es anschließend dazu kommen, dass die Gesellschafter sich weiterhin nicht darüber einig sind, wie sie den erzielten Erlös untereinander verteilen. Selbst wenn dies im Zweifel zu gleichen Teilen erfolgen soll beziehungsweise muss (vgl. §§ 734, 722 Abs. 1 BGB), steht der Erlös aus dem Verkauf zunächst der Gesellschaft zu und nicht den Gesellschaftern. Schließlich stand das Grundstück beziehungsweise die bewegliche Sache vor der Veräußerung im Eigentum der Gesellschaft und nicht der Gesellschafter, so dass sich die Abwicklungsgesellschaft an dem durch den Verkauf erzielten Erlös fortsetzt.[425] Gegebenenfalls ist dann erneut eine Klage nötig, um die Verlöserteilung zu klären beziehungsweise zu erreichen. *Beckers* Vorschlag erfordert also, unabhängig von der Frage, ob es nach der Veräußerung auch noch Streit über die Erlösverteilung gibt, in jedem Fall ein (zusätzliches) gerichtliches Vorgehen.

Abgesehen davon ist *Beckers* Annahme, dass im Falle von Streitigkeiten über die Auflösung der Gesellschaft, bevor die Teilungsversteigerung beantragt werden könne, zunächst eine Feststellungsklage erforderlich sei, um die wirksame Auflösung der Gesellschaft festzustellen, unzutreffend. Wie oben gezeigt, werden materiell-rechtliche Hinderungsgründe, die einer Aufhebung der Gemeinschaft (beziehungsweise hier: einer Auflösung

---

424 So auch der *BGH* v. 16.05.2013, NZG 2013, 1338 (1341).
425 Siehe hierzu bereits oben: 1. Kapitel, E), III., 2., d).

der Gesellschaft) entgegenstehen und sie unzulässig machen, im Rahmen einer Teilungsversteigerung vom Vollstreckungsgericht nicht beachtet, so dass kein Verfahrenshindernis besteht.[426] Etwas anderes gilt nur, soweit ein solches Hindernis nach § 1010 BGB im Grundbuch eingetragen ist.[427] Eine solche Eintragung steht der Teilungsversteigerung entgegen, da sie vom Vollstreckungsgericht von Amts wegen berücksichtigt wird, § 28 Abs. 1 ZVG.[428]

Die Teilungsversteigerung würde bei Fehlen einer entgegenstehenden Grundbucheintragung also auch dann angeordnet werden, sollte es Streitigkeiten über die Auflösung der Gesellschaft geben.[429] Für die Anordnung der Teilungsversteigerung durch das Vollstreckungsgericht genügt der Nachweis, dass die Kündigung wirksam zugestellt wurde; mit Fragen zur Wirksamkeit dieser Kündigung beschäftigt sich das Vollstreckungsgericht nicht.[430] Das von *Becker* vorgetragene Erfordernis einer vorhergehenden Feststellungsklage besteht damit nicht. Mithin entfällt auch der von *Becker* postulierte vermeintliche Vorteil, den sein Vorschlag mit sich bringen würde.

Darüber hinaus ist es durchaus denkbar, dass sich selbst bei einer Anwendung der §§ 731 S. 2, 752 ff. BGB auf die heutige rechtsfähige GbR die Gesellschafter, welche die Teilungsversteigerung nicht mittragen wollen, in einem solchen Fall zur Wehr setzen und die Versteigerung mittels Widerspruchsklage analog § 771 ZPO zu verhindern versuchen.[431] Dadurch würde es gleichsam zu einer zeitlichen Verzögerung der Auseinandersetzung kommen und zudem würden dadurch womöglich ebenfalls Rechtsanwalts- sowie Prozesskosten entstehen. Ein vermeintlicher praktischer Vorteil der §§ 731 S. 2, 752 ff. BGB wäre dahin.

---

426 Dassler/Schiffhauer-*Hintzen*, § 181, Rn. 38; *Stöber*, § 180, Rn. 9.8; siehe hierzu bereits oben: 1. Kapitel, E), III., 2., b), cc).

427 *Böttcher*, § 180, Rn. 18; Dassler/Schiffhauer-*Hintzen*, § 181, Rn. 2; Hk-ZV/*Stumpe*, § 181, Rn. 2.

428 *Stöber*, § 180, Rn. 9.7.

429 *BGH* v. 16.05.2013, NZG 2013, 1338 (1341).

430 *BGH* v. 16.05.2013, NZG 2013, 1338 (1341).

431 Siehe zur analogen Anwendung des § 771 ZPO im Rahmen der Teilungsversteigerung bereits oben: 1. Kapitel, E), III., 2., b), cc), sowie auch unten: 4. Kapitel, D), III., 3., c), bb).

Vom rein praktischen Standpunkt aus betrachtet dürfte dies jedoch in den meisten Fällen dennoch nicht der Fall sein. Es ist nämlich nicht gesagt, dass diejenigen Gesellschafter, die zwar ihre Zustimmung zu der Veräußerung des Gesellschaftsvermögens verweigern würden, sodann auch im Falle der Anordnung der Versteigerung diese zu verhindern versuchen. Wie der *BGH* zu Recht hervorhebt, kann eine Verweigerung der Zustimmung auf verschiedenen (grundlosen, sachlich nicht begründeten) Aspekten beruhen.[432] Bei lebensnaher Betrachtung wird zum Beispiel derjenige, der (sollte seine vorherige Zustimmung zu der Veräußerung erforderlich sein) seine Zustimmung aus bloßer Bequemlichkeit oder Angst nicht erteilen würde, im umgekehrten Fall (also der Fall, dass die vorherige Zustimmung eben nicht erforderlich ist) nicht nach § 771 ZPO analog gegen die Versteigerung vorgehen, denn dafür bestünde dann schließlich gar kein Grund. In all diesen Fällen läuft der Einwand, dass es wegen der Möglichkeit der Widerspruchsklage analog § 771 ZPO selbst bei der Anwendung der §§ 731 S. 2, 752 ff. BGB auf die rechtsfähige GbR zu Verzögerungen kommen könne, so dass im Ergebnis überhaupt kein praktischer Vorteil bestünde, ins Leere.

II. Analogie zum HGB

Möglicherweise könnte man für den Fall der Nichtanwendung der §§ 731 S. 2, 752 ff. BGB auf die heutige rechtsfähige GbR auch eine Analogie zu den Vorschriften der Liquidation der OHG, der KG und der Partnerschaftsgesellschaft in Betracht ziehen, also zu den §§ 145 ff. HGB, und das Vermögen einer GbR nach diesen Vorschriften auseinandersetzen.

Die Liquidation des Gesellschaftsvermögens einer OHG oder einer KG erfolgt, wie oben dargestellt, nach den §§ 145 ff. HGB.[433] Gemäß § 146 Abs. 1 S. 1 HGB erfolgt die Liquidation, sofern sie nicht durch Beschluss der Gesellschafter oder durch den Gesellschaftsvertrag einzelnen Gesellschaftern oder anderen Personen übertragen ist, durch sämtliche Gesellschafter als Liquidatoren. Nach § 150 Abs. 1 HGB können bei Vorhandensein

432 *BGH* v. 16.05.2013, NZG 2013, 1338 (1340 f.) (in Bezug auf die Erteilung der Zustimmung zur Teilungsversteigerung).

433 Siehe hierzu bereits oben: 1. Kapitel, C), II., III.

mehrerer Liquidatoren die zur Liquidation gehörenden Handlungen nur in Gemeinschaft vorgenommen werden, wenn nicht bestimmt ist, dass die Liquidatoren einzeln handeln können. Zu den Aufgaben und Pflichten der Liquidatoren gehört nach § 149 S. 1 HGB auch, das übrige Vermögen in Geld umzusetzen. Die Liquidatoren haben die Pflicht, das Gesellschaftsvermögen bestmöglich zu verwerten.[434] Wegen der von den §§ 115 Abs. 1, 125 Abs. 1 HGB abweichenden Regelung des § 150 Abs. 1 HGB, nach welcher im Zweifel gemeinsames Handeln aller Liquidatoren erforderlich ist, müssen diese alle mit der jeweils anstehenden Geschäftsführungsmaßnahme einverstanden sein.[435] Bei Widerspruch eines einzigen Liquidators hat das jeweilige Geschäft zu unterbleiben.[436] Jedoch liegt es nicht im freien Ermessen eines jeden Liquidators, die Zustimmung zu verweigern.[437] Sollte es sachlich geboten sein, muss jeder Liquidator dem Geschäft nach pflichtgemäßem Ermessen zustimmen, das heißt, es ergibt sich für den jeweiligen Gesellschafter eine Zustimmungspflicht.[438] Verweigert ein einzelner der Liquidatoren pflichtwidrig seine Zustimmung zu der Vornahme des jeweiligen Geschäfts, kann die Erteilung der Zustimmung jedenfalls auf dem Wege einer Klage erzwungen werden.[439] Diese Klage kann, wenn der die Zustimmung verweigernde Liquidator selbst Gesellschafter ist, durch die übrigen oder einen Mitgesellschafter als actio pro socio erhoben werden.[440]

---

434 Baumbach/Hopt-*Roth*, § 149, Rn. 4; MünchKomm. HGB-*K.Schmidt*, § 149, Rn. 4; Oetker-*Kamanabrou*, § 149, Rn. 2; Röhricht/Graf von Westphalen/Haas-*Haas*, § 149, Rn. 14.

435 Baumbach/Hopt-*Roth*, § 150, Rn. 1; E/B/J/S-*Hillmann*, § 150, Rn. 1; Oetker-*Kamanabrou*, § 150, Rn. 1; Röhricht/Graf von Westphalen/Haas-*Haas*, § 150, Rn. 2.

436 Baumbach/Hopt-*Roth*, § 150, Rn. 1; E/B/J/S-*Hillmann*, § 150, Rn. 1; MünchKomm. HGB-*K.Schmidt*, § 150, Rn. 5.

437 E/B/J/S-*Hillmann*, § 150, Rn. 1; Oetker-*Kamanabrou*, § 150, Rn. 2.

438 MünchKomm. HGB-*K.Schmidt*, § 150, Rn. 5; Oetker-*Kamanabrou*, § 150, Rn. 2; Röhricht/Graf von Westphalen/Haas-*Haas*, § 150, Rn. 2.

439 Baumbach/Hopt-*Roth*, § 150, Rn. 1; E/B/J/S-*Hillmann*, § 150, Rn. 3; MünchKomm. HGB-*K.Schmidt*, § 150, Rn. 5; Oetker-*Kamanabrou*, § 150, Rn. 2; Röhricht/Graf von Westphalen/Haas-*Haas*, § 150, Rn. 2; Staub-*Habersack*, § 150, Rn. 5.

440 Baumbach/Hopt-*Roth*, § 150, Rn. 1; E/B/J/S-*Hillmann*, § 150, Rn. 3; MünchKomm. HGB-*K.Schmidt*, § 150, Rn. 5; Oetker-*Kamanabrou*, § 150, Rn. 2; Röhricht/Graf von Westphalen/Haas-*Haas*, § 150, Rn. 2.

Aufgrund des Verweises in § 10 Abs. 1 PartGG auf die Vorschriften über die Liquidation der offenen Handelsgesellschaft gilt das soeben Gesagte im Fall der Auseinandersetzung einer Partnerschaftsgesellschaft gleichermaßen.

Das Vorgehen im Wege einer gerichtlichen Klage gegen den sich der Veräußerung verweigernden Gesellschafter ist also die vom Gesetzgeber für diesen Fall im Rahmen der Auseinandersetzung des Gesellschaftsvermögens rechtsfähiger Personengesellschaften für sachgerecht erachtete Lösung.

Damit zeigt sich, dass *Beckers* Vorschlag, bei Uneinigkeit der Gesellschafter über die Veräußerung den sich der Veräußerung verweigernden Gesellschafter auf Zustimmung zu verklagen, jedenfalls dem Weg entspricht, der in einer solchen Situation bei einer OHG, einer KG und einer Partnerschaftsgesellschaft gleichermaßen zu gehen wäre.

1. Voraussetzungen einer Analogie

Eine Analogie ist die Übertragung der für einzelne bestimmte Tatbestände im Gesetz vorgesehenen Regel auf einen anderen, aber rechtsähnlichen Tatbestand.[441] Bei einer Einzelanalogie wird die Rechtsfolge einer Norm auf einen vergleichbaren Fall übertragen.[442] Die Voraussetzungen für die analoge Anwendung einer Vorschrift sind bekanntermaßen das Bestehen einer planwidrigen Regelungslücke sowie das Vorliegen einer vergleichbaren Interessenlage.[443]

a) Planwidrige Regelungslücke

Zu prüfen ist daher zunächst, ob eine planwidrige Regelungslücke als erste Voraussetzung einer Analogie vorliegt.

Wie oben dargestellt, ging der historische BGB-Gesetzgeber nicht von der Rechtsfähigkeit der GbR aus, sondern der Rechtsträger des Gesellschaftsvermögens waren die Gesellschafter in ihrer gesamthänderischen Verbundenheit.[444] Die Auseinandersetzung des Gesellschaftsvermögens

441 Palandt-*Sprau*, Einleitung, Rn. 48.
442 Palandt-*Sprau*, Einleitung, Rn. 48.
443 *Musielak*, Grundkurs BGB, § 10, Rn. 1276 ff.
444 Siehe hierzu bereits oben: 2. Kapitel, C), I.

erfolgte wegen des Verweises in § 731 S. 2 BGB nach den Vorschriften über die Gemeinschaft, also nach den §§ 752 ff. BGB. Bei den übrigen, weil rechtsfähigen, Personengesellschaften existiert ein dem § 731 S. 2 BGB entsprechender Verweis nicht.

Würde man die §§ 731 S. 2, 752 ff. BGB heute hingegen nicht mehr auf die GbR anwenden, könnte insoweit eine Lücke im vom Gesetzgeber vorgesehenen Regelungswerk bestehen. Früher, das heißt vor Anerkennung der Rechtsfähigkeit der GbR, erfolgte die Auseinandersetzung des Gesellschaftsvermögens einer GbR nach den §§ 731 S. 2, 752 ff. BGB. Lehnt man diese Möglichkeit heute ab, ist durch die Anerkennung der Rechtsfähigkeit der GbR im Vergleich zu früher, als die GbR noch nicht als rechtsfähig galt, insoweit nachträglich eine Regelungslücke in Bezug auf die Auseinandersetzung des Gesellschaftsvermögens einer rechtsfähigen GbR entstanden. Es läge damit jedenfalls in diesem Punkt eine bei Erlass des BGB noch nicht bestehende, aber nachträglich entstandene Lücke, eine so genannte „sekundäre Lücke“ vor.[445]

Zudem müsste diese Regelungslücke auch planwidrig sein. Der Verweis auf das Gemeinschaftsrecht war, wie oben gezeigt, eine nachvollziehbare Konsequenz der rechtlichen Konstruktion einer GbR als eine nicht rechtsfähige Gesamthandsgesellschaft, denn die nicht rechtsfähige GbR war in gewisser Weise mit einer Gemeinschaft vergleichbar, war es doch schließlich sowohl bei der Gemeinschaft als auch bei der nicht rechtsfähigen GbR so, dass rein faktisch gesehen eine Mehrheit von Personen Eigentum an einem Gegenstand hatte.

Bei den rechtsfähigen Personengesellschaften findet sich ein derartiger Verweis auf das Gemeinschaftsrecht, wie oben gesehen[446], nicht. Es kann deshalb davon ausgegangen werden, dass diese Regelungslücke somit auch planwidrig wäre.

Problematisch ist, ob die in Bezug auf die §§ 731 S. 2, 752 ff. BGB entstandene Regelungslücke es rechtfertigen kann, die §§ 145 ff. HGB analog auf die rechtsfähige GbR anzuwenden. Dies ist sehr zweifelhaft, denn schließlich finden sich in den §§ 730 ff. BGB zahlreiche weitere Auseinandersetzungsvorschriften. Hinsichtlich derer fehlt es jedenfalls an einer

---

445 *Brox/Walker*, BGB AT, § 3, Rn. 65.
446 Siehe hierzu bereits oben: 2. Kapitel, F), I., 1., c).

planwidrigen Regelungslücke. Letztlich kann die Frage nach einer planwidrigen Regelungslücke allerdings auch dahinstehen, wenn gar keine vergleichbare Interessenlage besteht.

b) Vergleichbare Interessenlage

Unabhängig vom Bestehen einer planwidrigen Regelungslücke müsste für eine analoge Anwendung der HGB-Vorschriften auf die Auseinandersetzung des Gesellschaftsvermögens des rechtsfähigen GbR, wie bereits erwähnt, auch eine vergleichbare Interessenlage bestehen.

Die analoge Anwendung der §§ 145 ff. HGB im Rahmen der Auseinandersetzung des Gesellschaftsvermögens der heutigen rechtsfähigen GbR zu fordern, könnte immerhin eine logische Konsequenz der Anerkennung der Rechtsfähigkeit der GbR sein und der damit einhergehenden Annäherung der GbR zu der OHG und der KG, welche auch in anderen Punkten stattgefunden hat.[447]

Abgesehen davon gilt es allerdings zu beachten, dass es sich bei einer GbR, trotz ihrer durch die Anerkennung der Rechtsfähigkeit nunmehr erfolgten Annäherung an die übrigen rechtsfähigen Personengesellschaften, noch immer um eine eigene Gesellschaftsform handelt, so dass es selbstverständlich möglich ist, bezüglich dieser Problemstellung bei der Auseinandersetzung des Gesellschaftsvermögens einer GbR auch einen anderen Weg zu gehen als bei der OHG oder der KG.

Eine OHG und eine KG sind auf den Betrieb eines Handelsbetriebs gerichtet, wie sich aus den §§ 105 Abs. 1, 161 Abs. 1 HGB ergibt. Eine Partnerschaftsgesellschaft ist gemäß § 1 Abs. 1 S. 1 PartGG eine Gesellschaft, in der sich Angehörige Freier Berufe zur Ausübung ihrer Berufe zusammenschließen. Sowohl OHG und KG, als auch die Partnerschaftsgesellschaft sind mithin Gesellschaften, in denen sich Personen bewusst zusammenschließen, um gewerbliche beziehungsweise unternehmerische Ziele zu verfolgen. Dies ist zwar auch in Form einer GbR möglich; namentlich zum Beispiel dann, wenn sich Angehörige Freier Berufe zusammenschließen, ohne sich in das Partnerschaftsregister eintragen zu lassen, (§ 7 Abs. 1 PartGG legt der Eintragung im Partnerschaftsregister nämlich konstitutive

447 Zum Beispiel haften die Gesellschafter der heutigen rechtsfähigen GbR dem Gläubiger für Gesellschaftsschulden analog § 128 Abs. 1 HGB persönlich.

Wirkung bei, soweit es um die Entstehung als Partnerschaft geht[448]) oder auch dann, wenn ein Gewerbebetrieb nach Art oder Umfang einen in kaufmännischer Weise eingerichteten Geschäftsbetrieb nicht erfordert und die Firma nicht in das Handelsregister eingetragen wird, §§ 105 Abs. 2 S. 1, 1 Abs. 2 HGB.

Jedoch existiert abgesehen von solchen Beispielen eine Reihe von BGB-Gesellschaften, die weder auf die Verfolgung gewerblicher noch unternehmerischer Ziele gerichtet sind. So könnte eine identische Behandlung von GbR und OHG, KG oder Partnerschaftsgesellschaft hinsichtlich dieses Aspektes in Fällen unternehmenstragender BGB-Gesellschaften eventuell noch sachgerecht sein, nicht jedoch beim Vorliegen einer „Alltagsgesellschaft" beziehungsweise „Gelegenheitsgesellschaft". Beschaffen sich beispielsweise drei Arbeitnehmer einen gemeinsamen PKW, um mit diesem jeden Tag gemeinsam zu ihrer Arbeitsstätte zu fahren, so stellt auch dies eine GbR dar.

Das Gesetz sieht die GbR in ihrer Grundstruktur als eine nicht auf lange Dauer angelegte Rechtsform, welche für Gelegenheitsgesellschaften verwendet werden kann.[449] Als Beispiele seien insbesondere Reise- und Fahrgemeinschaften[450], Jagd- und Bergsportgemeinschaften[451] genannt oder auch Gesellschaften zum gemeinsamen Erwerb und zur vertraglich geregelten Nutzung bestimmter Vermögensgegenstände.[452]

Gerade solche Alltags- und Gelegenheitsgesellschaften sind nicht mit einer OHG, einer KG oder einer Partnerschaftsgesellschaft vergleichbar, so dass die Auseinandersetzung solcher „Alltagsgesellschaften" aus praktischen Gesichtspunkten anderen Regeln folgen sollte oder gegebenenfalls sogar müsste.

---

448 Ulmer/Schäfer-*Schäfer*, PartGG, § 7, Rn. 1.

449 Erman-*H.P. Westermann*, Vor 705, Rn. 29; MünchKomm. BGB-*Ulmer/Schäfer*, Vor § 705, Rn. 87.

450 *BGH* v. 20.12.1966, NJW 1967, 558 (558).

451 MünchKomm. BGB-*Ulmer/Schäfer*, Vor § 705, Rn. 34 (mit weiteren Nachweisen).

452 *BGH* v. 28.06.1962, WM 1962, 1086; *BGH* v. 20.05.1981, NJW 1982, 170 (171); MünchKomm. BGB-*Ulmer/Schäfer*, Vor § 705, Rn. 34 (auch noch mit einigen weiteren Beispielen).

Man muss deshalb davon ausgehen, dass der historische Gesetzgeber, hätte er die eines Tages erfolgende Anerkennung der Rechtsfähigkeit der GbR vorhergesehen beziehungsweise hätte er die GbR von Anfang an als rechtsfähig konzipiert, die Auseinandersetzung des Gesellschaftsvermögens einer GbR anders geregelt hätte als zum Beispiel bei der OHG oder der KG. Vor dem Hintergrund der vielen denkbaren Gelegenheitsgesellschaften darf man nicht unterstellen, der historische Gesetzgeber hätte die GbR in diesem Punkt ausnahmslos der OHG, der KG und der Partnerschaftsgesellschaft gleichgestellt und die BGB-Vorschriften über die Auseinandersetzung auch bei Rechtsfähigkeit der GbR letztlich so ausgestaltet, dass bei einem Nichteinigsein der Gesellschafter über die Veräußerung ein Erlangen der Zustimmung zu der Veräußerung auf dem Klagewege erforderlich sein soll. Es mag sein, dass er dies getan hätte, wäre die GbR eine Gesellschaftsform, welche lediglich zur Verfolgung unternehmerischer Zwecke vorgesehen wäre. Dies ist hingegen, wie gerade aufgezeigt, nicht der Fall. Gemeinsamer Zweck einer werbenden GbR kann schließlich jeder sein, der nicht verboten ist.[453]

In Anbetracht der unzähligen denkbaren Alltags- und Gelegenheitsgesellschaften liegt mithin die Annahme nahe, der historische Gesetzgeber hätte, zumindest für diese Alltags- und Gelegenheitsgesellschaften für den Fall eines Nichteinigseins über die Veräußerung des Gesellschaftsvermögens während der Auseinandersetzung eine andere Lösung geschaffen als die, welche ein vorheriges Einklagen der Zustimmung zu der Veräußerung von jedem sich der Veräußerung verweigernden Gesellschafter erfordert.

Aus den vorgenannten Gründen fehlt es in diesem Punkt jedenfalls an einer vergleichbaren Interessenlage zwischen der rechtsfähigen GbR und einer OHG, einer KG oder einer Partnerschaftsgesellschaft.

2. Zwischenergebnis

Die Voraussetzungen für eine analoge Anwendung der HGB-Vorschriften im Rahmen der Auseinandersetzung des Gesellschaftsvermögens einer rechtsfähigen GbR liegen im Ergebnis nicht vor. Die §§ 145 ff. HGB können auf die GbR nicht analog angewendet werden.

---

453 Bamberger/Roth-*Schöne*, § 705, Rn. 63; Erman-*H.P. Westermann*, § 705, Rn. 30; MünchKomm. BGB-*Ulmer/Schäfer*, § 705, Rn. 144; Staudinger-*Habermeier*, § 705, Rn. 18; *Böhmer*, JZ 1994, 983 f.

III. Anwendung kapitalgesellschaftsrechtlicher Regelungen

Ferner könnte man noch in Erwägung ziehen, die rechtsfähige GbR nach den Regelungen für die Kapitelgesellschaften wie die Aktiengesellschaft oder die GmbH auseinanderzusetzen, das heißt nach den §§ 264 ff. AktG beziehungsweise den §§ 60 ff. GmbHG.

§ 268 Abs. 1 S. 1 AktG bestimmt unter anderem, dass die Abwickler neben der Beendigung der laufenden Geschäfte und der Einziehung der Forderungen das übrige Vermögen in Geld umzusetzen haben: Es erfolgt grundsätzlich eine Versilberung des gesamten übrigen Vermögens.[454] Dies entspricht insoweit dem, was auch § 149 S. 1 HGB, wie oben gesehen, für die Auseinandersetzung des Vermögens einer OHG, einer KG oder einer Partnerschaftsgesellschaft vorsieht.

Gleiches sieht § 70 S. 1 GmbHG für die Liquidation einer GmbH vor. Auch hier ist das noch bestehende Gesellschaftsvermögen zu Geld zu machen.[455]

Eine Analogie zu diesen Vorschriften muss aufgrund eines Erst-Recht-Schlusses zum oben Genannten ausscheiden. Wenn für die GbR in diesem Punkt noch nicht einmal eine Vergleichbarkeit zu den Personenhandelsgesellschaften besteht und aus diesem Grund eine Analogie zu den §§ 145 ff. HGB abgelehnt wird, muss man dies erst recht im Hinblick auf einen Vergleich zu den juristischen Personen annehmen.

Im Übrigen machte der *BGH* klar, dass eine Annäherung der GbR an die juristischen Personen jedenfalls in der Auseinandersetzung nicht angebracht ist. Er hat in dem oben dargestellten Urteil, in dem er über die Vertretungsbefugnis bei einer Publikums-GbR während der Auseinandersetzung entschieden hat, klargestellt, dass in diesem Fall die § 265 Abs. 1 AktG sowie § 66 Abs. 1 GmbHG keine analoge Anwendung finden[456],

---

454 Henssler/Strohn-*Drescher*, § 268 AktG, Rn. 3; Hölters-*Hirschmann*, § 268, Rn. 7; MünchKomm. AktG-*Hüffer*, § 268, Rn. 18.

455 Henssler/Strohn-*Büteröwe*, § 70 GmbHG, Rn. 7; *Weitbrecht* in: Münchener Handbuch des Gesellschaftsrechts, Band 3, § 63, Rn. 29, 4. Auflage 2012.

456 Siehe hierzu bereits oben: 1. Kapitel, C), I., 6., c).

wie es teilweise vorgeschlagen wurde.[457] Die Annäherung an das Recht der Kapitalgesellschaften ist also ausdrücklich nicht gewollt.

Eine Auseinandersetzung des Gesellschaftsvermögens der rechtsfähigen GbR in analoger Anwendung der §§ 264 ff. AktG beziehungsweise der §§ 60 ff. GmbHG scheidet damit evident aus.

E) Ergebnis

Beckers Vorschlag ist vom rein rechtlichen Standpunkt aus betrachtet nicht zu beanstanden. Er führt vom rein praktischen Standpunkt her gesehen allerdings zu einer etwas umständlichen Lösung, so dass ein anderer, praktischerer Weg wünschenswert ist.

Auch eine Analogie zu den §§ 145 ff. HGB, mit welcher eine weitere Annäherung der GbR an die OHG beziehungsweise die KG erfolgen könnte, ist aus den genannten Gründen abzulehnen. Gleiches gilt erst recht für eine Analogie zu den Vorschriften über die Abwicklung der Aktiengesellschaft oder der GmbH. Die GbR ist eine eigenständige Gesellschaftsform und sollte in diesem Punkt auch eigenen Regeln folgen. Zumal würden entsprechende Analogien aus praktischer Sicht zu keinem anderen Ergebnis führen wie der Vorschlag, den *Becker* gemacht hat, denn auch im Rahmen der Veräußerung des Gesellschaftsvermögens zum Zwecke der Liquidation einer OHG oder einer KG müssten die sich der Veräußerung verweigernden Liquidatoren, wie oben gezeigt, zunächst einmal auf Erteilung der Zustimmung zu der Veräußerung verklagt werden. In der Konsequenz führte eine solche Analogie damit zu dem gleichen Resultat wie der Vorschlag von *Becker*.

Mithin wird im Folgenden zu untersuchen sein, ob mit Hilfe der §§ 731 S. 2, 752 ff. BGB eine im Vergleich zu eben genannten Möglichkeiten schnellere und problemlosere Auseinandersetzung des Gesellschaftsvermögens einer GbR erreicht werden kann.

---

457 *LG Nürnberg-Fürth* v. 25.06.2010, NZG 2010, 1101 (1101) = NJW 2010, 2960; MünchKomm. BGB-*Schäfer*, § 730, Rn. 40.

4. Kapitel: Das praktische Bedürfnis nach einer Anwendung der §§ 731 S. 2, 752 ff. BGB auf die heutige rechtsfähige GbR

A) Einführung

Die §§ 731 S. 2, 752 ff. BGB könnten im Vergleich zu *Beckers* Vorschlag eine schnellere und einfachere Möglichkeit der Liquidation des Gesellschaftsvermögens einer GbR bereithalten. Ist dies tatsächlich der Fall, ließe sich ein praktisches Bedürfnis nach einer heutigen Anwendung dieser Vorschriften für die Auseinandersetzung einer rechtsfähigen GbR bejahen. Dieses ließe sich dann ebenfalls als Argument für eine heutige Anwendung der §§ 731 S. 2, 752 ff. BGB auf die rechtsfähige GbR anführen.

Daher soll in diesem Kapitel überprüft werden, ob ein entscheidender Unterschied zwischen einer Auseinandersetzung nach den §§ 731 S. 2, 752 ff. BGB und *Beckers* Vorschlag besteht, der sodann ein praktisches Bedürfnis nach einer Anwendung dieser Normen begründet.

Interessant ist dies im Hinblick auf die Frage, was bei Uneinigkeit der Gesellschafter geschieht. Die §§ 731 S. 2, 752 ff. BGB würden nur dann eine praktikablere Lösung bereithalten, wenn durch sie eine Veräußerung des Gesellschaftsvermögens auch gegen den Willen einzelner sich der Veräußerung verweigernder Gesellschafter relativ problemlos möglich wäre, es also keines vorherigen auf Duldung der Versteigerung gerichteten Titels gegen den sich weigernden Gesellschafter, der im Wege einer Leistungsklage zu beschaffen wäre, bedürfte. Diese entscheidende Frage wird im Folgenden zu klären sein.

B) Mögliche Probleme bei Anwendbarkeit der §§ 752 ff. auf die GbR

Im Falle einer Anwendung der §§ 731 S. 2, 752 ff. BGB auf die heutige rechtsfähige GbR stellen sich, wenn die Gesellschafter über die konkrete Veräußerung des jeweiligen Vermögensgegenstandes nicht einig sind, vor allem zwei Probleme.

Zum einen ist dies die Frage, ob beziehungsweise inwieweit das alleinige Vorgehen eines einzelnen Gesellschafters gegen den Willen eines anderen Gesellschafters möglich ist. Diese Frage stellt sich sowohl bei der Veräußerung von beweglichem als auch von unbeweglichem Gesellschaftsvermögen gleichermaßen.

Darüber hinaus stellt sich im Rahmen der Veräußerung von unbeweglichem Gesellschaftsvermögen im Wege der Teilungsversteigerung ein weiteres Problem. So ist wegen der heutigen Rechtsträgerschaft der Gesellschaft an dem Grundstück problematisch, ob der Antrag auf Teilungsversteigerung eines einzelnen Gesellschafters selbst dann, wenn man im Rahmen der §§ 752 ff. BGB die Befugnis zum alleinigen Handeln bejahen würde, aus rein formellen Gründen abgelehnt werden müsste. Denn immerhin ist der einzelne Gesellschafter nicht, wie § 181 Abs. 2 S. 1 ZVG es erfordert, als Eigentümer des Grundstücks im Grundbuch eingetragen. Auf dieses entscheidende Problem wird zu einem späteren Zeitpunkt in dieser Arbeit noch eingegangen.[458]

C) Anschauungsbeispiele

Das Ganze soll zunächst anhand dreier Beispiele zu folgendem Grundsachverhalt verdeutlicht werden:

Die ABC-GbR besteht aus den Gesellschaftern A, B und C. Eines Tages zerstreiten sich die drei Gesellschafter und einer von ihnen löst infolgedessen per Kündigung die Gesellschaft auf. Eine Fortsetzungsklausel wurde nicht vereinbart. Regelungen über den konkreten Ablauf der Auseinandersetzung enthält der Gesellschaftsvertrag ebenfalls nicht, so dass auf die gesetzlichen Vorschriften der §§ 730 ff. BGB zurückgegriffen werden muss. Nachdem sämtliche Schulden beglichen und die Einlagen zurückerstattet wurden, herrscht mangels vertraglicher Regelung Streit unter den Gesellschaftern A, B und C darüber, wie das verbliebene Gesellschaftsvermögen auseinanderzusetzen ist.

---

458 Siehe hierzu unten: 5. Kapitel.

Variante a): Das verbliebene Gesellschaftsvermögen besteht wie im Sachverhalt der oben behandelten *BGH*-Entscheidung[459] aus einem bebauten Grundstück, als dessen Eigentümer im Grundbuch die GbR eingetragen ist.

Variante b): Das verbliebene Gesellschaftsvermögen besteht aus drei komplett identischen beweglichen Vermögensgegenständen, wie zum Beispiel drei identischen, nicht gebrauchten Rasenmähern

Variante c): Das verbliebene Gesellschaftsvermögen besteht aus einem (neuen oder gebrauchten) PKW.

Wie die Teilung einer Gemeinschaft nach den §§ 752 ff. BGB erfolgt, wurde oben bereits grundlegend dargestellt.[460] So ist bei der Teilung einer Gemeinschaft nach den §§ 752 ff. BGB insbesondere kein gegen die übrigen Teilhaber der Gemeinschaft gerichteter Duldungstitel erforderlich, um eine gemeinschaftliche, bewegliche Sache gemäß den §§ 753 Abs. 1 S. 1 1. Alt., 1233 Abs. 1, 1235 Abs. 1 BGB im Wege der öffentlichen Versteigerung beziehungsweise um ein gemeinschaftliches Grundstück nach den §§ 753 Abs. 1 S. 1 2. Alt. BGB, 180 ff. ZVG im Wege der Teilungsversteigerung zu veräußern. Eines entsprechenden Titels bedarf es lediglich im Fall der Veräußerung gemäß den §§ 753 Abs. 1 S. 1 1. Alt., 1233 Abs. 2 BGB, 815 ff. ZPO.[461] Zwar setzt sich die Gemeinschaft nach der Veräußerung der gemeinschaftlichen Sache an dem erzielten Erlös fort.[462] Jedoch ist eine Klage gegen die übrigen Teilhaber der Gemeinschaft, wie oben gesehen[463], erst dann notwendig, wenn es zu Unstimmigkeiten über die Verteilung des erzielten Erlöses kommt.

Variante a) entspricht der Situation, welche der *BGH* zu entscheiden hatte. Bei Anwendbarkeit der §§ 731 S. 2, 752 ff. BGB könnte das Grundstück der GbR womöglich auf den Antrag eines Gesellschafters hin im Wege der Teilungsversteigerung versilbert werden.

---

459 *BGH* v. 16.05.2013, BGHZ 197, 262 ff. = NZG 2013, 1338 ff. = DNotZ 2013, 930 ff. = ZIP 2013, 1763 ff. = WM 2013, 1748 ff.

460 Siehe hierzu bereits oben: 1. Kapitel, E).

461 Siehe hierzu bereits oben: 1. Kapitel, E), IV.

462 Siehe hierzu bereits oben: 1. Kapitel, E), III., 2., d).

463 Siehe hierzu bereits oben: 1. Kapitel, E), IV.

Denn jedenfalls beim Vorliegen einer Gemeinschaft könnte der einzelne Teilhaber das Grundstück im Wege der Teilungsversteigerung veräußern, ohne dass er zuvor einen auf Duldung der Versteigerung abzielenden gerichtlichen Titel gegen seine Mitteilhaber erwirken müsste.

Ganz grundsätzlich, also ausgehend vom bloßen Wortlaut der §§ 752 ff. BGB, scheint dieser Weg für die Auseinandersetzung des Gesellschaftsvermögens einer GbR in diesem Beispielsfall bei fehlender Einigung der Gesellschafter über einen freihändigen Verkauf des Grundstücks mithin eine praktischere Lösung bereitzuhalten. Dies deshalb, weil von der Einklagung der Zustimmung eines sich der Veräußerung entgegenstellenden Gesellschafters abgesehen werden könnte, wenn man die §§ 752 ff. BGB auf die GbR in gleichem Maße anwendet wie bei der Gemeinschaft. Ob der Weg über die §§ 731 S. 2, 752 ff. BGB praktischer ist, hängt also entscheidend von der Frage ab, ob ein einzelner Gesellschafter alleine die Teilungsversteigerung des Grundstücks beantragen kann. Durch dieses Beispiel wird somit deutlich, dass ein praktisches Bedürfnis für eine Anwendung der §§ 731 S. 2, 752 ff. BGB auf die rechtsfähige GbR nur dann besteht, wenn innerhalb dieser Normen ein einzelner Gesellschafter alleine befugt ist zu handeln, genauer gesagt die Teilungsversteigerung zu beantragen.

Müsste der jeweilige Gesellschafter auch im Rahmen der §§ 731 S. 2, 752 ff. BGB zunächst die sich der Veräußerung verweigernden Gesellschafter auf Erteilung der Zustimmung zu der Veräußerung verklagen, bestünde in der Sache kein Unterschied zu dem Vorschlag von *Becker*, denn in beiden Fällen müsste der Gesellschafter, der das Grundstück veräußern will, seine Mitgesellschafter verklagen.

In Variante b) würde bei Anwendbarkeit der §§ 731 S. 2, 752 ff. BGB auf die rechtsfähige GbR nun eine Teilung des Gesellschaftsvermögens in Natur nach den §§ 731 S. 2, 752 BGB erfolgen, denn das Gesellschaftsvermögen lässt sich ohne Wertverlust in drei gleichwertige Teile unter die Gesellschafter aufteilen. Die Gesellschafter wären verpflichtet, bei der Teilung mitzuwirken. Sollten sie sich dem verweigern, müssten sie selbst bei Anwendbarkeit der §§ 731 S. 2, 752 ff. BGB auf die heutige rechtsfähige GbR auf Mitwirkung an der Teilung verklagt werden, denn, wie oben dargestellt, ist dies selbst bei der Teilung einer Gemeinschaft im Fall des § 752

BGB notwendig.[464] Eine eigenmächtige Aufteilung durch einen Teilhaber alleine ist gerade nicht zulässig. Dieser Fall ließe sich damit selbst bei Anwendbarkeit der §§ 731 S. 2, 752 ff. BGB nicht auf schnellerem Wege lösen.

Allein vom praktischen Standpunkt aus betrachtet, ist allerdings kein Grund ersichtlich, weshalb es in einer solchen Situation noch zu Streit über die Verteilung kommen sollte, so dass dieser Fall ohnehin lediglich von rein theoretischer Natur sein dürfte.

In Variante c) würde eine Teilung in Natur nach den §§ 731 S. 2, 752 BGB ausscheiden. Es ist tatsächlich unmöglich, den PKW in drei identische, wertgleiche Stücke aufzuteilen. Diese Konstellation wäre damit ein Fall des Verkaufs einer beweglichen Sache nach den Vorschriften über den Pfandverkauf gemäß den §§ 731 S. 2, 753 Abs. 1 S. 1 1. Alt., 1233 ff. BGB.

Jedenfalls beim Vorliegen einer Gemeinschaft könnte der einzelne Teilhaber den PKW im Wege der öffentlichen Versteigerung nach den §§ 753 Abs. 1 S. 1 1. Alt, 1233 Abs. 1, 1235 Abs. 1 BGB veräußern, ohne dass er zuvor einen auf Duldung der Versteigerung abzielenden gerichtlichen Titel gegen seine Mitteilhaber erwirken müsste. Ganz grundsätzlich, also ausgehend vom bloßen Wortlaut der §§ 752 ff. BGB, scheint dieser Weg für die Auseinandersetzung des Gesellschaftsvermögens einer GbR auch in diesem Beispielsfall bei fehlender Einigung der Gesellschafter über einen freihändigen Verkauf des PKW mithin eine praktischere Lösung bereitzuhalten. Dies deshalb, weil von der Einklagung der Zustimmung eines sich der Veräußerung des PKW entgegenstellenden Gesellschafters abgesehen werden könnte, wenn man die §§ 752 ff. BGB auf die GbR in gleichem Maße anwendet wie bei der Gemeinschaft. Ob der Weg über die §§ 731 S. 2, 752 ff. BGB praktischer ist, hängt also entscheidend davon ab, ob ein einzelner Gesellschafter alleine die Versteigerung des PKW einleiten kann.

Auch durch dieses Beispiel wird damit deutlich, dass ein praktisches Bedürfnis nach einer Anwendbarkeit der §§ 731 S. 2, 752 ff. BGB auf die rechtsfähige GbR nur dann besteht, wenn innerhalb dieser Normen ein einzelner Gesellschafter alleine befugt ist zu handeln, genauer gesagt die Versteigerung einzuleiten. Müsste der jeweilige Gesellschafter auch im

---

464 Siehe hierzu bereits oben: 1. Kapitel, E), IV.

Rahmen der §§ 731 S. 2, 752 ff. BGB zunächst die sich der Veräußerung verweigernden Gesellschafter auf Erteilung der Zustimmung zu der Veräußerung erteilen, bestünde in der Sache kein Unterschied zu dem Vorschlag von *Becker*, denn in beiden Fällen müsste der Gesellschafter, der die bewegliche Sache veräußern will, seine Mitgesellschafter verklagen.

D) Die alleinige Handlungsbefugnis im Rahmen der §§ 731 S. 2, 752 ff. BGB

Die Frage, wer bei der Veräußerung eines zum Gesellschaftsvermögen gehörenden Grundstücks im Rahmen der Auseinandersetzung der GbR für die Anordnung einer Teilungsversteigerung antragsbefugt ist, muss daher nun geklärt werden.

Das Ziel einer Anwendung der §§ 731 S. 2, 752 ff. BGB auf die heutige rechtsfähige GbR muss vor allem sein, eine praktikable und zugleich sachgerechte Lösung solcher Fälle parat zu halten, in welchen Uneinigkeit unter den Gesellschaftern über die Veräußerung besteht. Es soll gerade eine praktikablere Lösung gefunden werden als die, nach welcher der sich der Veräußerung verweigernde Gesellschafter auf Zustimmung verklagt werden muss. Dies wäre, wie bereits gesagt, nur dann der Fall, wenn ein einzelner Gesellschafter alleine befugt wäre, den Antrag zu stellen, das Grundstück versteigern zu lassen. Die gleiche Frage stellt sich, wie soeben gesehen, im Übrigen auch für die Veräußerung beweglichen Gesellschaftsvermögens nach den Vorschriften über den Pfandverkauf.

I. Der 2. Leitsatz der *BGH*-Entscheidung vom 16.05.2013

Der *BGH* ließ, wie oben bereits erwähnt[465], die Möglichkeit der Teilungsversteigerung des Grundstücks zur Auseinandersetzung einer aufgelösten GbR gemäß §§ 731 S. 2, 753 Abs. 1 S. 1 BGB, §§ 180 ff. ZVG zu.

Daran anknüpfend stellt sich das weitere Problem, wer befugt ist, den Antrag auf Teilungsversteigerung zu stellen. Müssen sich die Gesellschafter darüber einig sein und den Antrag gemeinschaftlich stellen oder kann ein einzelner Gesellschafter auch alleine (und gegen den Willen der übrigen Gesellschafter) einen solchen Antrag stellen?

465 Siehe hierzu bereits oben: 1. Kapitel, F), II., 2.

Der *BGH* bejahte letzteres, indem er entschied: „Den Antrag kann der einzelne Gesellschafter stellen, ohne zuvor seinen Anspruch auf Versteigerung des Gesellschaftsgrundstücks gegen die übrigen Gesellschafter oder die GbR gerichtlich durchsetzen zu müssen“.[466]

II. Meinungsstand in Literatur und Rechtsprechung

Ganz unabhängig von dem insoweit eigentlich vorgeschalteten Problem, ob die §§ 731 S. 2, 752 ff. BGB auf die rechtsfähige GbR überhaupt anwendbar sind, ist die Frage nach der Antragsbefugnis bei der Teilungsversteigerung im Rahmen der Auseinandersetzung des Gesellschaftsvermögens einer aufgelösten GbR in der Literatur und in der Rechtsprechung umstritten.

Im Grundsatz sieht § 730 Abs. 2 S. 2 Halbsatz 2 BGB für die GbR vor, dass von der Auflösung der Gesellschaft an während der Auseinandersetzungsphase bei Fehlen einer anders lautenden Vereinbarung (wieder) alle Gesellschafter gemeinschaftlich geschäftsführungs- und damit auch vertretungsbefugt sind, das heißt sie dürfen nur gemeinsam handeln.[467]

Fraglich ist, ob diese Regelung gemeinschaftliches Handeln der Gesellschafter lediglich für das Auseinandersetzungsverfahren nach den §§ 731 bis 735 BGB vorschreibt oder ob dies innerhalb der §§ 752 ff. BGB ebenso gilt. Diskutiert wird diese Frage in Literatur und Rechtsprechung für den Fall der Veräußerung eines zum Gesellschaftsvermögen gehörenden Grundstücks im Wege der Teilungsversteigerung. Im Fall der Veräußerung beweglichen Gesellschaftsvermögens nach Vorschriften über den Pfandverkauf gemäß §§ 753 Abs. 1 S. 1 1. Alt., 1233 ff. BGB könnte sich dieses Problem gleichermaßen stellen, weshalb darauf später ebenfalls noch einzugehen sein wird.

1. Ansichten in der Literatur

a) Gemeinschaftliche Antragsbefugnis

Auf der einen Seite wird heute vertreten, ein einzelner Gesellschafter könne keine Anträge stellen, sondern lediglich alle Gesellschafter gemeinsam für

466 *BGH* v. 16.05.2013, NZG 2013, 1338 (1338).

467 Siehe hierzu bereits oben: 1. Kapitel, B), I., 2.

die GbR.[468] Nur wenn ein Gesellschafter mit der Liquidation beauftragt wurde, könne dieser (und auch nur dieser) die Teilungsversteigerung beantragen.[469] Begründet wird dies mit der genannten Regelung des § 730 Abs. 2 S. 2 Halbsatz 2 BGB, welche normiert, dass während der Liquidation alle Gesellschafter nur gemeinsam handlungsbefugt sind. Deshalb sollen Anträge wirksam nur gemeinsam von sämtlichen Gesellschaftern gestellt werden können; abgesehen vom Fall der Übertragung der Liquidation auf einen Gesellschafter.[470]

b) Alleinige Antragsbefugnis

Nach anderer Auffassung kann auch der einzelne Gesellschafter alleine den Antrag stellen, das Grundstück zum Zwecke der Teilung gemäß den §§ 180 ff. ZVG zu versteigern.[471] So heißt es beispielsweise: „Soweit keine andere Vereinbarung unter den Gesellschaftern getroffen wurde, richtet sich diese Auseinandersetzung nach den für die Bruchteilsgemeinschaft geltenden Regelungen (§ 731 BGB), so dass jeder Gesellschafter berechtigt ist, die Auseinandersetzung zu betreiben".[472] Der einzelne Gesellschafter habe ein Recht auf Anordnung der Teilungsversteigerung.[473] Nach vorheriger Auflösung sei jeder Gesellschafter bei der GbR grundsätzlich berechtigt, die Auseinandersetzung zu verlangen.[474] „Die Gesellschafter einer BGB-Gesellschaft haben damit unter den gleichen Voraussetzungen wie die Mitglieder von Bruchteilsgemeinschaften einen im Teilungsversteigerungsverfahren durchsetzbaren Aufhebungsanspruch".[475]

468 Hk-ZV/*Stumpe*, § 180, Rn. 12.

469 Hk-ZV/*Stumpe*, § 180, Rn. 12.

470 Hk-ZV/*Stumpe*, § 181, Rn. 12.

471 Keller-*Riedel*, Handbuch Zwangsvollstreckungsrecht, Kapitel 4, Rn. 520; *Stöber*, § 180, Rn. 11.7.

472 Keller-*Riedel*, Handbuch Zwangsvollstreckungsrecht, Kapitel 4, Rn. 520.

473 *Stöber*, § 180, Rn. 11.7 (im Zusammenhang mit der Frage, ob ein Gläubiger, der die Gesellschaft mittels Kündigung aufgelöst hat, sodann die Teilungsversteigerung des Grundstücks beantragen kann).

474 *Hamme*, Die Teilungsversteigerung, Rn. 17 (zur Rechtslage vor Anerkennung der Rechtsfähigkeit der GbR).

475 *Hamme*, Die Teilungsversteigerung, Rn. 17 (zur Rechtslage vor Anerkennung der Rechtsfähigkeit der GbR).

c) Nicht eindeutige Ansichten

An einigen Stellen wird nicht ganz deutlich, ob der einzelne Gesellschafter zur Antragstellung befugt sein soll. So wird zwar wie oben genannt davon gesprochen, die Teilungsversteigerung sei ein zur Teilung des Gesellschaftsvermögens einer GbR zulässiges Verfahren[476], jedoch finden sich an diesen Stellen keinerlei Ausführungen dazu, ob ein einzelner Gesellschafter antragsbefugt ist oder ob lediglich alle Gesellschafter gemeinsam zur Antragstellung befugt sein sollen.[477]

Bei *Böttcher* findet sich zum Beispiel der Satz: „Die Berechtigung zur Antragstellung für eine Teilungsversteigerung ergibt sich aus dem Recht, die Aufhebung der Gemeinschaft zu verlangen".[478] Das Pendant zu dem in § 749 normierten Grundsatz der jederzeitigen Aufhebbarkeit der Gemeinschaft[479] ist bei der GbR das Recht der jederzeitigen Auflösung der Gesellschaft durch Kündigung gemäß § 723 Abs. 1 BGB. Dies spricht dafür, dass *Böttcher* ebenfalls von einem alleinigen Antragsrecht des einzelnen Gesellschafters ausgehen will. Auch die Tatsache, dass im Zusammenhang mit Ausführungen zur Anwendbarkeit der Teilungsversteigerung auf die Auseinandersetzung der GbR darauf verwiesen wird, die Unzulässigkeit der Teilungsversteigerung müsse im Wege der Widerspruchsklage nach § 771 ZPO geltend gemacht werden[480], spricht dafür, dass *Böttcher* von einer alleinigen Antragsbefugnis ausgeht, denn würden alle Gesellschafter gemeinsam den Antrag stellen, würde es anschließend wohl kaum zu einer Geltendmachung von dessen Unzulässigkeit kommen.

476 Bamberger/Roth-*Schöne*, § 731, Rn. 4, § 733, Rn. 19; Erman-*H.P. Westermann*, § 731, Rn. 2; MünchKomm. BGB-*Schäfer*, § 731, Rn. 4, § 733, Rn. 22; NK-BGB/*Heidel/Hanke*, § 731, Rn. 3, § 733, Rn. 14; Palandt-*Sprau*, § 731, Rn. 1, § 733, Rn. 11; Prütting/Wegen/Weinreich-*Ditfurth*, § 731, Rn. 2, § 733, Rn. 9/10; Soergel-*Hadding/Kießling*, § 731, Rn. 4, § 733, Rn. 15/16; Staudinger-*Habermeier*, § 731, Rn. 3, § 733, Rn. 12.

477 Unklar zum Beispiel auch bei: *Brox/Walker*, Zwangsvollstreckungsrecht, § 31, Rn. 989 sowie bei: Dierck/Morvilius/Vollkommer-*Dörndorfer*, Handbuch des Zwangsvollstreckungsrechts, 2. Teil, 5. Kapitel, Rn. 150 ff.

478 *Böttcher*, § 180, Rn. 37.

479 Siehe hierzu bereits oben: 1. Kapitel, E), I.

480 *Böttcher*, § 180, Rn. 9.

2. Ansichten in der Rechtsprechung

Ebenso wie in der Literatur besteht auch in Reihen der Rechtsprechung keine klare Linie, was die Antragsbefugnis des einzelnen Gesellschafters einer BGB-Gesellschaft angeht.

a) Gemeinschaftliche Antragsbefugnis

Teilweise wird auch in der Rechtsprechung vertreten, die Antragsbefugnis zur Anordnung einer Teilungsversteigerung stehe nur allen Gesellschaftern gemeinschaftlich zu.

aa) *LG Hamburg* (1982 und 1989)

So beschäftigte sich das *Landgericht Hamburg* in den Jahren 1982[481] und 1989[482] zwar nicht ausdrücklich mit der Frage, ob ein einzelner Gesellschafter die Teilungsversteigerung beantragen könne, sondern ob einem Gesellschaftsgläubiger, der einen Gesellschaftsanteil gepfändet hat, diese alleinige Antragsbefugnis zustehe. Nach Auffassung des Gerichts steht dem Gesellschaftsgläubiger diese Befugnis nicht zu.[483]

Der Gesellschaftsgläubiger kann im Falle der Pfändung eines Gesellschaftsanteils und der anschließend erfolgenden Kündigung der Gesellschaft gemäß § 725 Abs. 1 BGB (nur) die Rechte geltend machen, die ein einzelner Gesellschafter hat[484], so dass die Frage einer alleinigen Antragsbefugnis des einzelnen Gesellschafters auch in diesem Zusammenhang relevant ist. Denn wenn einem einzelnen Gesellschafter ein derartiges Recht nicht zusteht, dann kann ein solches im Falle der Pfändung eines Gesellschaftsanteils auch nicht dem Pfändungsgläubiger zustehen. Das *LG Hamburg* ging also offenbar davon aus, dass auch ein einzelner Gesellschafter die Teilungsversteigerung nicht alleine beantragen kann und folgerichtig auch dem Gesellschaftsgläubiger ein solches Recht verwehrt bleiben muss.

481 *LG Hamburg* v. 14.07.1982, MDR 1982, 1028 = RPfleger 1983, 35 f.
482 *LG Hamburg* v. 03.07.1989, Az. 76 T 60/89 – juris; RPfleger 1989, 519.
483 *LG Hamburg* v. 14.07.1982, MDR 1982, 1028.
484 *BGH* v. 05.12.1991, BGHZ 116, 222 (230 f,); Baumbach/Lauterbach/Albers/Hartmann, § 859, Rn. 4; MünchKomm. BGB-*Schäfer*, § 725, Rn. 20; Zöller-*Stöber*, § 859, Rn. 4.

bb) *AG Dortmund* (2011)

Ebenfalls ablehnend in diesem Punkt zeigte sich das *Amtsgericht Dortmund* in seinem bereits oben erwähnten[485] Beschluss aus dem Jahr 2011.[486] Das Gericht spricht sich für eine gemeinschaftliche Antragsbefugnis aller Gesellschafter aus. Es begründet seine Entscheidung zum einen damit, dass wegen der Anerkennung der Rechtsfähigkeit der GbR nunmehr die GbR selbst Trägerin des Vermögens ist und die Gesellschafter keine eigenen Rechte am Gesellschaftsvermögen haben, sondern lediglich organschaftliche Vertreter der Gesellschaft seien.[487] Nach ihrer Auflösung bleibt die GbR weiterhin Trägerin des Gesellschaftsvermögens (die Gesellschafter haben auch nach der Auflösung keine eigenen Rechte am Gesellschaftsvermögen), jedoch erlöschen aufgrund der Regelung des § 730 Abs. 2 S. 2 Halbsatz 2 BGB die bisherigen Geschäftsführungs- und Vertretungsbefugnisse.[488] Weil im Zweifel also sämtliche Gesellschafter gemeinschaftlich die Abwickler seien, können sie in Anbetracht von § 730 Abs. 2 S. 2 Halbsatz 2 BGB als organschaftliche Vertreter der Abwicklungsgesellschaft lediglich gemeinschaftlich handeln und mithin auch nur gemeinschaftlich die Teilungsversteigerung beantragen.[489]

b) Alleinige Antragsbefugnis

Auf der anderen Seite wird in der Rechtsprechung ebenso die Auffassung vertreten, auch ein einzelner Gesellschafter könne die Anordnung der Teilungsversteigerung beantragen.

aa) *LG Konstanz* (1987)

Im Jahr 1987 beschäftigte sich das *Landgericht Konstanz*, wie oben das *LG Hamburg*, mit einem Sachverhalt, in dem es darum ging, ob ein Gesellschaftsgläubiger nach der Pfändung eines BGB-Gesellschaftsanteils die Teilungsversteigerung beantragen könne.[490] Das Gericht bejahte die alleinige Antragsbefugnis mit dem Argument, dass dem Pfändungs-Vollstreckungszugriff des

---

485 Siehe hierzu bereits oben: 2. Kapitel, D), II., 7.

486 *AG Dortmund* v. 15.09.2011, Az. 273 K 033/11, BeckRS 2011, 25872.

487 *AG Dortmund* v. 15.09.2011, Az. 273 K 033/11, BeckRS 2011, 25872.

488 *AG Dortmund* v. 15.09.2011, Az. 273 K 033/11, BeckRS 2011, 25872.

489 *AG Dortmund* v. 15.09.2011, Az. 273 K 033/11, BeckRS 2011, 25872.

490 *LG Konstanz* v. 05.05.1987, NJW-RR 1987, 1023 f.

Gläubigers auch eine Realisierungschance eingeräumt werden müsse, welche sich schließlich nicht verwirklichen ließe, würde man dem Gläubiger lediglich das Recht zugestehen, die Gesellschaft zu kündigen, ohne jedoch die Gesellschafterbefugnisse ausüben zu können.[491]

bb) *BGH* (1991)

Der *BGH* hatte sich im Jahr 1991 ebenfalls mit einem Fall, der die Pfändung und Verwertung eines Gesellschaftsanteils betraf, zu befassen.[492] Er ließ die Frage hinsichtlich der Antragsbefugnis jedoch ausdrücklich offen: „Ob ein solcher Antrag unmittelbar an das Vollstreckungsgericht auf Einleitung der Teilungsversteigerung gem. § 180 f. ZVG gerichtet werden kann, braucht hier nicht entschieden zu werden".[493]

cc) *LG Hamburg* (2002)

Auch in einem Beschluss des *Landgerichts Hamburg* aus dem Jahre 2002 ging es darum, ob ein Gesellschaftsgläubiger nach Pfändung eines Gesellschaftsanteils die Teilungsversteigerung beantragen könne.[494] Wie bereits im Jahr 1987 das *LG Konstanz* bejahte auch das *LG Hamburg* (entgegen seinen Entscheidungen aus den Jahren 1982 und 1989) diese Frage. Es begründet seine Entscheidung damit, dass von der Pfändung des Gesellschaftsanteils auch der Auseinandersetzungsanspruch des Gesellschafters erfasst werde.[495] „Die Pfändung und Überweisung ermächtigen den Gläubiger gemäß § 836 Abs. 1 ZPO zu allen im Recht des Schuldners begründeten, der Befriedigung dienenden Maßnahmen".[496] Die Auseinandersetzung unmittelbar herbeizuführen, sei daher auch das Recht des Gläubigers.[497] Allerdings nach Ansicht des Gerichts offenbar erst dann, „wenn ein freihändiger Verkauf […] nicht in ´angemessener kurzer Zeit´ erfolgt".[498]

491 *LG Konstanz* v. 05.05.1987, NJW-RR 1987, 1023 (1024); so auch *Behr* in seiner Anmerkung zum Urteil des *LG Hamburg* v. 14.07.1982, RPfleger 1983, 35 f.
492 *BGH* v. 05.12.1991, NJW 1992, 830 ff.
493 *BGH* v. 05.12.1991, NJW 1992, 830 (832).
494 *LG Hamburg* v. 26.02.2002, Az. 328 T 103/01, BeckRS 2002, 10629.
495 *LG Hamburg* v. 26.02.2002, Az. 328 T 103/01, BeckRS 2002, 10629.
496 *LG Hamburg* v. 26.02.2002, Az. 328 T 103/01, BeckRS 2002, 10629.
497 *LG Hamburg* v. 26.02.2002, Az. 328 T 103/01, BeckRS 2002, 10629.
498 *LG Hamburg* v. 26.02.2002, Az. 328 T 103/01, BeckRS 2002, 10629.

dd) *BGH* (2007)

In seinem Beschluss aus dem Jahr 2007[499] musste sich der *BGH* zwar nicht ausdrücklich mit der Frage nach der alleinigen Antragsbefugnis für die Anordnung der Teilungsversteigerung beschäftigen, jedoch setzte er eine solche stillschweigend voraus.

ee) *BGH* (2013)

In der besagten Entscheidung vom 16. Mai 2013[500] bejahte der *BGH* nun erstmals *ausdrücklich* die Befugnis eines einzelnen Gesellschafters, die Anordnung der Teilungsversteigerung zur Auseinandersetzung des Gesellschaftsvermögens zu beantragen.

c) Zusammenfassung

In Reihen der Rechtsprechung wurde (zumindest stillschweigend) erkennbar öfter von einer alleinigen Antragsbefugnis ausgegangen, als dass lediglich alle Gesellschafter gemeinschaftlich den Antrag stellen könnten. Auffallend ist zudem auch, dass die Gerichte sich in ihren Entscheidungen meist mit einem Sachverhalt auseinanderzusetzen hatten, in welchem es nicht ausdrücklich darum ging, ob ein einzelner Gesellschafter zur alleinigen Antragstellung befugt ist. Vielmehr drehten sich die Entscheidungen meist um die Frage, ob der Gesellschaftsgläubiger, der einen Gesellschaftsanteil pfänden ließ, den Antrag auf Anordnung der Teilungsversteigerung stellen darf, ohne dass es der Mitwirkung der übrigen Gesellschafter bedarf. In der Sache besteht zwischen diesen Fällen und dem Fall, dass ein Gesellschafter selbst den Antrag stellen kann, aber kein Unterschied, denn der Gläubiger kann den Antrag natürlich ebenfalls nur dann alleine stellen, wenn dieses Recht bereits dem Gesellschafter, dessen Gesellschaftsanteil er pfänden ließ, zustand.[501]

Während der *BGH* sich im Jahre 1991 ausdrücklich mit der Frage beschäftigte, sie damals aber noch offen ließ, bejahte er in seiner Entscheidung

---

499 *BGH* v. 29.11.2007, NJW-RR 2008, 1547.

500 *BGH* v. 16.05.2013, BGHZ 197, 262 ff. = NZG 2013, 1338 ff. = DNotZ 2013, 930 ff. = ZIP 2013, 1763 ff. = WM 2013, 1748 ff.

501 *BGH* v. 05.12.1991, BGHZ 116, 222 (230 f.); Baumbach/Lauterbach/Albers/Hartmann, § 859, Rn. 4; MünchKomm. BGB-*Schäfer*, § 725, Rn. 20; Zöller-*Stöber*, § 859, Rn. 4.

aus dem Jahr 2013 die alleinige Antragsbefugnis eines einzelnen Gesellschafters.

III. Stellungnahme

In der nun folgenden Stellungnahme setzt sich diese Arbeit mit den Argumenten des *BGH* auseinander, mit welchen dieser eine alleinige Antragsbefugnis des einzelnen Gesellschafters begründen möchte.

1. Der Wille des historischen Gesetzgebers

Der *BGH* begründet das alleinige Antragsrecht des einzelnen Gesellschafters zum einen mit dem Willen des historischen Gesetzgebers.

a) Argumentation des *BGH*

Der entscheidende Senat beruft sich hierbei auf die Regelungen der §§ 749 ff. BGB zur Aufhebung einer Gemeinschaft.

Wie oben dargestellt wurde[502], bedarf es zur Aufhebung einer Gemeinschaft an einem Grundstück im Wege der Teilungsversteigerung nach den §§ 753 Abs. 1 S. 1 2. Alt. BGB, 180 ff. ZVG keines vorherigen Titels, gegenüber den anderen Teilhabern. Das bedeutet, dass der die Teilungsversteigerung beantragende Teilhaber nicht erst gegen die übrigen Teilhaber der Gemeinschaft im Wege der Leistungsklage einen auf Duldung der Versteigerung gerichteten Titel erwirken muss, bevor er seinen Anordnungsantrag stellen kann. Dies stellt auch der *BGH* noch einmal klar und begründet dies mit der Entstehungsgeschichte des Gesetzes.[503]

Der *BGH* vergleicht sodann die Entstehungsgeschichte von § 749 Abs. 1 BGB und von § 731 S. 2 BGB. Er stellt fest, dass der historische Gesetzgeber bei der Schaffung des § 731 S. 2 BGB gar keine Diskussion darüber führte, ob ebenso wie bei der Aufhebung einer Gemeinschaft auch im Fall der Auseinandersetzung des Gesellschaftsvermögens gemäß den §§ 731 S. 2, 752 ff. BGB ein vorheriger (Duldungs-) Titel gegen die Mitgesellschafter entbehrlich ist.[504] Nach Auffassung des *BGH* lag dieses

502 Siehe hierzu bereits oben: 1. Kapitel, E), IV.
503 *BGH* v. 16.05.2013, NJW 2013, 1338 (1339).
504 *BGH* v. 16.05.2013, NJW 2013, 1338 (1339 f.).

Fehlen einer Diskussion allerdings auch nahe, weil die GbR seinerzeit als nicht rechtsfähig galt und der historische Gesetzgeber vielmehr davon ausging, dass kein geschlossenes Gesellschaftsvermögen, welches der Gesellschaft selbst zusteht, existiert, sondern vielmehr ein den Gesellschaftern zustehendes gemeinschaftliches Vermögen.[505] Laut *BGH* hat der historische Gesetzgeber durch sein Schweigen bei der Schaffung von § 731 S. 2 BGB umfassend auf die §§ 749 ff. BGB verwiesen und mithin ebenfalls die dort gefundene verfahrensrechtliche Lösung (alleiniges Antragsrecht eines einzelnen Teilhabers; kein vorheriger Duldungstitel gegen die übrigen Teilhaber, beziehungsweise hier: gegen die Mitgesellschafter, erforderlich) übernommen.[506]

b) Kritik

Fraglich ist, ob diese Argumentation des *BGH* überzeugen kann. Wie der entscheidende Senat zu Recht hervorhebt, reflektierte der historische Gesetzgeber bei der Schaffung des § 731 S. 2 BGB nicht weiter, ob auch der einzelne Gesellschafter einer GbR im Rahmen der §§ 752 ff. BGB, welche vor Anerkennung der Rechtsfähigkeit der GbR ja direkte Anwendung fanden, zur alleinigen Antragstellung befugt sein soll. Ob er durch dieses Schweigen mit seinem Verweis in § 731 S. 2 BGB jedoch tatsächlich auch in verfahrensrechtlicher Art und Weise die §§ 749 ff. BGB auf die GbR für anwendbar erklären wollte, also in der Form, dass auch ein einzelner Gesellschafter alleine zur Antragstellung befugt sein soll, erscheint problematisch.

Möglicherweise hat der Gesetzgeber die Frage der Antragsbefugnis nämlich aus einem ganz anderen Grund im Gesetzgebungsverfahren nicht weiter thematisiert.

§ 730 Abs. 2 S. 2 Halbsatz 2 BGB sieht für die Phase der Auseinandersetzung einer GbR, wie oben dargestellt, die gemeinschaftliche Geschäftsführungs- und Vertretungsbefugnis aller Gesellschafter vor.[507] Die §§ 749 ff. BGB enthalten für die Aufhebung einer Gemeinschaft keine derartige Regelung. Nach § 749 Abs. 1 BGB gilt für eine Gemeinschaft das

---

505 *BGH* v. 16.05.2013, NJW 2013, 1338 (1340).
506 *BGH* v. 16.05.2013, NJW 2013, 1338 (1340).
507 Siehe hierzu bereits oben: 1. Kapitel, B), I., 2. und C), I., 6., b).

Prinzip beziehungsweise der Grundsatz der jederzeitigen Aufhebbarkeit[508], das heißt jeder Teilhaber kann jederzeit die Aufhebung der Gemeinschaft verlangen.[509]

Man könnte der Argumentation des *BGH* daher nun entgegenhalten, dass allein wegen der speziellen Regelung des § 730 Abs. 2 S. 2 Halbsatz 2 BGB eine Diskussion über die Antragsbefugnis im Rahmen der §§ 752 ff. bei der Auseinandersetzung einer GbR nicht stattgefunden hat und nicht, wie vom *BGH* behauptet, deshalb, weil der historische Gesetzgeber hinsichtlich der Antragsbefugnis eine vollkommen identische Regelung von Gemeinschaft und GbR wollte.

In den Gesetzgebungsmaterialien finden sich zwar keinerlei hilfreiche Informationen, die zur Lösung dieser Frage beitragen. Allerdings spricht bereits die bloße Existenz einer Vorschrift wie § 730 Abs. 2 S. 2 Halbsatz 2 BGB, welche die Geschäftsführungs- und Vertretungsbefugnisse während der Auseinandersetzung regelt, in Verbindung mit dem vom *BGH* erwähnten Schweigen des historischen Gesetzgebers bei der Schaffung des § 731 S. 2 BGB tendenziell eher gegen die Annahme des *BGH* und nicht für sie.

Denn weil der historische Gesetzgeber für die GbR mit § 730 Abs. 2 S. 2 Halbsatz 2 BGB nun einmal eine Regelung geschaffen hat, welche ausdrücklich vorsieht, wer während der Auseinandersetzungsphase im Zweifel befugt ist, die aufgelöste GbR zu vertreten, besteht zumindest Grund zu der Annahme, dass der historische Gesetzgeber bei der Schaffung von § 731 S. 2 BGB gerade deshalb nicht weiter thematisierte, wer bei der Auseinandersetzung einer GbR im Rahmen der §§ 749 ff. BGB zur Antragstellung befugt sein soll. Schließlich existiert mit § 730 Abs. 2 S. 2 Halbsatz 2 BGB immerhin eine Regelung, welche diese Frage regeln könnte. Wollte der historische Gesetzgeber nunmehr im Rahmen der §§ 731 S. 2, 752 ff. BGB insoweit eine andere Regelung, hätte er eine solche diskutieren müssen beziehungsweise ganz streng genommen für diesen Fall sogar

---

508 *BGH* v. 19.12.1974, BGHZ 63, 348 (351) = NJW 1975, 687 (688); Bamberger/Roth-*Gehrlein*, § 749, Rn. 1; Erman-*L.Aderhold*, § 749 Rn. 1; Münch-Komm. BGB-*K.Schmidt*, § 749, Rn. 4; *Schnorr*, Die Gemeinschaft nach Bruchteilen, S. 378; Staudinger-*Langhein*, § 749, Rn. 45.

509 Siehe hierzu bereits oben: 1. Kapitel, E), I.

ausdrücklich eine von § 730 Abs. 2 S. 2 Halbsatz 2 BGB abweichende gesetzliche Vorschrift schaffen müssen.

Vielleicht hat der historische Gesetzgeber die Problematik, welche aufgrund von § 730 Abs. 2 S. 2 Halbsatz 2 im Rahmen der §§ 749 ff. BGB bei der Auseinandersetzung einer GbR entstehen kann, allerdings auch überhaupt nicht gesehen und sie nur deshalb nicht angesprochen.

c) Zwischenergebnis

Der Wille des historischen Gesetzgebers hilft bei der Lösung dieses Problems nicht unbedingt weiter. Aus den Gesetzgebungsmaterialien zum BGB lässt sich nicht entnehmen, ob ein alleiniges oder ein gemeinschaftliches Antragsrecht gewollt war. Denkbar ist auf der einen Seite, dass der historische Gesetzgeber ein nur gemeinschaftliches Antragsrecht wollte. Auf der anderen Seite kann es auch sein, dass er das Problem überhaupt nicht gesehen und nur deshalb keine Diskussion über diesen Punkt geführt hat. Jedenfalls lässt sich den Motiven zur Entstehung des BGB nichts entnehmen, was eindeutig *für* ein alleiniges Antragsrecht eines einzelnen Gesellschafters spricht. Das Argument des *BGH*, der historische Gesetzgeber habe durch sein Schweigen bei der Schaffung des § 731 S. 2 BGB umfassend auf die §§ 749 ff. BGB verwiesen, also auch hinsichtlich der Tatsache, dass im Rahmen der §§ 752 ff. BGB kein gegen die Mitgesellschafter gerichteter Duldungstitel erforderlich ist, kann damit aus dem oben genannten Grund nicht unbedingt überzeugen.

2. Systematik des Gesetzes

a) Argumentation

Möglicherweise trägt die systematische Stellung von § 730 Abs. 2 S. 2 Halbsatz 2 BGB zur Klärung dieser Problematik bei.

Laut § 731 S. 1 BGB erfolgt die Auseinandersetzung in Ermangelung einer anderen Vereinbarung in Gemäßheit der §§ 732 bis 735 BGB. § 731 S. 2 BGB verweist sodann seinem Wortlaut nach „Im Übrigen" auf die Vorschriften über die Gemeinschaft, das bedeutet, soweit sich aus den §§ 732 bis 735 BGB keine speziellere vorrangige Regelung ergibt. Die §§ 732 bis 735 BGB regeln, wie oben dargestellt, (lediglich) das Verfahren und die Art und Weise der Auseinandersetzung des Gesellschaftsvermögens.[510] Zur Geschäftsführungs- und Vertretungsbefugnis ergeben sich aus den §§ 732 bis 735 BGB keinerlei Regelungen. Diese ist wie erwähnt in § 730 Abs. 2 S. 2 Halbsatz 2 BGB geregelt. Indem der Verweis in § 731 S. 2 BGB auf das Gemeinschaftsrecht schon seinem Wortlaut nach direkten Bezug auf § 731 S. 1 BGB nimmt, ergänzt er also lediglich die §§ 732 bis 735 BGB und erklärt insoweit zur Lückenschließung die §§ 749 ff. BGB subsidiär für anwendbar.[511] Die §§ 749 ff. BGB verdrängen also die §§ 730 ff. BGB nicht, sondern ergänzen sie lediglich.[512] Auch § 730 Abs. 2 S. 2 Halbsatz 2 BGB wird also insoweit durch die Anwendung der §§ 749 ff. BGB nicht verdrängt. Die §§ 749 ff. BGB enthalten zudem keine von § 730 Abs. 2 S. 2 Halbsatz 2 BGB abweichende Regelung. Ausgehend von der Systematik des Gesetzes muss daher für die Auseinandersetzung der GbR auch im Rahmen der §§ 752 ff. BGB die Regelung des § 730 Abs. 2 S. 2 Halbsatz 2 BGB gelten, nach der alle Gesellschafter im Zweifel lediglich gemeinschaftlich geschäftsführungs- und vertretungsbefugt sind. Dieses Argument spricht mithin gegen die alleinige Antragsbefugnis eines einzelnen Gesellschafters im Rahmen der §§ 752 ff. BGB.

b) Zwischenergebnis

Die Systematik des BGB spricht dafür, während der Auseinandersetzung des Gesellschaftsvermögens einer GbR die Vorschrift des § 730 Abs. 2 S. 2 Halbsatz 2 BGB auch im Rahmen der §§ 752 ff. BGB anzuwenden.

3. Nichtanwendung des § 730 Abs. 2 S. 2 Halbsatz 2 BGB

a) Argumentation des *BGH*

Die Problematik im Zusammenhang mit der Regelung des § 730 Abs. 2 S. 2 Halbsatz 2 BGB erkennt auch der *BGH*: „Sowohl die Abwicklung als auch die Verteilung des Überschusses obliegt nach § 730 Abs. 2 Satz 2 Halbsatz 2 BGB allen Gesellschaftern gemeinschaftlich“.[513] Die Besonderheit der

---

510 Palandt-*Sprau*, § 731, Rn. 1; siehe hierzu auch bereits oben: 1. Kapitel, C), I.
511 Siehe hierzu bereits oben: 1. Kapitel, C), I., 9.
512 Siehe hierzu bereits oben: 1. Kapitel, C), I., 9.; Soergel-*Hadding/Kießling*, § 731, Rn. 3.
513 *BGH* v. 16.05.2013, NZG 2013, 1338 (1340).

gemeinschaftlichen Geschäftsführung und Vertretung durch alle Gesellschafter ist dem *BGH* in diesem Zusammenhang mithin eindeutig bewusst.

Er ist jedoch der Ansicht, dass dies kein Hindernis für die alleinige Antragsbefugnis eines einzelnen Gesellschafters sei.[514]

Der Senat führt anschließend nämlich weiter aus: „Diese Besonderheit der GbR steht indessen der Befugnis des einzelnen Gesellschafters zur Stellung des Antrags auf Anordnung der Teilungsversteigerung nicht entgegen".[515] Nach Ansicht des *BGH* wird es zur Stellung eines solchen Antrags nämlich ohnehin nur dann kommen, wenn sich die Gesellschafter darauf geeinigt hätten oder, was näher liege, gerade dann, wenn sie sich nicht darüber einig seien, wie die Auseinandersetzung erfolgen solle, die gemeinschaftliche Geschäftsführung mithin misslingt.[516] Einschränkend führt der entscheidende Senat noch aus, die alleinige Stellung des Antrags solle jedenfalls dann möglich sein, wenn das Gesellschaftsvermögen im Wesentlichen nur aus einem Grundstück bestehe.[517]

Der *BGH* sieht also das Problem, dass § 730 Abs. 2 S. 2 Halbsatz 2 BGB einer alleinigen Antragsbefugnis eines einzelnen Gesellschafters grundsätzlich entgegenstehen könnte.

Wie soeben bereits erläutert wurde, muss die Vorschrift des § 730 Abs. 2 S. 2 Halbsatz 2 BGB ausgehend von ihrer systematischen Stellung im Gesetz auch im Rahmen der §§ 749 ff. Anwendung finden.[518] Mit der Bejahung einer alleinigen Antragsbefugnis im Rahmen der §§ 752 ff. BGB weicht der *BGH* insofern von der gesetzlich vorgesehenen Regelung ab. Dieses Ergebnis begründet er mit (insoweit durchaus nahe liegenden und nachvollziehbaren) praktischen Erwägungen.

Fraglich ist nun, inwieweit man im Rahmen der §§ 752 ff. BGB aufgrund solcher Erwägungen tatsächlich von der in § 730 Abs. 2 S. 2 Halbsatz 2 BGB normierten gemeinschaftlichen Geschäftsführungs- und Vertretungsbefugnis während der Auseinandersetzung abweichen kann.

---

514 *BGH* v. 16.05.2013, NZG 2013, 1338 (1340).
515 *BGH* v. 16.05.2013, NZG 2013, 1338 (1340).
516 *BGH* v. 16.05.2013, NZG 2013, 1338 (1340).
517 *BGH* v. 16.05.2013, NZG 2013, 1338 (1340).
518 Siehe hierzu bereits oben: 4. Kapitel, D), III., 2.

b) Möglichkeit einer teleologischen Reduktion

Man könnte § 730 Abs. 2 S. 2 Halbsatz 2 BGB unter Umständen teleologisch reduzieren. Bei einer teleologischen Reduktion wird der Anwendungsbereich einer Rechtsnorm eingeschränkt.[519] Womöglich lässt sich der Anwendungsbereich von § 730 Abs. 2 S. 2 Halbsatz 2 BGB also derart einschränken, dass die Vorschrift im Rahmen der §§ 752 ff. BGB gar keine Anwendung findet. Begründen ließe sich ein solches Ergebnis möglicherweise mit dem Sinn und Zweck der §§ 752 ff. BGB.

Oben wurde soeben zwar vertreten, dass das Schweigen und damit der Wille des historischen Gesetzgebers hinsichtlich der Frage der Antragsbefugnis bei der Schaffung des § 731 S. 2 BGB jedenfalls nicht herangezogen werden kann, um damit die alleinige Antragsbefugnis eines einzelnen Gesellschafters zu *begründen*.[520] Dies heißt aber nicht zwingend, dass deshalb nicht andere Gründe für ein alleiniges Antragsrecht sprechen können.

Der *BGH* stellt unter anderem darauf ab, dass der einzelne Gesellschafter einer GbR ohne ein Antragsrecht die Teilungsversteigerung des Grundstücks der GbR nur erreichen kann, wenn alle Gesellschafter zustimmen oder er seinen Versteigerungsanspruch einklagt.[521] Weil die Zustimmung aller Gesellschafter zu der Teilungsversteigerung nicht immer erreicht werde und diese zudem grundlos verweigert werden könne, müsste der an der Versteigerung interessierte Gesellschafter die Gesellschafter, die nicht zugestimmt haben, zunächst immer auf Zustimmung verklagen, und zwar selbst dann, wenn von deren Seite aus gar keine Sacheinwände bestünden.[522] Der *BGH* zieht sodann zum Vergleich heran, was in einem solchen Fall bei der Aufhebung einer Gemeinschaft wäre, und stellt klar, dass dem Gesetzgeber die „Last" einer vorherigen Klage auf Zustimmung bereits bei der Gemeinschaft unangebracht erschien.[523] Diese Wertung lässt sich laut *BGH* auch bei der GbR sachlich rechtfertigen; insbesondere deshalb, weil es zahlreiche Ehegatten- und Grundstücks-Gesellschaften bürgerlichen

519 Palandt-*Sprau*, Einleitung, Rn. 49.

520 Siehe hierzu bereits oben: 4. Kapitel, D), III., 1., b) und c).

521 *BGH* v. 16.05.2013, NZG 2013, 1338 (1340).

522 *BGH* v. 16.05.2013. NZG 2013, 1338 (1340).

523 *BGH* v. 16.05.2013; NZG 2013, 1338 (1340); siehe zur Entbehrlichkeit einer vorherigen Klage auf Duldung gegen die übrigen Teilhaber der Gemeinschaft bereits oben: 1. Kapitel, E), IV.

Rechts gebe, deren Auseinandersetzung nur im Wege der Teilungsversteigerung möglich sei und bei denen ein Zwang zur Klage auf Zustimmung zur oder Duldung der Zwangsversteigerung nicht unerhebliche, letztlich unnötige Prozesskosten verursachte.[524]

Entscheidend ist damit, welches Ziel die §§ 752 ff. BGB verfolgen. Der Sinn und Zweck der §§ 752 ff. BGB, insbesondere der des § 753 BGB ist es, die Veräußerung eines gemeinschaftlichen Gegenstandes, der zwar nicht teilbar, aber veräußerbar ist, zu ermöglichen, ohne dass alle Teilhaber bei einer Veräußerung mitwirken müssen.[525]

Das Ziel dieser Vorschriften ist also eine schnelle und unproblematische Veräußerung der gemeinschaftlichen Gegenstände. Bei der Auseinandersetzung einer GbR steht § 730 Abs. 2 S. 2 Halbsatz 2 BGB aufgrund seiner Forderung nach einem gemeinschaftlichen Handeln aller Gesellschafter mit diesem Ziel in einem Widerspruch. Ganz unabhängig von der Rechtsfähigkeit der GbR ergab der Verweis in § 731 S. 2 BGB auf die §§ 752 ff. BGB daher im Grunde nur dann einen Sinn, wenn man innerhalb dieser Vorschriften das alleinige Vorgehen eines einzelnen Gesellschafters für zulässig erachtet. Fordert man hingegen auch innerhalb der §§ 752 ff. BGB ein gemeinschaftliches Handeln, also ein Einigsein aller Gesellschafter über die Veräußerung, besteht in Sachen schneller und kostengünstiger Auseinandersetzung im Grunde kein Unterscheid zu dem Fall, den man auch ohne einen Verweis auf die §§ 752 ff. BGB hätte. In beiden Fällen müssten die sich der Veräußerung verweigernden Mitgesellschafter dann auf Erteilung der Zustimmung zu der Veräußerung verklagt werden.[526]

c) Ausreichende Berücksichtigung der Interessen der übrigen Gesellschafter

aa) Problematik

Fraglich ist, ob die Zulässigkeit der alleinigen Befugnis eines einzelnen Gesellschafters, die Teilungsversteigerung des Grundstücks zu beantragen, die Interessen seiner Mitgesellschafter angemessen berücksichtigt.

---

524 *BGH* v. 16.05.2013, NZG 2013, 1338 (1340 f.).

525 MünchKomm. BGB-*K.Schmidt*, § 753, Rn. 3.

526 Im Rahmen der §§ 752 ff. BGB: *BGH* v. 16.05.2013, NZG 2013, 1338 (1340 f.); bei Nichtanwendbarkeit der §§ 752 ff. BGB: *Becker*, ZfIR 2013, 314 (318 f.).

Der *BGH* erkennt das Problem, dass gerade bei größeren Gesellschaften bürgerlichen Rechts, insbesondere bei einer unternehmenstragenden GbR, einzelne Gesellschafter die alleinige Antragsbefugnis dazu missbrauchen könnten, sachlich nicht gerechtfertigte Anträge auf Teilungsversteigerung des Grundstücks zu stellen, um beispielsweise gesellschaftsinternen Forderungen Nachdruck zu verleihen.[527] Ebenso kann es nach Ansicht des *BGH* zu Störungen kommen, wenn Streit darüber besteht, ob ein Betriebsgrundstück isoliert oder zusammen mit dem Unternehmen der GbR veräußert werden soll.[528]

Ob die Interessen der übrigen Gesellschafter angemessen berücksichtigt sind, hängt zum einen davon ab, welche Möglichkeit diese haben, um sich gegen eine missbräuchlich beantragte Teilungsversteigerung des Grundstücks zur Wehr setzen zu können. Zum anderen spielt eine Rolle, inwieweit missbräuchlich handelnde Gesellschafter den übrigen Gesellschaftern beziehungsweise der Gesellschaft gegenüber haften.

bb) Widerspruchsklage analog § 771 ZPO

Der *BGH* brachte seine diesbezügliche Entscheidung in dem 3. Leitsatz seiner Entscheidung zum Ausdruck: „Die GbR selbst und die übrigen Gesellschafter können Einwände aus dem Gesellschaftsvertrag oder dem Gesellschaftsverhältnis gegen die Teilungsversteigerung im Wege der Widerspruchsklage analog § 771 ZPO geltend machen".[529]

Der entscheidende Senat begründet seine Auffassung damit, dass der Gesetzgeber auch bei der Teilung einer Gemeinschaft dem sich der Teilungsversteigerung entgegensetzenden Teilhaber den Rechtsstreit zugemutet hat.[530] Diese Wertung überträgt der *BGH* auf die GbR und hält sie insbesondere bei größeren, unternehmenstragenden Gesellschaften für gerechtfertigt, bei denen am ehesten derartige Störungen zu erwarten seien.[531] Gerade deren Gesellschaftern sei es jedoch zuzumuten, eine Widerspruchsklage analog § 771 ZPO zu erheben.[532]

527 *BGH* v. 16.05.2013, NZG 2013, 1338 (1341).
528 *BGH* v. 16.05.2013, NZG 2013, 1338 (1341).
529 *BGH* v. 16.05.2013, NZG 2013, 1338 (1338).
530 *BGH* v. 16.05.2013, NZG 2013, 1338 (1341).
531 *BGH* v. 16.05.2013, NZG 2013, 1338 (1341).
532 *BGH* v. 16.05.2013, NZG 2013, 1338 (1341).

Im Ergebnis ist die Lösung dieses Problems eine Abwägungsfrage. Der *BGH* hat sicherlich Recht mit seiner Annahme, dass im praktischen Leben gerade bei größeren, unternehmenstragenden Gesellschaften derartige Streitigkeiten zu erwarten sind. Deren Gesellschafter dürften aber in der Regel geschäftlich erfahren sein und damit einhergehend in gewissem Rahmen auch juristische Kenntnisse aufweisen. Bei solchen Gesellschaftern erscheint es mithin durchaus angebracht, ihnen mit dem *BGH* zuzumuten, sich gegen eine missbräuchlich beantragte Teilungsversteigerung des zum Gesellschaftsvermögen gehörenden Grundstücks im Wege der Widerspruchsklage analog § 771 ZPO[533] zur Wehr zu setzen.

Ebenso lässt sich die Wertung, dass es zumutbar ist, sich im Wege des § 771 ZPO analog zu wehren, wie der *BGH* es tut, auch auf „kleine" BGB-Gesellschaften, insbesondere auf die erwähnten Gelegenheits- und Alltagsgesellschaften, übertragen. Diese bestehen oftmals zwar womöglich aus geschäftlich und juristisch unerfahrenen Gesellschaftern. Doch auch Bruchteilsgemeinschaften im Sinne der §§ 741 ff. BGB, insbesondere im Fall des Musterbeispiels von Miteigentum[534], bestehen vermutlich oftmals aus natürlichen, unter Umständen geschäftlich und juristisch unerfahrenen Personen. Die für die Teilung einer solchen Bruchteilsgemeinschaft (an einem Grundstück) geltenden §§ 749 ff. BGB sehen, wie oben gezeigt[535], die Teilungsversteigerung vor, §§ 753 Abs. 1 S. 1 2. Alt. BGB, 180 ff. ZVG. Hier kann der einzelne Teilhaber einer Gemeinschaft alleine die Teilungsversteigerung beantragen.[536] Die übrigen Teilhaber können sich gegen eine zu Unrecht erfolgende Teilungsversteigerung analog § 771 ZPO zur Wehr setzen.[537] Die Vorschriften über die Teilung einer Gemeinschaft muten also natürlichen und gegebenenfalls auch geschäftlich und juristisch unerfahrenen Personen zu, sich gegen eine zu Unrecht erfolgte Beantragung der Teilungsversteigerung des gemeinschaftlichen Grundstücks im Wege der Widerspruchsklage nach § 771 ZPO zur Wehr zu setzen. Es ist kein Grund

---

533 Siehe dazu, dass § 771 ZPO im Rahmen der Teilungsversteigerung analog angewendet wird, bereits oben: 1. Kapitel, E), III., 2., b), cc).

534 Bamberger/Roth-*Gehrlein*, § 741, Rn. 8.

535 Siehe hierzu bereits oben: 1. Kapitel, E), III., 2., b).

536 Siehe hierzu bereits oben: 1. Kapitel, E), IV.

537 Siehe hierzu bereits oben: 1. Kapitel, E), III, 2., b), cc).

ersichtlich, weshalb dies den Gesellschaftern einer Alltags- beziehungsweise Gelegenheitsgesellschaft nicht zumutbar sein soll, so dass sich in dieser Arbeit insoweit der Argumentation des *BGH* angeschlossen wird.

Sowohl den Gesellschaftern größerer, unternehmenstragender BGB-Gesellschaften als auch denen einer kleineren Alltags- beziehungsweise Gelegenheits-GbR ist es zumutbar, sich gegen eine zu Unrecht erfolgende Teilungsversteigerung eines zum Gesellschaftsvermögen gehörenden Grundstücks im Wege der Widerspruchsklage analog § 771 ZPO zur Wehr zu setzen.[538]

cc) Haftung eines missbräuchlich handelnden Gesellschafters

Insbesondere überzeugt auch das Argument des *BGH*, in welchem er hervorhebt, dass den übrigen Gesellschaftern zugutekommt, dass der missbräuchlich eine Teilungsversteigerung beantragende Gesellschafter gegen seine Pflichten als Gesellschafter verstößt und sich insoweit gegenüber der Gesellschaft und seinen Mitgesellschaftern schadensersatzpflichtig machen kann und daher ein enormes Haftungsrisiko eingeht.[539]

Dieses Argument ist auf den ersten Blick aber jedenfalls dann bedenklich, wenn der jeweilige, in missbräuchlicher Art und Weise die Teilungsversteigerung des Gesellschaftsgrundstücks beantragende Gesellschafter keine natürliche, sondern eine juristische Person ist. Auch eine juristische Person kann Gesellschafterin einer GbR sein.[540] Beispielhaft genannt seien die GmbH und die Aktiengesellschaft (AG).[541] Denkbar sind sogar BGB-Gesellschaften, welche ausschließlich aus juristischen Personen bestehen, zum Beispiel bei der Arbeitsgemeinschaft im Baugewerbe.[542] Ist eine juristische Person Gesellschafterin einer GbR, ändert dies grundsätzlich nichts daran, dass auch sie für eine missbräuchliche Stellung eines Antrags auf Einleitung einer Teilungsversteigerung haftet, denn schließlich ist sie Gesellschafterin und würde durch eine missbräuchliche Antragstellung eine Pflichtverletzung gegenüber der Abwicklungsgesellschaft sowie ihren

538 *BGH* v. 16.05.2013, NZG 2013, 1338 (1340 f.).
539 *BGH* v. 16.05.2013, NZG 2013, 1338 (1341).
540 Erman-*H.P. Westermann*, § 705, Rn. 17.
541 MünchKomm. BGB-*Ulmer*, § 705, Rn. 76.
542 Erman-*H.P. Westermann*, Vor § 705, Rn. 36 sowie § 705, Rn. 17.

Mitgesellschaftern begehen. Sie haftet im gleichen Umfang wie eine natürliche Person. Allerdings könnten die Abwicklungsgesellschaft selbst sowie die übrigen Gesellschafter hier nicht im gleichen Maße geschützt sein. Eine GmbH haftet nämlich nur mit ihrem Gesellschaftsvermögen, § 13 Abs. 2 GmbHG. Auch eine AG haftet gemäß § 1 Abs. 1 S. 2 AktG lediglich mit ihrem Gesellschaftsvermögen.

Die Vorstandshaftung bei einer AG nach § 93 Abs. 2 S. 1 AktG betrifft schon ihrem Wortlaut nach lediglich das Innenverhältnis zur AG selbst und begründet ebenfalls keine persönliche Haftung gegenüber der GbR oder den übrigen Gesellschaftern. Gleiches gilt für die Haftung der Geschäftsführer nach § 43 Abs. 2 GmbHG.

Die Abwicklungsgesellschaft selbst sowie die Mitgesellschafter wären in diesem Fall also nicht in gleichem Maße geschützt, als wenn der missbräuchlich den Antrag stellende Gesellschafter eine natürliche Person wäre, weil gerade im Fall einer GmbH zumindest das Risiko besteht, sich bei dieser nicht in voller Höhe schadenfrei halten zu können.

In diesem Fall könnte die Wertung des *BGH* jedoch ebenfalls gerechtfertigt sein. Denn wer eine GbR unter Beteiligung einer nur mit ihrem Gesellschaftsvermögen haftenden juristischen Person wie einer GmbH oder einer AG schließt, geht nun einmal eigenmächtig und bewusst das Risiko ein, sich bei dieser im Haftungsfall unter Umständen nicht oder zumindest nicht in voller Höhe schadenfrei halten zu können. Wer an der GbR eine juristische Person beteiligt, muss eben auch alle damit verbundenen Konsequenzen tragen.

dd) Ausschließungsmöglichkeit des Missbrauchsrisikos

Darüber hinaus erwähnt der *BGH* noch ein weiteres Argument, das die alleinige Antragsbefugnis jedenfalls bei unternehmenstragenden BGB-Gesellschaften untermauert. Er stellt darauf ab, dass unternehmenstragende Gesellschaften die Folge, dass ein einzelner Gesellschafter während der Auseinandersetzungsphase in missbräuchlicher Art und Weise die Teilungsversteigerung beantragt, durch einen Wechsel (während der werbenden Phase der Gesellschaft) in eine der vom Gesetzgeber für die Führung von Unternehmen vorgesehenen Rechtsformen vermeiden können, so zum Beispiel beim Wechsel in eine OHG durch eine Eintragung in das Handelsregister.[543] Ein solcher Wechsel müsste dann direkt nach der Gründung der Gesellschaft oder zumindest aber während ihrer werbenden Phase vollzogen werden.

Eine OHG wird, wie oben dargestellt, nach den §§ 145 ff. HGB auseinandergesetzt.[544] Liegt die hier in Rede stehende Situation bei einer OHG (oder auch bei einer KG) vor, so müssen die sich der Veräußerung verweigernden Gesellschafter beziehungsweise Liquidatoren, wie oben gezeigt wurde, zunächst auf die Erteilung der Zustimmung zu der Veräußerung verklagt werden.[545] Insofern ließe sich das Risiko einer missbräuchlichen Antragstellung durch einzelne Gesellschafter in der Tat von vornherein ausschließen.

Die gleiche Möglichkeit gibt es für solche BGB-Gesellschaften, welche zwischen Freiberuflern gebildet wurden, zum Beispiel Anwaltskanzleien oder ärztliche Gemeinschaftspraxen.[546] Einzelne Freiberufler können durch eine Eintragung ihrer GbR in das Partnerschaftsregister eine Partnerschaftsgesellschaft im Sinne des Partnerschaftsgesellschaftsgesetzes gründen, mit der Folge, dass im Fall der Liquidation dieser Partnerschaftsgesellschaft gemäß § 10 Abs. 1 PartGG die §§ 145 ff. HGB entsprechend gelten und damit auch hier im Fall der Fälle die sich der Veräußerung verweigernden Gesellschafter beziehungsweise Liquidatoren zunächst auf Erteilung der Zustimmung zu der Veräußerung verklagt werden müssen.[547]

Es mag durchaus sein, dass die jeweiligen Personen ihre guten Gründe dafür haben, weshalb sie sich ausgerechnet für die Betreibung ihres Unternehmens in Form einer GbR entscheiden. Diese Entscheidung steht ihnen selbstverständlich völlig frei. Allerdings müssen sie, sollten sie sich dafür entscheiden, ihr Unternehmen in der Gesellschaftsform einer GbR vorzunehmen, nun einmal auch die damit verbundenen Risiken oder Nachteile im Vergleich zu anderen Gesellschaftsformen in Kauf nehmen. Dieses vom *BGH* aufgezeigte Argument hinsichtlich unternehmenstragender BGB-Gesellschaften ist damit durchaus überzeugend.

---

543 *BGH* v. 16.05.2013, NZG 2013, 1338 (1341).
544 Siehe hierzu bereits oben: 1. Kapitel, C), II.
545 Siehe hierzu bereits oben: 3. Kapitel, D), II.
546 MünchKomm. BGB-*Ulmer*, Vor § 705, Rn. 40 (mit weiteren Nachweisen).
547 Siehe hierzu bereits oben: 3. Kapitel, D), II.

ee) Zwischenergebnis

Aus den genannten Gründen schließt sich diese Arbeit der Argumentation des *BGH* in diesem Punkt vollumfänglich an. Die übrigen Gesellschafter sind gegen die Teilungsversteigerung nicht rechtsschutzlos gestellt, missbräuchlich handelnde Gesellschafter haften ihnen gegenüber auf Schadensersatz und bei unternehmenstragenden BGB-Gesellschaften besteht zudem sogar die Möglichkeit, diese Problematik durch die Wahl einer anderen Gesellschaftsform wie der OHG, der KG oder der Partnerschaftsgesellschaft von vornherein auszuschließen.

Die Interessen der übrigen Gesellschafter sind damit bei der Zulassung einer alleinigen Befugnis eines einzelnen Gesellschafters, die Teilungsversteigerung des zum Gesellschaftsvermögen gehörenden Grundstücks zu beantragen, angemessen berücksichtigt und geschützt.[548]

d) Ordnungsgemäße Auseinandersetzung

Gegen eine alleinige Antragsbefugnis könnte man womöglich das Argument ins Feld führen, dass dies unter gewissen Umständen zu einem Chaos in der Auseinandersetzung führen könnte.

Wie oben dargestellt, kann es auch im Rahmen der Auseinandersetzung einer GbR ratsam sein, eine Auseinandersetzungsbilanz zu erstellen.[549] Zudem gilt die oben erwähnte Durchsetzungssperre.[550] Dadurch kommt jedenfalls zum Ausdruck, dass die Auseinandersetzung in einem geordneten Rahmen vonstatten gehen soll. Allerdings lässt sich hieraus im Ergebnis kein Argument gegen eine alleinige Antragsbefugnis herleiten. Die Durchsetzungssperre ist in der Sache nicht betroffen, denn es geht hier nicht um Ansprüche der Gesellschafter untereinander, die durchgesetzt werden sollen. Zudem kann man die Veräußerung des Grundstücks problemlos in der Auseinandersetzungsbilanz berücksichtigen, zumal eine solche bei der Auseinandersetzung einer GbR wie erwähnt lediglich fakultativ ist.

548 Zustimmend ebenfalls: *Wolfer*, GWR 2013, 401; NJW-Spezial 2013, 611 (ohne namentlich genannten Autor).

549 Siehe hierzu bereits oben: 1. Kapitel, C), I., 5.

550 Siehe hierzu bereits oben: 1. Kapitel, C), I., 7.

e) Reichweite der teleologischen Reduktion

aa) Veräußerung beweglicher Sachen

Fraglich ist, ob eine teleologische Reduktion des § 730 Abs. 2 S. 2 Halbsatz 2 BGB allein in Bezug auf die Veräußerung unbeweglicher zum Gesellschaftsvermögen der GbR gehörender Sachen im Wege Teilungsversteigerung gemäß den §§ 753 Abs. 1 S. 1 2. Alt., BGB, 180 ff. ZVG gilt oder auch in Bezug auf die Veräußerung beweglicher Vermögensgegenstände.

Die Rechtsprechung, insbesondere der *BGH*, beschäftigte sich soweit ersichtlich lediglich mit der Frage der alleinigen Antragsbefugnis eines einzelnen GbR-Gesellschafters zur Einleitung einer Teilungsversteigerung zwecks Veräußerung eines Grundstücks. Die Autoren der aufgefundenen Quellen in der Literatur äußern sich ebenfalls nur zur Antragsbefugnis im Rahmen einer Teilungsversteigerung.[551]

Hinsichtlich der Veräußerung einer zum Gesellschaftsvermögen gehörenden beweglichen Sache im Wege der §§ 753 Abs. 1 S. 1 1. Alt, 1233 ff. BGB nach den Vorschriften über den Pfandverkauf könnte sich dieses Problem aber gleichermaßen stellen.

Wie oben dargestellt, bedarf es bei der Aufhebung einer Gemeinschaft zu der Veräußerung einer gemeinschaftlichen beweglichen Sache nach den §§ 753 Abs. 1 S. 1 1. Alt., 1233 Abs. 1 BGB im Wege der öffentlichen Versteigerung keines auf Duldung der Versteigerung gerichteten Titels gegen die übrigen Teilhaber.[552] Eines solchen Vollstreckungstitels bedarf es nur im Fall der Veräußerung nach § 1233 Abs. 2 BGB gemäß dem Verfahren bei der Zwangsvollstreckung, das heißt nach den §§ 814 ff. ZPO.[553] Im letztgenannten Fall stellt sich das Problem einer alleinigen Handlungsbefugnis also nicht. Ein alleiniges Handeln ist dann nämlich nicht denkbar, weil der die Veräußerung betreibende Gesellschafter zunächst einen Duldungstitel gegen die übrigen Gesellschafter erwirken müsste. Der Normalfall im

551 Hk-ZV/*Stumpe*, § 180, Rn. 12; Keller-*Riedel*, Handbuch Zwangsvollstreckungsrecht, Kapitel 4, Rn. 520; *Stöber*, § 180, Rn. 11.7.

552 Siehe hierzu bereits oben: 1. Kapitel, E), IV.

553 Bamberger/Roth-*Gehrlein*, § 753, Rn. 2; MünchKomm. BGB-*K.Schmidt*, § 753, Rn. 13; Staudinger-*Langhein*, § 753, Rn. 9.

Rahmen des § 1233 BGB ist jedoch die Verwertung durch privaten Verkauf im Wege der öffentlichen Versteigerung nach § 1233 Abs. 1 BGB.[554]

Die öffentliche Versteigerung ist in § 383 Abs. 3 S. 1 BGB legaldefiniert. Danach hat die Versteigerung durch einen für den Versteigerungsort bestellten Gerichtsvollzieher oder zu Versteigerungen befugten anderen Beamten oder öffentlich angestellten Versteigerer öffentlich zu erfolgen. Öffentlich ist die Versteigerung, wenn sie für jedermann zugänglich ist.[555] Gemäß § 1 Abs. 1 S. 1 der Verordnung über gewerbsmäßige Versteigerungen (Versteigererverordnung – VerstV) darf der Versteigerer die zu versteigernde Sache nur aufgrund eines schriftlichen Vertrags versteigern.

Die Versteigerung beweglicher Sachen wird also anders als die Teilungsversteigerung im Falle von Grundstücken nicht gerichtlich beantragt, sondern sie erfolgt infolge eines entsprechenden Vertragsschlusses mit der Versteigerungsperson. Weil die ursprüngliche GbR nach ihrer Auflösung zunächst fortbesteht und somit auch während der Auseinandersetzungsphase die Gesellschaft selbst der Eigentümer des (beweglichen) Gesellschaftsvermögens ist[556], muss der entsprechende Vertragsschluss mithin zwischen der Versteigerungsperson und der Gesellschaft, welche in der Liquidation wegen der Regelung des § 730 Abs. 2 S. 2 Halbsatz 2 BGB nur durch alle Gesellschafter gemeinschaftlich vertreten werden kann, zustande kommen. Bei der Veräußerung von beweglichem Gesellschaftsvermögen nach den §§ 753 Abs. 1 S. 1 1. Alt., 1233 Abs. 1 BGB bedarf es ebenso wie bei der Veräußerung eines Grundstücks gemäß den §§ 753 Abs. 1 S. 1 2. Alt. BGB, 180 ff. ZVG im Wege der Teilungsversteigerung keines vorherigen auf Duldung der Versteigerung gerichteten Titels.[557]

Deshalb stellt sich an dieser Stelle mithin die Frage, ob ein einzelner Gesellschafter die Gesellschaft bei einem solchen Vertragsabschluss wirksam vertreten und damit die Versteigerung einer zum Gesellschaftsvermögen

---

554 Bamberger/Roth-*Sosnitza*, § 1233, Rn. 2; Prütting/Wegen/Weinreich -*Nobbe*, § 1233, Rn. 1.

555 *BGH* v. 05.10.1989, NJW 1990, 899 (900); Prütting/Wegen/Weinreich-*Pfeiffer*, § 383, Rn. 7.

556 Siehe hierzu bereits oben: 1. Kapitel, B), I., 2.

557 Siehe hierzu bereits oben: 1. Kapitel, E), IV.

gehörenden beweglichen Sache gegen beziehungsweise ohne den Willen seiner Mitgesellschafter einleiten kann.

bb) Argumente für eine alleinige Handlungsbefugnis im Rahmen der Veräußerung beweglichen Gesellschaftsvermögens

Auf den ersten Blick muss man diese Frage aus den bereits zur Zulässigkeit der alleinigen Antragsbefugnis im Rahmen der Teilungsversteigerung eines zum Gesellschaftsvermögen gehörenden Grundstücks genannten Gründen und Argumenten bejahen. Will man eine praktisch einfache und kostengünstige Auseinandersetzung im Falle der Nichteinigkeit über die Veräußerung des jeweiligen beweglichen Gegenstands erreichen, muss der einzelne Gesellschafter den für die Einleitung einer Versteigerung beweglicher Sachen gemäß § 1 Abs. 1 S. 1 VerstV erforderlichen Vertragsschluss auch alleine im Namen der Gesellschaft vornehmen können. Die im Rahmen der Zulässigkeit einer alleinigen Antragsbefugnis zur Teilungsversteigerung genannten Gründe und Erwägungen treffen hier grundsätzlich gleichermaßen zu.

cc) Ausreichende Berücksichtigung der Interessen der übrigen Gesellschafter

Problematisch ist allerdings, ob auch im Falle der Veräußerung beweglicher Sachen die Interessen der übrigen Gesellschafter ausreichend berücksichtigt sind, insbesondere, ob es die oben aufgezeigte Möglichkeit einer Widerspruchsklage analog § 771 Abs. 1 ZPO gibt. Zwar ist anerkannt, dass § 771 Abs. 1 ZPO im Rahmen der §§ 180 ff. ZVG analoge Anwendung findet, obwohl die Teilungsversteigerung keine Vollstreckung (und der klagende Gesellschafter nicht „Dritter“) ist.[558] Fraglich ist aber, ob dies bei der Versteigerung beweglicher Sachen nach den §§ 753 Abs. 1 S. 1 1. Alt., 1233 Abs. 1 BGB gleichfalls gilt.

Die Situation bei der Veräußerung einer zum Gesellschaftsvermögen gehörenden beweglichen Sache im Wege der öffentlichen Versteigerung

---

558 *BGH* v. 05.06.1985, NJW 1985, 3066 (3067); Baumbach/Lauterbach/Albers/Hartmann, § 771, Rn. 16; Dassler/Schiffhauer-*Hintzen*, § 180, Rn. 70 sowie § 181, Rn. 38; Prütting/Gehrlein-*Scheuch*, § 771, Rn. 2; Zöller-*Herget*, § 771, Rn. 14; siehe hierzu auch bereits oben: 1. Kapitel, E), III., 2., b), cc).

gemäß den §§ 753 Abs. 1 S. 1 1. Alt., 1233 Abs. 1 BGB unterscheidet sich in diesem Punkt nicht von der Teilungsversteigerung. Auch hier liegt keine Vollstreckung vor und auch hier kommt als „die Veräußerung hinderndes Recht" im Sinne von § 771 Abs. 1 ZPO das Eigentum[559] der Gesellschaft an dem beweglichen Gegenstand in Betracht, so dass man deshalb eine analoge Anwendung des § 771 Abs. 1 ZPO in Erwägung ziehen könnte.

Ob § 771 Abs. 1 ZPO auch in diesem Fall analoge Anwendung findet, wurde soweit ersichtlich bislang nicht diskutiert. Allerdings soll die Drittwiderspruchsklage allgemein betrachtet immer dann keine Anwendung finden, wenn es an einer Zwangsvollstreckung in Vermögensgegenstände fehlt, was vor allem bei der Erwirkung von Handlungen, Duldungen oder Unterlassungen der Fall ist.[560]

Im Ergebnis kann allerdings dahingestellt bleiben, ob man § 771 Abs. 1 ZPO ebenfalls analog anwendet, soweit es um die Veräußerung beweglicher zum Gesellschaftsvermögen gehörender Gegenstände geht. Bei einem gewöhnlichen Pfandverkauf gibt es für den Pfandeigentümer, vor dem Hintergrund, dass der Pfandgläubiger für den Normalfall der Verwertung nach den §§ 1233 Abs. 1, 1234 bis 1240 BGB keinen Duldungstitel benötigt, ebenfalls eine Möglichkeit, sich präventiv gegen eine Verwertung der jeweiligen Sache zur Wehr zu setzen.[561] Dies geschieht mittels Klage auf Unterlassung des Verkaufs nach § 1004 Abs. 1 S. 2 BGB, gegebenenfalls mittels einstweiliger Verfügung.[562] Eine Rechtsschutzmöglichkeit für die übrigen Gesellschafter wäre damit, selbst wenn man § 771 ZPO auf diesen Fall, anders als bei der Veräußerung von Grundstücken, nicht analog anwenden möchte, trotzdem gewährleistet.

Darüber hinaus trifft die oben bereits dargestellte Erwägung des *BGH*, welche besagt, dass es für unternehmenstragende BGB-Gesellschaften zudem noch die Möglichkeit gibt, das Risiko, dass ein einzelner Gesellschafter während der Auseinandersetzungsphase in missbräuchlicher Art und Weise die Teilungsversteigerung beantragt, zu vermeiden, und zwar durch

---

559 Baumbach/Lauterbach/Albers/Hartmann, § 771, Rn. 16.

560 Gottwald/Mock-*Gottwald*, Zwangsvollstreckung, § 771, Rn. 3.

561 Bamberger/Roth-*Sosnitza*, § 1234, Rn. 1.

562 Bamberger/Roth-*Sosnitza*, § 1234, Rn. 1; Staudinger-*Wiegand*, § 1234, Rn. 1.

einen Wechsel in eine der vom Gesetzgeber für die Führung von Unternehmen vorgesehenen Rechtsformen[563], an dieser Stelle ebenfalls zu. Auch eine missbräuchlich erfolgende Einleitung der Versteigerung einer beweglichen Sache, genauer gesagt der Abschluss des gemäß § 1 Abs. 1 S. 1 VerstV erforderlichen schriftlichen Vertrages[564] zwischen der Versteigerungsperson und der Auseinandersetzungs-Gesellschaft, könnte von vornherein ausgeschlossen werden, würde das jeweilige Unternehmen in der Rechtsform einer OHG, einer KG oder einer Partnerschaftsgesellschaft nach dem PartGG betrieben werden, bei deren Auseinandersetzung eine etwaige öffentliche Versteigerung des Gesellschaftsvermögens von Gesetzes wegen gar nicht vorgesehen ist.

f) Zwischenergebnis

Nur bei Annahme einer alleinigen Handlungsbefugnis des einzelnen Gesellschafters im Rahmen der §§ 752 ff. BGB ergibt die Anwendung des Gemeinschaftsrechts auf die GbR in Liquidation einen für die Praxis verwertbaren Sinn. Denn wenn sich sämtliche Gesellschafter ohnehin über die Veräußerung einig sind, kann vereinbart werden, dass der jeweilige Vermögensgegenstand freihändig veräußert wird. Das Gesetz sollte aber gerade die Fälle regeln, in denen es an einer Vereinbarung beziehungsweise an einem Einigsein fehlt. Deshalb muss die Vorschrift des § 730 Abs. 2 S. 2 Halbsatz 2 BGB aus den vom *BGH* genannten Erwägungen insoweit teleologisch reduziert werden, dass sie im Rahmen der §§ 752 ff. BGB keine Anwendung findet, weil sie dem Sinn und Zweck dieser Vorschriften zuwiderläuft und grundsätzlich zu unpraktischen Ergebnissen führt. Die übrigen Gesellschafter sind, wie der *BGH* überzeugend begründete, gegen eine unberechtigte Veräußerung der zum Gesellschaftsvermögen gehörenden Gegenstände hinreichend geschützt. Dies gilt gleichermaßen für den Fall der Veräußerung eines zum Gesellschaftsvermögen gehörenden Grundstücks im Wege der Teilungsversteigerung wie auch bei der Veräußerung beweglichen Gesellschaftsvermögens nach den Pfandrechtsvorschriften im Wege der öffentlichen Versteigerung.

---

563 *BGH* v. 16.05.2013, NZG 2013, 1338 (1341); siehe hierzu auch bereits oben: 4. Kapitel, D), III., 3., c), dd).

564 Siehe hierzu bereits oben: 4. Kapitel, D), III., 3., d), aa).

g) Einschränkung des oben genannten Ergebnisses

aa) Mehrere Vermögensgegenstände

Weil der *BGH* einschränkend ausführte, die alleinige Antragstellung eines einzelnen Gesellschafters sei jedenfalls dann möglich, „wenn das Vermögen der Gesellschaft – wie hier – im Wesentlichen nur aus dem Grundstück besteht“[565], stellt sich darüber hinaus die Frage, wie es wäre, wenn das übrige Gesellschaftsvermögen aus mehr als lediglich dem einen Grundstück bestünde, wenn also außer der einen Immobilie gleichzeitig beispielsweise noch weitere Immobilien und/oder auch bewegliches Gesellschaftsvermögen wie PKW vorhanden sind.

Bei einer alleinigen Handlungsbefugnis könnten verschiedene Gesellschafter auf eigene Faust die verschiedenen zum Gesellschaftsvermögen gehörenden Sachen veräußern beziehungsweise deren Veräußerung im Wege der (Teilungs-) Versteigerung zumindest in Gang setzen und damit unter Umständen einen Weg in chaotische Verhältnisse betreten.

Letztlich muss ein solches Ergebnis aber hingenommen werden. Zunächst einmal sind die Interessen der jeweiligen übrigen Gesellschafter beziehungsweise der Gesellschaft selbst wie oben gesehen hinreichend geschützt.[566] Dieser Schutz besteht unabhängig von der Frage, aus wie vielen verschiedenen Vermögensgegenständen das Gesellschaftsvermögen der GbR zum Zeitpunkt der Veräußerung des jeweiligen Gegenstandes noch besteht.

Ferner kann es für die Gesellschafter aus rein praktischer Sicht überhaupt keinen Unterschied machen, ob in dem Moment, in dem die gemeinschaftliche Veräußerung des Gesellschaftsvermögens mangels Einigsein scheitert, nur noch eine oder mehrere Immobilien, ein oder mehrere PKW oder gar eine gesamte Anwaltskanzlei oder Arztpraxis samt Grundstück mit Immobilie vorhanden sind. Es ist kein Grund ersichtlich, weshalb man in der Situation, wo das noch vorhandene Gesellschaftsvermögen aus lediglich einem Vermögensgegenstand besteht, ein alleiniges Handeln billigen, in der anderen Situation, also wenn noch mehrere Vermögensgegenstände vorhanden sind, jedoch wiederum ein gemeinschaftliches Handeln fordern sollte. Wenn eine einvernehmliche Veräußerung scheitert, muss

---

565 *BGH* v. 16.05.2013, NZG 2013, 1338 (1340).

566 Siehe hierzu bereits oben: 4. Kapitel, D), III., 3., c).

das Gesetz einen aus praktischer Sicht möglichst einfachen und schnellen Weg bereithalten, der die Auseinandersetzung im Regelfall nicht noch unnötigerweise in die Länge zieht.

Des Weiteren wäre eine derartige Lösung praktisch nur auf umständlichem Wege umsetzbar. Diese würde nämlich erfordern, dass das jeweilige für die Anordnung der Teilungsversteigerung zuständige Gericht, oder im Falle der Veräußerung beweglichen Gesellschaftsvermögens die Versteigerungsperson, welche die öffentliche Versteigerung vornimmt, überprüft, ob außer der jeweiligen zu veräußernden Sache noch weiteres Gesellschaftsvermögen vorhanden ist. Erst nachdem in jedem Einzelfall eine derartige Überprüfung stattgefunden hätte, könnte entschieden werden, ob die alleinige Antragstellung zulässig oder ein gemeinschaftliches Handeln aller Gesellschafter erforderlich ist, je nachdem, ob beziehungsweise wie viel weiteres Gesellschaftsvermögen noch vorhanden ist. Ein solches Ergebnis würde einer einfachen und praktisch sinnvollen Auseinandersetzung des Gesellschaftsvermögens, welche ja mit Hilfe der §§ 752 ff. BGB gerade erreicht werden soll, zuwiderlaufen.

Selbst dann, wenn man eine solche Prüfung fordern würde, wäre sie unmöglich durchführbar. Zwar ließe sich mit Hilfe des Grundbuchs womöglich noch herausfinden, ob beziehungsweise in welchem Umfang unbewegliches Gesellschaftsvermögen vorhanden ist, wobei selbst diese Kontrollmöglichkeit aus praktischer Sicht bereits an ihre Grenzen stößt, wenn die Grundstücke sich in verschiedenen Städten befinden. Hinsichtlich beweglichen Gesellschaftsvermögens hilft das Grundbuch zudem gar nicht weiter. Es könnte somit nie abschließend festgestellt werden, ob ein etwaiges Grundstück das einzige Gesellschaftsvermögen ist oder ob zusätzlich noch (umfangreiches) bewegliches Gesellschaftsvermögen existiert.

bb) Zwischenergebnis

Der einzelne Gesellschafter hat nicht nur dann eine alleinige Handlungsbefugnis, wenn das noch vorhandene Gesellschaftsvermögen lediglich aus einem Grundstück besteht, sondern auch dann, wenn sich das Gesellschaftsvermögen aus mehreren Grundstücken und/oder beweglichen Gegenständen zusammensetzt.

cc) Publikums-GbR

Fraglich ist, ob das soeben befürwortete Ergebnis einer alleinigen Handlungsbefugnis auch im Zusammenhang mit einer Publikums-GbR sachgerecht ist oder ob es insoweit einer Einschränkung bedarf.

Wie bereits oben gezeigt wurde, kann eine Publikums-GbR aus vielen hunderten oder tausenden Gesellschaftern bestehen, die sich untereinander nicht einmal persönlich kennen.[567] Die Situation unterscheidet sich hier wesentlich von dem Fall einer Alltags- oder Gelegenheits-GbR sowie einer unternehmenstragenden GbR wie einer Anwaltskanzlei oder einer ärztlichen Gemeinschaftspraxis, wo sich die Gesellschafter im Regelfall untereinander persönlich kennen dürften.

Aufgrund der oben bereits dargelegten Entscheidung des *BGH*, nach welcher die Regelung des § 730 Abs. 2 S. 2 Halbsatz 2 BGB auch auf eine Publikums-GbR Anwendung findet, sind also auch bei einer Publikums-GbR bei Fehlen einer anders lautenden Vereinbarung während der Auseinandersetzung der Gesellschaft alle Gesellschafter gemeinsam geschäftsführungs- und vertretungsbefugt.[568] Das bedeutet, dass die ursprünglichen Geschäftsführer hier grundsätzlich gehindert sind, die Liquidation in Eigenregie zu betreiben. Erforderlich ist vielmehr, dass alle Gesellschafter sich über jeden Schritt der Liquidation einig sind. Eine solche Einigkeit zu erzielen, kann sich bei einer derartigen denkbaren Vielzahl von Gesellschaftern als äußerst schwierig erweisen. Jedoch hat der *BGH* nun einmal ausdrücklich klargestellt, dass § 730 Abs. 2 S. 2 Halbsatz im Zweifel auch hier gilt, weil (auch) die Gesellschafter einer Publikums-GbR während der Auseinandersetzungsphase das schützenswerte Interesse nach Kontrolle und Überwachung haben.[569]

Gälte die teleologische Reduktion des § 730 Abs. 2 S. 2 Halbsatz 2 BGB im Rahmen der §§ 752 ff. BGB auch für die Publikums-GbR, so hätte dies auf der einen Seite den Vorteil, dass der oder die ursprüngliche(n) Geschäftsführer in Bezug auf die Veräußerung des Gesellschaftsvermögens wiederum alleine handeln könnten, was womöglich für eine geordnete,

567 Siehe hierzu bereits oben: 1. Kapitel, C), I., 6., c), aa).

568 *BGH* v. 05.07.2011, NZG 2011, 1140 = NJW 2011, 3087; siehe hierzu auch bereits oben: 1. Kapitel, C), I., 6., c), cc).

569 *BGH* v. 05.07.2011, NJW 2011, 3087 (3089).

schnelle und kostengünstige Auseinandersetzung der Publikums-GbR sorgen würde. Anderenfalls müsste nämlich zunächst von jedem einzelnen Gesellschafter die Zustimmung zu der Veräußerung eingeholt werden. Dies könnte bei einer großen Vielzahl von Gesellschaftern jedoch ein äußerst langwieriger Prozess sein. Zudem müssten die Gesellschafter, die ihre Zustimmung, und sei es aus bloßer Nachlässigkeit, nicht erteilen, dann auf Zustimmung zu der Veräußerung verklagt werden. Unter Umständen wären also mehrere hundert oder mehrere tausend Gesellschafter auf Zustimmung zu der Veräußerung zu verklagen, was viele Prozesskosten und eine zusätzliche Arbeitsbelastung für die Gerichte bedeuten würde, abgesehen davon, dass es Zeit in Anspruch nimmt.

Man könnte deshalb an dieser Stelle nun mit Hilfe eines Erst-Recht-Schlusses die teleologische Reduktion des § 730 Abs. 2 S. 2 Halbsatz 2 BGB im Rahmen der §§ 752 ff. BGB auch bei der Auseinandersetzung des Vermögens einer Publikums-GbR für angebracht halten. Denn wenn man § 730 Abs. 2 S. 2 Halbsatz 2 BGB bei Alltags- und Gelegenheitsgesellschaften sowie unternehmenstragenden BGB-Gesellschaften (welche deutlich weniger Gesellschafter haben als eine Publikums-Gesellschaft) unter anderem deshalb teleologisch reduziert, weil die Auseinandersetzung des Gesellschaftsvermögens anderenfalls unpraktisch sowie zu zeit- und kostenintensiv werden könnte, so besteht diese Gefahr bei einer Publikums-GbR aufgrund der Vielzahl von Gesellschaftern natürlich umso mehr.

Auf der anderen Seite argumentierte der *BGH* auch, dass es zu einem alleinigen Antrag meist ohnehin nur dann kommen würde, wenn die Gesellschafter sich über die Veräußerung untereinander nicht einig seien.[570] Diese Wertung trifft auf eine Publikums-GbR möglicherweise nicht zu. Weil eine solche eben aus vielen hunderten oder tausenden einander unbekannten Gesellschaftern besteht, ist nicht zu erwarten, dass die bisherigen geschäftsführungs- und vertretungsbefugten Gesellschafter zunächst alle übrigen Gesellschafter kontaktieren, um Einigkeit hinsichtlich der Auseinandersetzung des Gesellschaftsvermögens zu erzielen. Sehr viel wahrscheinlicher ist es, dass sie das Grundstück oder die beweglichen Sachen direkt eigenmächtig versteigern lassen. Bei einer Publikums-GbR besteht

570 *BGH* v. 16.05.2013, NZG 2013, 1338 (1340).

aufgrund der fehlenden persönlichen Kenntnis damit umso mehr die Gefahr, dass die bisherigen Geschäftsführer nur auf ihr eigenes Wohl und ihren eigenen Vorteil bedacht sind und die Interessen der übrigen lediglich auf kapitalistischer Basis beteiligten Gesellschafter nicht berücksichtigen, deren Schutz die Regelung des § 730 Abs. 2 S. 2 Halbsatz 2 BGB laut *BGH* aber gerade bezwecken soll[571], weil die Interessen der Gesellschafter in der Liquidation nun einmal in verschiedene Richtungen laufen können.[572] Insoweit besteht ein Unterschied zu einer Alltags-GbR wie beispielsweise einer Fahrgemeinschaft sowie zu einer unternehmensbezogenen GbR wie nämlich einer Anwaltskanzlei oder einer gemeinschaftlichen Arztpraxis, bei welchen der *BGH* mit seiner Annahme, dass es zu einem alleinigen Antrag meist erst dann komme, wenn eine Einigkeit nicht erzielt wurde[573], vom praktischen Standpunkt aus betrachtet vermutlich Recht hat und Missbrauchsfälle dort eher die Ausnahme sind; dies deshalb, weil sich die Gesellschafter untereinander persönlich kennen und das Gesellschafterverhältnis untereinander in einer derartigen GbR sicherlich anders geprägt sein wird als in einer Publikums-GbR mit einer großen Anzahl an Gesellschaftern, von denen sich der Großteil zudem in der Regel lediglich auf rein kapitalistischer Basis beteiligt.[574]

Selbstverständlich würde sich auch bei einer Publikums-GbR der missbräuchlich die Teilungsversteigerung beantragende beziehungsweise der missbräuchlich die Versteigerung einer beweglichen Sache in die Wege leitende Gesellschafter von Gesetzes wegen gegenüber der Gesellschaft und den übrigen Gesellschaftern schadensersatzpflichtig machen und nach allgemeinen Regeln persönlich und unbeschränkt haften. Insbesondere kommt den bisherigen Geschäftsführern der Gesellschaft hier nicht die Haftungsprivilegierung des § 708 BGB zugute, denn diese Vorschrift wird auf die Publikums-Gesellschaften nicht angewendet, weil es bei solchen an dem von § 708 BGB vorausgesetzten persönlichen Vertrauensverhältnis

---

571 *BGH* v. 05.07.2011, NJW 2011, 3087 (3089).

572 *BGH* v. 05.07.2011, NZG 2011, 1140 = NJW 2011, 3087; siehe hierzu bereits oben: 1. Kapitel, C), I., 6., b).

573 *BGH* v. 16.05.2013, NZG 2013, 1338 (1340).

574 Siehe zur Publikums-GbR bereits oben: 1. Kapitel, C), I., 6., c), aa).

untereinander fehle[575] und dem gebotenen Schutz der Anlagegesellschafter zuwiderliefe.[576]

Zudem müssen die einzelnen Gesellschafter auch im Falle der Auseinandersetzung einer Publikums-GbR konsequenterweise die Möglichkeit haben, eine etwaige zu Unrecht erfolgende Versteigerung des Grundstücks beziehungsweise der beweglichen Sache analog § 771 Abs. 1 ZPO beziehungsweise gemäß § 1004 Abs. 1 S. 2 BGB zu unterbinden.[577]

Fraglich ist aber, ob diese Option bei der Publikums-GbR für die einzelnen Gesellschafter vom praktischen Standpunkt betrachtet wirklich ausreichenden Schutz gegen eine zu Unrecht erfolgende Veräußerung bietet. Bei einer Alltags-GbR oder einer unternehmenstragenden GbR wie einer Anwaltskanzlei oder einer ärztlichen Gemeinschaftspraxis dürfte davon auszugehen sein, dass alle Gesellschafter von einer (missbräuchlichen) Veräußerung so rechtzeitig Kenntnis erlangen, dass sie rein faktisch auch die Möglichkeit haben, sich gegen eine solche gerichtlich zur Wehr zu setzen; dies schon deshalb, weil die Anzahl der Gesellschafter im Regelfall überschaubar ist und die Gesellschafter sich untereinander persönlich kennen. Dies trifft bei einer Publikums-GbR aufgrund der Tatsache, dass die Gesellschafter sich in der Regel untereinander persönlich nicht kennen und vor allem, weil es eine unüberschaubare Anzahl von Gesellschaftern gibt, nicht zu. Sollte der oder sollten die ursprünglich alleingeschäftsführungsbefugten und –vertretungsbefugten Gesellschafter hier missbräuchlich eine Versteigerung des Grundstücks oder einer beweglichen Sache in die Wege leiten, ist es unwahrscheinlich, dass die übrigen lediglich zur Kapitalbeschaffung beigetretenen Gesellschafter so rechtzeitig davon erfahren, dass sie sich noch gegen eine Versteigerung zur Wehr setzen können. Ein sachgerechter Schutz der Gesellschafterinteressen ist hier also vermutlich nicht gewährleistet, was gegen eine teleologische Reduktion des § 730 Abs. 2

575 *BGH* v. 04.07.1977, BGHZ 69, 207 (209) (hinsichtlich einer Publikums-KG).

576 *BGH* v. 12.11.1979, BGHZ 75, 321 (327 f.) (hinsichtlich einer Publikums-KG).

577 Siehe zu den Rechtsschutzmöglichkeiten der übrigen Gesellschafter gegen eine in missbräuchlicher Art und Weise eingeleitete (Teilungs-) Versteigerung bereits oben: 4. Kapitel, D), III., 3., c), bb) sowie e), cc).

S. 2 Halbsatz 2 BGB im Rahmen der §§ 752 ff. BGB für den Fall der Auseinandersetzung des Vermögens einer Publikums-GbR spricht.

Die Konsequenz dessen wäre, dass alle Gesellschafter, die aus welchen Gründen auch immer ihre Zustimmung verweigern, auf die Erteilung ihrer Zustimmung zu der Veräußerung verklagt werden müssten.[578] Dies wäre jedoch ein äußerst umständlicher und insoweit unbefriedigender Ansatz, der deshalb nur dann Bestand haben kann, sollte es keine andere Möglichkeit geben, die eine Auseinandersetzung des Gesellschaftsvermögens einer Publikums-GbR praktikabel erscheinen lässt.

An dieser Stelle kann womöglich § 146 Abs. 2 S. 1 HGB weiterhelfen. Nach dieser Vorschrift kann auf Antrag eines Beteiligten aus wichtigen Gründen die Ernennung von Liquidatoren durch das Gericht erfolgen.

Der *BGH* hat in seiner oben dargestellten Entscheidung[579] entschieden, dass die Vorschrift des § 146 Abs. 2 HGB auf eine Publikums-GbR analog anzuwenden sei.[580] Auch in der Literatur wird die Bestellung eines Dritten als Liquidator einer GbR analog § 146 Abs. 2 HGB für zulässig angesehen.[581]

Ein wichtiger Grund im Sinne dieser Vorschrift liegt immer dann vor, wenn der Abwicklungszweck gefährdet ist[582], was zu bejahen wäre, sollte eine Abwicklung durch die Gesellschafter nicht zu erwarten sein und infolgedessen für die Gesellschaft eine Unfähigkeit zum Handeln bestehen oder drohen.[583] Unter diese Voraussetzungen ließe der vorliegende Fall sich eventuell subsumieren.

Weil man § 730 Abs. 2 S. 2 Halbsatz 2 BGB während der Auseinandersetzung einer Publikums-GbR im Rahmen der §§ 752 ff. BGB aus den

578 So wie es *Becker* befürwortet: *Becker*, ZfIR 2013, 314 (318 f.).

579 *BGH* v. 05.07.2011, NJW 2011, 3087 (3089); siehe hierzu bereits oben: 1. Kapitel, C), I. 6., c), cc).

580 *BGH* v. 05.07.2011, NJW 2011, 3087 (3089); Röhricht/Graf von Westphalen/Haas-*Haas*, § 146, Rn. 8.

581 Bamberger/Roth-*Schöne*, § 730, Rn. 23; Erman-*H.P. Westermann*, § 730, Rn. 10; MünchKomm. BGB-*Schäfer*, § 730, Rn. 47; Soergel-*Hadding/Kießling*, § 730, Rn. 16; Staudinger-*Habermeier*, § 730, Rn. 13.

582 *BayObLG* v. 25.09.1997, NJW-RR 1998, 470 (471); Röhricht/Graf von Westphalen/Haas-*Haas*, § 146, Rn. 8.

583 Oetker-*Kamanabrou*, § 146, Rn. 14; Röhricht/Graf von Westphalen/Haas-*Haas*, § 146, Rn. 8; Staub-*Habersack*, § 146, Rn. 33.

genannten Gründen nicht teleologisch reduzieren sollte, droht für die Veräußerung des Gesellschaftsvermögens eine Unfähigkeit der Gesellschaft zum Handeln, denn es wäre schließlich erforderlich, dass jeder einzelne Gesellschafter der Veräußerung zustimmt beziehungsweise bei Nichterteilung der Zustimmung verklagt wird. Dies kann bei einer Publikums-GbR aufgrund der Vielzahl von Gesellschaftern ein sehr zeit- und kostenintensiver und auch unnötiger Prozess sein, der die Auseinandersetzung der Gesellschaft insoweit lähmt. Mit Hilfe von § 146 Abs. 2 HGB analog kann auf Antrag eines Gesellschafters ein Dritter zum Liquidator bestellt werden, was die aufgezeigten Probleme vermeiden würde.

Eine Publikumsgesellschaft setzt sich regelmäßig aus einer Vielzahl von Gesellschaftern zusammen: den Gründungsgesellschaftern sowie den zum Beitritt eingeladenen, nicht untereinander verbundenen, lediglich auf kapitalistischer Basis beteiligten Mitgesellschaftern.[584] Eine bestimmte feste Grenze, welche die Anzahl von Gesellschaftern überschreiten muss, um als Publikumsgesellschaft angesehen zu werden, lässt sich sicherlich schwer festlegen. Jedenfalls ist dies wie oben genannt aber dann der Fall, wenn mehrere hundert oder gar mehrere tausend Gesellschafter auf lediglich kapitalistischer Basis an der jeweiligen Gesellschaft beteiligt sind.[585] Bei einer Rechtsanwaltskanzlei mit beispielsweise 30 Anwälten, die mehr oder weniger täglich in geschäftlichem Kontakt stehen, zusammenarbeiten und sich persönlich kennen, würde es sich hingegen nicht um eine Publikumsgesellschaft handeln.

Letztlich sollte hier also nicht allein die bloße Anzahl der Gesellschafter das entscheidende Kriterium sein, sondern vielmehr auch die Art der Beteiligung sowie die Frage, ob es eine gewisse persönliche Verbundenheit unter den Gesellschaftern gibt. Man sollte also eine Gesamtbetrachtung im Einzelfall vornehmen. Wenn die Anzahl der lediglich Kapital zur Verfügung stellenden, im Übrigen aber tatsächlich nicht beteiligten, und auch in keinem persönlichen Verhältnis zueinander stehenden Gesellschafter die Anzahl der geschäftsführenden Gesellschafter um ein Vielfaches übersteigt, spricht dies dafür, dass es sich um eine Publikumsgesellschaft handelt.

584 NK-BGB/*Heidel/Hanke*, § 705, Rn. 74; Prütting/Wegen/Weinreich-*Ditfurth*, § 705, Rn. 48.

585 Siehe hierzu bereits oben: 1. Kapitel, C), I., 6., c, aa).

Gerade bei einer Vielzahl von Gesellschaftern, die in keinerlei persönlichem Kontakt stehen, besteht das oben aufgezeigte Risiko, dass diese von einer missbräuchlich in die Wege geleiteten Veräußerung des Gesellschaftsvermögens durch einen einzelnen Gesellschafter gar nichts oder zumindest nicht rechtzeitig erfahren und sie damit die Rechtsschutzmöglichkeit des §§ 771 ZPO faktisch nicht gleich effektiv nutzen könnten, wie es zum Beispiel bei einer Gesellschaft mit zehn bis zwanzig Gesellschaftern der Fall wäre, die sich persönlich kennen und nicht lediglich Kapital zur Verfügung stellen, sondern darüber hinaus auch noch in anderer Art und Weise in die Gesellschaft involviert sind und eine missbräuchliche Veräußerung nicht von ihnen unbemerkt beziehungsweise zu spät bemerkt vonstattengehen würde.

dd) Zwischenergebnis

Bei der Auseinandersetzung des Gesellschaftsvermögens einer Publikums-GbR darf § 730 Abs. 2 S. 2 Halbsatz 2 BGB im Hinblick auf einen effektiven Interessenschutz der verschiedenen Gesellschafter im Rahmen der §§ 752 ff. BGB nicht teleologisch reduziert werden. Es bleibt damit bei der Publikums-GbR dabei, dass während der Auseinandersetzung auch bei einer Veräußerung von Gesellschaftsvermögen nach den §§ 752 ff. BGB im Zweifel alle Gesellschafter gemeinsam handlungsbefugt sind. Unbillige beziehungsweise unpraktische Ergebnisse hinsichtlich der Veräußerung lassen sich vermeiden, indem man an dieser Stelle § 146 Abs. 2 HGB analog auf die Publikums-GbR anwendet.[586]

IV. Zwischenergebnis

Als Zwischenergebnis bleibt damit festzuhalten, dass § 730 Abs. 2 S. 2 Halbsatz 2 BGB ausgehend von der Systematik des Gesetzes auch im Rahmen der §§ 752 ff. BGB Anwendung finden müsste. Auf Grund der vom *BGH* dargelegten Gründe und Argumente sollte diese Vorschrift im Rahmen der §§ 752 ff. BGB jedoch außer Betracht bleiben. Konstruieren lässt sich dieses aus praktischen Gründen vorteilhafte Ergebnis über eine

586 Zur Möglichkeit der analogen Anwendung des § 146 Abs. 2 HGB auf eine Publikums-GbR siehe: *BGH* v. 05.07.2011, NJW 2011, 3087 (3089).

teleologische Reduktion des § 730 Abs. 2 S. 2 Halbsatz 2 BGB im Rahmen der §§ 752 ff. BGB. Ein einzelner Gesellschafter kann im Rahmen einer Veräußerung nach den §§ 752 ff. BGB daher alleine die Veräußerung einer zum Gesellschaftsvermögen gehörenden Sache in die Wege leiten, soweit es um die Teilungsversteigerung eines Grundstücks geht oder die Veräußerung einer beweglichen Sache nach den §§ 753 Abs. 1 S. 1 1. Alt., 1233 Abs. 1 BGB im Wege der öffentlichen Versteigerung. Etwas anderes gilt aber, soweit es um die Auseinandersetzung einer Publikums-GbR geht. Bei der Auseinandersetzung des Gesellschaftsvermögens einer Publikums-GbR muss man die teleologische Reduktion des § 730 Abs. 2 S. 2 Halbsatz 2 BGB im Rahmen der §§ 752 ff. BGB verneinen. Insoweit bleibt es bei dem in § 730 Abs. 2 S. 2 Halbsatz 2 BGB aufgestellten Grundsatz, dass alle Gesellschafter sich über die Veräußerung einig sein müssen. Unpraktische Ergebnisse lassen sich insoweit durch eine analoge Anwendung des § 146 Abs. 2 HGB vermeiden.[587]

E) Ergebnis

Diese Arbeit folgt der Ansicht, welche im Rahmen der Teilungsversteigerung eines Grundstücks zwecks Auseinandersetzung einer GbR die alleinige Antragsbefugnis eines einzelnen Gesellschafters bejaht.

Gleichermaßen muss eine alleinige Handlungsbefugnis auch im Falle der Veräußerung beweglicher Sachen nach den §§ 731 S. 2, 753 Abs. 1 S. 1 1. Alt., 1233 Abs. 1 BGB im Wege der öffentlichen Versteigerung bejaht werden, so dass ein einzelner Gesellschafter allein befugt ist, im Namen der Gesellschaft den gemäß § 1 Abs. 1 S. 1 VerstV für die Vornahme der Versteigerung erforderlichen Vertrag mit der Versteigerungsperson zu schließen.

Die Zulässigkeit einer alleinigen Handlungsbefugnis im Rahmen der §§ 752 ff. BGB dürfte somit im Regelfall zu einer schnelleren und damit praktischeren sowie kostengünstigeren Auseinandersetzung des Gesellschaftsvermögens mit Hilfe dieser Vorschriften führen. Darin liegt mithin der entscheidende Unterschied beziehungsweise der aus praktischer Sicht

587 Zur Möglichkeit der analogen Anwendung des § 146 Abs. 2 HGB auf eine Publikums-GbR siehe: *BGH* v. 05.07.2011, NJW 2011, 3087 (3089).

wichtige Vorteil im Vergleich zu *Beckers* Vorschlag, der die Anwendbarkeit der §§ 731 S. 2, 752 ff. BGB auf die heutige rechtsfähige GbR ablehnt[588] und stattdessen die vorherige Erteilung der Zustimmung aller Gesellschafter zu der Veräußerung fordert beziehungsweise bei Verweigerung der Zustimmung eine entsprechende auf die Erteilung der Zustimmung zu der Veräußerung gerichtete Klage.[589] *Becker* zieht hingegen nicht in Erwägung, dass es aus praktischer Sicht von Vorteil sein könnte, die §§ 731 S. 2, 752 ff. BGB auch heute noch während der Auseinandersetzungsphase auf die GbR anzuwenden. Vielmehr stellt er im Gegenteil sogar noch darauf ab, dass es, selbst wenn man heutzutage noch an der Teilungsversteigerung als Instrument zur Auseinandersetzung einer rechtsfähigen GbR festhalten wolle, bei Streitigkeiten über die Auflösung der Gesellschaft einer gesonderten Feststellungsklage bedürfe, bevor die Teilungsversteigerung angeordnet werden könne[590], was jedoch, wie oben gesehen, unzutreffend ist.[591]

Darüber hinaus bestünde bei einer etwaigen Nichtanwendung der §§ 731 S. 2, 752 ff. BGB auf die rechtsfähige GbR auch nicht die Möglichkeit einer freihändigen Veräußerung des Gesellschaftsvermögens durch einen einzelnen Gesellschafter, welche womöglich vorteilhafter wäre als die (Teilungs-) Versteigerung, insbesondere, weil dadurch voraussichtlich ein höherer Erlös erzielt werden könnte und zudem keine Versteigerungskosten entstünden.

Eine freihändige Veräußerung muss nämlich zum einen von den Gesellschaftern vereinbart werden, weil die dispositiven §§ 730 ff. BGB eine freihändige Veräußerung nicht vorsehen Diese Arbeit beschäftigt sich jedoch mit der Frage, wie die Veräußerung von Gesetzes wegen abläuft, wenn keinerlei entsprechende Vereinbarungen unter den Gesellschaftern getroffen wurden und sie sich in der Auseinandersetzungsphase nicht einig werden. Zum anderen könnte, selbst wenn die Gesellschafter eine freihändige Veräußerung des Gesellschaftsvermögens vereinbart haben, jedenfalls ein *einzelner* Gesellschafter diese nicht vornehmen, denn insoweit stünde noch die Regelung des § 730 Abs. 2 S. 2 Halbsatz 2 BGB entgegen, nach welcher

588 *Becker*, ZfIR 2013. 314 (317 f.).
589 *Becker*, ZfIR 2013, 314 (318 f.).
590 *Becker*, ZfIR 2013, 314 (319).
591 Siehe hierzu bereits oben: 3. Kapitel, D), I.

in der Auseinandersetzungsphase alle Gesellschafter gemeinsam geschäftsführungs- und vertretungsbefugt sind.[592] Soll ein einzelner Gesellschafter eine vereinbarte freihändige Veräußerung des Gesellschaftsvermögens alleine vornehmen können, muss zusätzlich auch eine Abweichung von der Regelung des § 730 Abs. 2 S. 2 Halbsatz 2 BGB vereinbart werden. Liegt eine solche abweichende Vereinbarung hingegen nicht vor und sollten sich einzelne Gesellschafter einer etwaigen vereinbarten freihändigen Veräußerung verweigern, bestünde wegen § 730 Abs. 2 S. 2 Halbsatz 2 BGB ein weiteres Hindernis für die Auseinandersetzung, welches erst beseitigt werden müsste (ebenso wie bei dem Vorschlag von *Becker*).

Der Weg über die §§ 731 S. 2, 752 ff. BGB ist demnach derjenige, welcher bei Fehlen sämtlicher Vereinbarungen der Gesellschafter untereinander die Auseinandersetzung am praktikabelsten gestaltet, weil sich auf ihm bei Uneinigkeit der Gesellschafter über die Veräußerung des Gesellschaftsvermögens die wenigsten Hindernisse finden, welche die Auseinandersetzung erschweren.

Nach alledem lässt sich damit ein praktisches Bedürfnis für eine Anwendung der §§ 731 S. 2, 752 ff. BGB auf die heutige rechtsfähige GbR bejahen. Dieses praktische Bedürfnis nach einer Anwendung der besagten Vorschriften ist damit ein weiteres Argument für deren Anwendung im Rahmen der Auseinandersetzung des Gesellschaftsvermögens einer rechtsfähigen GbR.

Damit bleibt insgesamt festzuhalten, dass die historische Auslegung der §§ 731 S. 2, 752 ff. BGB, mit welcher *Becker* argumentiert, zwar gegen deren Anwendbarkeit auf die rechtsfähige GbR spricht. Diese lässt sich zudem nicht, wie der *BGH* es vornimmt, mit dem Schweigen des heutigen Gesetzgebers infolge des *BGH*-Urteils zur Anerkennung der Rechtsfähigkeit der GbR begründen.

Für eine Anwendung sprechen hingegen das Wortlautargument des *BGH* sowie die von ihm vorgetragene Tatsache, dass sich die Rechtsfähigkeit der GbR im Innenverhältnis der Gesellschafter untereinander in Bezug auf diese Frage in der Tat nicht auswirkt. Außerdem besteht, wie soeben gesehen, ein praktisches Bedürfnis dafür, diese Vorschriften auch heute (auf die rechtsfähige GbR) anzuwenden.

---

592 Siehe hierzu bereits oben: 1. Kapitel, B), I., 2. sowie C), I., 6., b).

5. Kapitel: Der einzelne GbR-Gesellschafter als tauglicher Antragsteller im Sinne von § 181 Abs. 2 S. 1 ZVG

A) Problemaufriss

Bei der Veräußerung eines Grundstücks im Wege der Teilungsversteigerung nach den §§ 731 S. 2, 753 Abs. 1 S. 1 2. Alt. BGB, 180 ff. ZVG existiert, wie oben bereits angedeutet[593], noch ein weiteres Problem, welches der Teilungsversteigerung entgegenstehen könnte. Namentlich handelt es sich um ein verfahrensrechtliches Hindernis, das die Anordnung einer Teilungsversteigerung zwecks Auseinandersetzung des Gesellschaftsvermögens einer GbR möglicherweise verhindert. Der Wortlaut des § 181 Abs. 2 S. 1 ZVG könnte der Anordnung der Teilungsversteigerung im Fall einer GbR nämlich entgegenstehen.

§ 181 Abs. 2 S. 1 ZVG besagt, dass die Zwangsversteigerung eines Grundstücks nur angeordnet werden darf, wenn der Antragsteller als Eigentümer im Grundbuch eingetragen ist.

§ 47 Abs. 2 der GBO lautet: „Soll ein Recht für eine Gesellschaft bürgerlichen Rechts eingetragen werden, so sind auch deren Gesellschafter im Grundbuch einzutragen. Die für den Berechtigten geltenden Vorschriften gelten entsprechend für die Gesellschafter".

Für die Eintragung einer BGB-Gesellschaft als Eigentümerin eines Grundstücks in das Grundbuch müssen also *auch* deren Gesellschafter eingetragen werden.[594] Die Eintragung der Gesellschafter ist gesetzlich zwingend vorgeschrieben. Die Eintragungspflicht erstreckt sich zudem auf *alle* Gesellschafter, das heißt selbst bei Publikumsgesellschaften mit hunderten oder gar tausenden Gesellschaftern sind diese vollständig in das Grundbuch einzutragen.[595] Die Eintragung lediglich der vertretungsberechtigten Gesellschafter genügt insoweit nicht.[596]

---

593 Siehe hierzu bereits oben: 4. Kapitel, B).
594 *Demharter*, GBO, § 47, Rn. 28.
595 *Demharter*, GBO, § 47, Rn. 29; Hügel-*Reetz*, GBO, § 47, Rn. 94.
596 Hügel-*Reetz*, GBO, § 47, Rn. 94; Lautner, DNotZ 2009, 650 (654).

Diese Eintragung stellt allerdings keine Eintragung mehrerer Berechtigter im eigentlichen Sinne dar, denn der Rechtsträger des Grundstücks ist heute aufgrund ihrer Rechtsfähigkeit, wie bereits oben gezeigt[597], allein die rechtsfähige BGB-Gesellschaft selbst.[598] Die (Mit-) Eintragung der Gesellschafter in das Grundbuch führt nicht dazu, dass sie eine Berechtigung oder Mitberechtigung an dem eingetragenen Recht erwerben.[599]

Die Neuregelung des eingeführten § 47 Abs. 2 GBO gilt, sofern die Eintragung bisher allein die Gesellschafter ausweist, auch für Altfälle (also für Eintragungen vor Erlass der Vorschrift), Art. 229 § 21 EGBGB.[600] Dass vor Anerkennung der Rechtsfähigkeit die Gesellschafter als dinglich Berechtigte eingetragen wurden, spielt insoweit keine Rolle.[601] Auch dadurch wird die GbR als Rechtsträgerin ausgewiesen.[602] Insoweit ist eine Berichtigung des Eigentümers erforderlich.[603] Das bedeutet, auch in Bezug auf Altfälle ist lediglich die GbR selbst alleinige Eigentümerin des Grundstücks und nicht, obwohl sie eingetragen sind, die Gesellschafter.[604]

Im Fall der Eintragung einer GbR in das Grundbuch sind also trotz § 47 Abs. 2 GBO nicht die Gesellschafter, sondern ist die Gesellschaft selbst als Eigentümerin eingetragen.[605] Die Eintragung der Gesellschafter erfolgt lediglich, um die Gesellschaft identifizieren zu können.[606]

Damit fehlt es mangels Eintragung des jeweiligen den Antrag stellenden Gesellschafters als Eigentümer im Grundbuch offenbar an einer gesetzlich vorgeschriebenen Anordnungsvoraussetzung des § 181 Abs. 2 S. 1 ZVG.[607] Zu klären ist daher, wie man dieses Problem lösen kann.

---

597 Siehe hierzu bereits oben: 2. Kapitel, C), III.

598 *BGH* v. 04.12.2008, NJW 2009, 594 (596); *Demharter*, GBO, § 47, Rn. 28.

599 Hügel-*Reetz*, GBO, § 47, Rn. 93.

600 *Demharter*, GBO, § 47, Rn. 34.

601 *Demharter*, GBO, § 47, Rn. 34.

602 *Demharter*, GBO, § 47, Rn. 34.

603 Bauer/Oefele-*Wegmann*, GBO, § 47, Rn. 212.

604 *BGH* v. 25.09.2006, NJW 2006, 3716 (3716); *Becker*, ZfIR 2013, 738 (739); *Schneider*, ZMR 2013, 907 (908).

605 *BGH* v. 04.12.2008, NJW 2009, 594 (596); *Becker*, ZfIR 2013, 314 (319); *Schneider*, ZMR 2013, 907 (907 f.).

606 *Schneider*, ZMR 2013, 907 (908).

607 *Becker*, ZfIR 2013, 314 (319) sowie ZfIR 2013, 738 (739); *Schneider*, ZMR 2013, 907 ff.

B) Lösungsvorschläge

I. Das Wortlautargument des *BGH*

Der *BGH* argumentiert insoweit mit dem Wortlaut der maßgebenden Vorschriften. Er beruft sich auf § 731 S. 2 BGB, welcher auf die Auseinandersetzungsvorschriften über die Gemeinschaft, also die §§ 752 ff. BGB, verweist. Letztere sehen ihrerseits in § 753 Abs. 1 S. 1 Halbsatz 2 BGB bei Grundstücken die Zwangsversteigerung vor und verweisen damit auch auf die §§ 180 ff. ZVG, welche zur Aufhebung einer Gemeinschaft die Teilungsversteigerung vorsehen.[608] Der *BGH* stellt sodann darauf ab, dass auch der einzelne Teilhaber einer Gemeinschaft zur Einleitung des Teilungsversteigerungsverfahrens keines Titels gegen die übrigen Teilhaber der Gemeinschaft bedarf und ohne weiteres die Teilungsversteigerung beantragen kann.[609] Erforderlich sei lediglich, dass der jeweilige Teilhaber als Mitberechtigter im Grundbuch eingetragen ist, § 181 Abs. 2 S. 1 ZVG.[610] Nach der Auffassung des *BGH entspricht* der Eintragung im Grundbuch als Mitberechtigter bei der GbR die Eintragung als Gesellschafter nach Maßgabe von § 47 Abs. 2 GBO.[611]

II. Kritik an dem Argument des *BGH*

1. Die Ansicht von *Becker* und *Schneider*

Teilweise wird der *BGH* für seine Entscheidung aus Reihen der Literatur kritisiert.[612] Die zusätzliche Eintragung sämtlicher Gesellschafter führe gerade nicht dazu, dass die Gesellschafter zu (Mit-)Eigentümern an dem Grundstück werden.[613] Vielmehr dient sie lediglich der Identifizierung der

---

608 Siehe hierzu bereits oben: 1. Kapitel, E), III., 2., b).

609 *BGH* v. 23.02.1984, BGHZ 90, 207 (216); siehe hierzu auch bereits oben: 1. Kapitel, E), III.

610 *BGH* v. 16.05.2013, NZG 2013, 1338 (1339).

611 *BGH* v. 16.05.2013, NZG 2013, 1338 (1339); zustimmend: *Ruhwinkel*, MittBayNot 2014, 277 (277).

612 *Becker*, ZfIR 2013, 738 (739); *Schneider*, ZMR 2013, 907 (907 f.).

613 *Becker*, ZfIR 2013, 738 (738 f.); *Schneider*, ZMR 2013, 907 (907 f.).

Gesellschaft, welche als Eigentümerin eingetragen ist.[614] Alleinige Eigentümerin des Grundstücks ist und bleibe trotz Eintragung der Gesellschafter einzig die GbR selbst.[615]

Diese Kritik von *Becker* und *Schneider* ist insoweit zutreffend, als dass einzelne Mitgesellschafter durch die Eintragung in das Grundbuch nicht zu Miteigentümern an dem Grundstück der Gesellschaft werden.[616] Wie soeben gesehen, führt die gemäß § 47 Abs. 2 GBO erforderliche Eintragung der Gesellschafter in das Grundbuch nicht zu einem (Mit-) Eigentumserwerb der eingetragenen Gesellschafter. Wie oben dargestellt, findet zudem in der Auseinandersetzungsphase kein Wechsel der Rechtsträgerschaft am Gesellschaftsvermögen statt[617], so dass die Gesellschafter im Ergebnis grundsätzlich nicht als Mitberechtigte im Sinne von § 181 Abs. 2 S. 1 ZVG im Grundbuch eingetragen sind.[618]

2. Die Ansicht von *Hintzen*

Zwar nicht in Bezug auf die konkrete Entscheidung des *BGH*, sondern vielmehr die Anordnung der Teilungsversteigerung zum Zwecke der Auseinandersetzung einer rechtsfähigen GbR an einem Grundstück grundsätzlich ablehnend, äußert sich aus Reihen der Literatur in diesem Punkt auch *Hintzen*. Er hält die Teilungsversteigerung zum Zwecke der Auseinandersetzung einer rechtsfähigen GbR grundsätzlich für ausgeschlossen[619]; dies deshalb, weil eine für die Teilungsversteigerung notwendige Gemeinschaft nicht im Grundbuch als Eigentümer eingetragen sei, sondern die Gesellschaft selbst.[620] *Hintzen* stützt seine Kritik mithin wie *Becker* und *Schneider* ebenfalls darauf, dass Eigentümerin des Grundstücks heute die GbR selbst ist und nicht mehr die Gesellschafter.

---

614 *Becker*, ZfIR 2013, 738 (739); *Schneider*, ZMR 2013, 907 (908); BT-Drucks. 16/13437, S. 24.
615 *Becker*, ZfIR 2013, 738 (739); *Schneider*, ZMR 2013, 907 (908).
616 *Becker*, ZfIR 2013, 738 (739); *Schneider*, ZMR 2013, 907 (907 f.).
617 Siehe hierzu bereits oben: 1. Kapitel, B), I., 2.
618 *Becker*, ZfIR 2013, 738 (739); *Schneider*, ZMR 2013, 907 (907 f.).
619 Dassler/Schiffhauer-*Hintzen*, ZVG, § 180, Rn. 27.
620 Dassler/Schiffhauer-*Hintzen*, ZVG, § 180, Rn. 27.

III. Interpretation der *BGH*-Aussage

Wie oben bereits gezeigt wurde, geht der *BGH* allerdings auch überhaupt nicht davon aus, dass die Gesellschafter in der Auseinandersetzugsphase die (Mit-) Eigentümer des Grundstücks sind, sondern er stellt ausdrücklich klar, dass die Gesellschaft selbst heute der (alleinige) Rechtsträger des Gesellschaftsvermögens ist und das Grundstück heute gerade nicht im gemeinschaftlichen Eigentum der Gesellschafter stehe.[621] Damit ist der eben geäußerten Kritik, soweit sie darauf abzielt, dass der *BGH* womöglich von einer Eigentümerstellung auch der Gesellschafter ausgehe[622], der Boden entzogen.

Noch nicht beseitigt ist allerdings das Problem, dass die Gesellschafter nicht, wie die Vorschrift des § 180 Abs. 2 S. 1 ZVG es erfordert, als Mitberechtigte im Grundbuch eingetragen sind.

Man sollte deshalb darüber nachdenken, wie die Formulierung des *BGH* alternativ zu verstehen sein könnte. Der *BGH* erkennt eindeutig das Problem, dass der Antragsteller gemäß § 181 Abs. 2 S. 1 ZVG als „Mitberechtigter" im Grundbuch eingetragen sein muss.[623] Er sagt sodann jedoch mit keinem Wort, dass die eingetragenen Gesellschafter durch die gemäß § 47 Abs. 2 GBO erforderliche Eintragung in das Grundbuch zu Mitberechtigten an dem Grundstück im Sinne von § 181 Abs. 2 S. 1 ZVG geworden seien. Der *BGH* geht lediglich davon aus, dass die Eintragung als Gesellschafter in das Grundbuch „dem *entspricht*". Fraglich ist wie das gemeint sein könnte.

Der entscheidende *BGH*-Senat geht also definitiv nicht davon aus, dass nun die Gesellschafter (Mit-) Eigentümer des Gesellschaftsgrundstücks geworden sind. Vielmehr will er den Fall der Eintragung der Gesellschafter in das Grundbuch gemäß § 47 Abs. 2 GBO offenbar der Eintragung von Mitberechtigten im Sinne von § 180 Abs. 2 S. 1 ZVG *gleichsetzen*.

Zu prüfen ist, ob sich ein einzelner Gesellschafter einer rechtsfähigen GbR bei möglichst weiter Auslegung der Vorschrift noch unter den

621 *BGH* v. 16.05.2013, NZG 2013, 1338 (1338 sowie 1340).
622 *Becker*, ZfIR 2013, 738 (739); *Schneider*, ZMR 2013, 907 (907 f.).
623 *BGH* v. 16.05.2013, NZG 2013, 1338 (1339).

Wortlaut des § 180 Abs. 2 S. 1 ZVG subsumieren lässt und damit tauglicher Antragsteller sein kann.

Klar ist jedenfalls, dass die in das Grundbuch eingetragenen Gesellschafter keine Mitberechtigten im eigentlichen Sinne dieser Vorschrift sind.

1. gesetzlich vorgesehene Antragsbefugte

Das Gesetz selbst sieht in bestimmten Fällen von dem Erfordernis der Eintragung des Antragstellers als (Mit-) Eigentümer im Grundbuch ab. Gemäß § 181 Abs. 2 S. 1 ZVG kann zum Beispiel unter anderem der Erbe eines eingetragenen Eigentümers den Antrag auf Teilungsversteigerung stellen. Zudem ist die Antragstellung nach dieser Vorschrift zulässig, wenn der Antragsteller das Recht des Eigentümers oder des Erben auf Aufhebung der Gemeinschaft ausübt. § 181 Abs. 2 S. 1 ZVG betrifft beispielsweise den Pfändungsgläubiger, aber auch den Insolvenzverwalter über das Vermögen eines Miteigentümers, den Testamentsvollstrecker oder den Erbschaftskäufer.[624] Es ist also nach der gesetzlichen Regelung nicht zwingend erforderlich, dass der Antragsteller selbst als Eigentümer im Grundbuch eingetragen ist. Es gibt bestimmte gesetzlich normierte Ausnahmen.

2. Subsumtion unter § 181 Abs. 2 S. 1 ZVG

Den vorliegenden Fall der Eintragung eines Gesellschafters könnte man allenfalls unter den in § 181 Abs. 2 S. 1 ZVG genannten Fall, dass der Antragsteller das Recht des Eigentümers auf Aufhebung der Gemeinschaft ausübt, zu subsumieren versuchen. Übertragen auf die GbR hieße das, der den Antrag stellende Gesellschafter würde dann ein etwaiges Recht der Gesellschaft (Eigentümerin des Grundstücks) auf Aufhebung ausüben.

Diese Möglichkeit scheitert jedoch relativ evident. Denn die GbR (als Eigentümerin des Grundstücks) hat zum einen kein Recht, sich selbst aufzuheben, welches der Antragsteller (der einzelne Gesellschafter) geltend machen könnte. Vielmehr wird sie aus einem der im ersten Kapitel dargestellten Auflösungsgründe[625] aufgelöst. Danach erfolgt die Auflösung hauptsächlich durch Zeitablauf, Zweckerreichung oder Kündigung. Zwar

---

624 Dassler/Schiffhauer-*Hintzen*, § 181, Rn. 49.

625 Siehe hierzu bereits oben: 1. Kapitel, B), I., 1.

kann die Gesellschaft auch einvernehmlich durch einen Auflösungsvertrag aufgelöst werden, jedoch stellt auch dies eine Auflösung durch die Gesellschafter dar und entspricht nicht einem Recht auf Selbstauflösung, welches der Gesellschaft selbst zusteht.

Zum anderen setzt sich die BGB-Gesellschaft nach ihrer Auflösung zunächst mit geändertem Zweck fort[626] und wird von Gesetzes wegen von den Gesellschaftern als Liquidatoren auseinandergesetzt. Während der Auseinandersetzung sind zwar auch Ansprüche der Gesellschaft selbst gegen die Gesellschafter denkbar wie zum Beispiel der kraft Gesetzes aus § 735 BGB resultierende Anspruch auf Nachschuss, der als Sozialanspruch der Gesellschaft zusteht.[627] Darüber hinaus besteht jedoch kein „Recht der Gesellschaft" auf Auseinandersetzung gegenüber ihren Liquidatoren und damit im Fall der Auseinandersetzung einer GbR auch kein „Recht des Eigentümers" auf Aufhebung beziehungsweise auf Auseinandersetzung im Sinne von § 181 Abs. 2 S. 1 ZVG.

Vielmehr bestehen gerade umgekehrt Pflichten der Liquidatoren untereinander, die Gesellschaft auseinanderzusetzen beziehungsweise an der Auseinandersetzung mitzuwirken.[628] Jeder Gesellschafter hat einen Anspruch auf Vornahme der Auseinandersetzung.[629] Der den Antrag auf Anordnung der Teilungsversteigerung stellende einzelne Gesellschafter macht damit eindeutig kein „Recht des Eigentümers" beziehungsweise der Eigentümerin (der Gesellschaft selbst) geltend, so dass keiner der weiteren in § 181 Abs. 2 S. 1 ZVG genannten Fälle greift.

3. Analoge Anwendung des § 181 Abs. 2 S. 1 ZVG auf die rechtsfähige GbR

Als eine weitere Möglichkeit könnte man an dieser Stelle eine analoge Anwendung von § 181 Abs. 2 S. 1 ZVG auf die gemäß § 47 Abs. 2 GBO in das Grundbuch eingetragenen Gesellschafter einer GbR in Betracht ziehen.

---

626 Siehe hierzu bereits oben: 1. Kapitel, B), I., 2.

627 Erman-*H.P. Westermann*, § 735, Rn. 1; Nk-BGB/*Heidel/Hanke*, § 735, Rn. 4; Palandt-*Sprau*, § 735, Rn. 1; Soergel-*Hadding/Kießling*, § 735, Rn. 1.

628 Bamberger/Roth-*Schöne*, § 730, Rn. 18; Nk-BGB-*Heidel/Hanke*, § 730, Rn. 12; Palandt-*Sprau*, § 730, Rn. 4.

629 Palandt-*Sprau*, § 730, Rn. 2.

a) Planwidrige Regelungslücke

Dazu bedürfte es als erste Voraussetzung einer Analogie einer planwidrigen Regelungslücke.[630]

aa) Regelungslücke

Die Vorschrift des § 181 Abs. 2 S. 1 ZVG existierte bereits, bevor § 47 Abs. 2 in die GBO eingefügt wurde.[631] Früher, also vor der Anerkennung der Rechts- und Grundbuchfähigkeit der GbR, wurden (nur) die Gesellschafter der GbR selbst als Eigentümer in das Grundbuch eingetragen. Sie waren in ihrer gesamthänderischen Verbundenheit die Eigentümer des Gesellschaftsvermögens und damit auch des Grundstücks, so dass bei früherer direkter Anwendbarkeit der §§ 731 S. 2, 753 Abs. 1 S. 1 2. Alt. BGB auch die Vorschrift des § 181 Abs. 2 S. 1 ZVG direkt zur Anwendung kommen konnte, denn der jeweilige Antragsteller war in diesem Fall immerhin als Eigentümer beziehungsweise als Mitberechtigter an dem Grundstück im Grundbuch eingetragen.

Heute ist, wie oben gezeigt[632], die GbR selbst die Eigentümerin des Gesellschaftsgrundstücks und die Gesellschafter werden gemäß § 47 Abs. 2 GBO neben der Gesellschaft (auch) in das Grundbuch eingetragen. Sie werden dadurch aber wie gesagt nicht zu (Mit-) Eigentümern oder Mitberechtigten an dem Grundstück, so dass § 181 Abs. 2 S. 1 ZVG seinem Wortlaut nach, wie soeben gesehen, nicht weiterhilft. Eine Regelungslücke somit entstanden.

bb) Planwidrigkeit

Fraglich ist, ob diese Regelungslücke auch planwidrig ist. Der Gesetzgeber hat auf die Urteile des *BGH* zur Grundbuchfähigkeit der GbR[633] reagiert,

---

630 *Musielak*, Grundkurs BGB, § 10, Rn. 1276 ff.

631 Eingefügt zum 01.10.2009 durch das „Gesetz zur Einführung des elektronischen Rechtsverkehrs und der elektronischen Akte im Grundbuchverfahren sowie zur Änderung weiterer grundbuch-, register- und kostenrechtlicher Vorschriften" (ERVGBG, BGBl. 2009 I, 2713).

632 Siehe hierzu bereits oben: 2. Kapitel, C), III.

633 *BGH* v. 25.09.2006, NJW 2006, 3716; *BGH* v. 04.12.2008, NJW 2009, 594.

indem er § 47 Abs. 2 in die GBO einfügte und § 899a in das BGB.[634] Den § 181 Abs. 2 S. 1 ZVG hat er in diesem Zusammenhang nicht angepasst. Dies könnte dafür sprechen, dass der Antrag auf Teilungsversteigerung des Grundstücks lediglich in den in der Vorschrift genannten Fällen möglich sein soll.

Im Gegenzug sollte man bedenken, dass der Gesetzgeber das durch die Anerkennung der Rechtsfähigkeit entstandene Problem, ob die §§ 731 S. 2, 752 ff. BGB heute überhaupt noch auf die GbR angewendet werden dürfen, offensichtlich nicht gesehen hat. Somit konnte er in diesem Zusammenhang auch nicht erkennen, dass sich die Rechtsfähigkeit der GbR gleichfalls auf die Vorschrift des § 181 Abs. 2 S. 1 ZVG ausgewirkt hat. Bei einer Rechtsträgerschaft der Gesellschafter in ihrer gesamthänderischen Verbundenheit an dem Grundstück war der einzelne den Antrag auf Teilungsversteigerung des Gesellschaftsgrundstücks stellende Gesellschafter nach dem Wortlaut von § 181 Abs. 2 S. 1 ZVG ein tauglicher Antragsteller, weil er als Eigentümer im Grundbuch eingetragen war. Heute ist dies aufgrund der Tatsache, dass nunmehr die Gesellschaft selbst die Eigentümerin des Grundstücks ist, wie gesehen anders. Es ist deshalb anzunehmen, dass der Gesetzgeber die Vorschrift angepasst hätte, hätte er das Problem gesehen. Mithin ist die Planwidrigkeit zu bejahen.

cc) Zwischenergebnis

Eine planwidrige Regelungslücke liegt vor.

b) Vergleichbare Interessenlage

Zudem müsste eine vergleichbare Interessenlage zwischen der früheren nicht rechtsfähigen GbR und der heutigen rechtsfähigen GbR bestehen. Insoweit kann auf die obigen Ausführungen des *BGH* verwiesen werden, anhand derer bereits dargelegt wurde, dass sich die Rechtsfähigkeit der GbR auf das hier, für Fragen der Veräußerung des Gesellschaftsvermögens, lediglich betroffene Innenverhältnis der Gesellschafter untereinander

634 Eingefügt zum 01.10.2009 durch das „Gesetz zur Einführung des elektronischen Rechtsverkehrs und der elektronischen Akte im Grundbuchverfahren sowie zur Änderung weiterer grundbuch-, register- und kostenrechtlicher Vorschriften“ (ERVGBG, BGBl. 2009 I, 2713).

in der Tat nicht ausgewirkt hat.[635] Insofern besteht in diesem Punkt also eine vergleichbare Interessenlage.

c) Zwischenergebnis

Mit dem Vorliegen einer planwidrigen Regelungslücke sowie einer vergleichbaren Interessenlage sind die Voraussetzungen für eine analoge Anwendung des § 180 Abs. 2 S. 1 ZVG auf die rechtsfähige GbR gegeben.

IV. Ergebnis

§ 181 Abs. 2 S. 1 ZVG steht seinem Wortlaut nach der Anordnung einer Teilungsversteigerung eines zum Gesellschaftsvermögen zugehörigen Grundstücks im Fall der Antragstellung durch einen einzelnen GbR-Gesellschafter heute zwar entgegen. Die Vorschrift muss nunmehr analog angewendet werden. Ein verfahrensrechtliches Hindernis, das die Einleitung eines Teilungsversteigerungsverfahrens zur Veräußerung eines zum Gesellschaftsvermögen gehörenden Grundstücks einer rechtsfähigen GbR verhindern könnte, besteht damit entgegen anders lautenden Stimmen[636] nicht.

---

635 Siehe hierzu bereits oben: 2. Kapitel, F), II., 2., a).

636 *Becker*, ZfIR 2013, 314 (319 f.) sowie ZfIR 2013, 738 (739); Dassler/Schiffhauer-*Hintzen*, § 180, Rn. 27; *Schneider*, ZMR 2013, 907 (907 f.).

Schluss

Der nun folgende Schlussteil fasst die wesentlichen Aussagen und Ergebnisse dieser Arbeit zusammen.

A) Zusammenfassung

1. Der Wortlaut der §§ 731 S. 2, 752 ff. BGB spricht, wie der *BGH* zu Recht annimmt, für eine Anwendung dieser Vorschriften auf die heutige rechtsfähige GbR, denn die besagten Normen stehen nach wie vor im Gesetz.
2. *Beckers* Argument, dass der Verweis in § 731 S. 2 BGB auf das Gemeinschaftsrecht, also die §§ 752 ff. BGB, vom historischen BGB-Gesetzgeber deshalb vorgesehen wurde, weil das Gesellschaftsvermögen nicht der Gesellschaft selbst, sondern den Gesellschaftern in ihrer gesamthänderischen Verbundenheit zugeordnet wurde, ist insoweit zutreffend und spricht damit gegen eine Anwendung der §§ 731 S. 2, 752 ff. BGB auf die heutige rechtsfähige GbR.
3. Eine Anwendung der §§ 731 S. 2, 752 ff. BGB auf die heutige rechtsfähige GbR lässt sich nicht, wie der *BGH* es vornimmt, mit dem Schweigen des heutigen Gesetzgebers auf das Urteil zur Anerkennung der Rechtsfähigkeit der GbR begründen.
4. Der *BGH* stellt zu Recht darauf ab, dass sich auf das Innenverhältnis der Gesellschafter untereinander hinsichtlich der Veräußerung des Gesellschaftsvermögens zum Zwecke der Auseinandersetzung der Gesellschaft die Rechtsfähigkeit der GbR nicht auswirke („nach Begleichung der Verbindlichkeiten gegenüber Dritten"; so die etwas einschränkende Formulierung des *BGH*). Dieses Argument spricht daher neben dem Wortlautargument ebenfalls für eine Anwendung der §§ 731 S. 2, 752 ff. BGB auf die heutige rechtsfähige GbR.
5. Das zu These Nummer 4 Gesagte gilt gleichfalls, wenn die Veräußerung des Gesellschaftsvermögens erfolgen muss, um Schulden zu berichtigen (§ 733 Abs. 1 BGB) oder um Einlagen zurückzuerstatten (§ 733 Abs. 2 BGB). Schließlich sind auch insoweit hinsichtlich der Frage der Veräußerung des Vermögens lediglich die Gesellschafter

untereinander betroffen, so dass sich die Rechtsfähigkeit der GbR an dieser Stelle ebenfalls nicht auswirkt.

6. Wendet man die §§ 731 S. 2, 752 ff. BGB nicht auf die heutige rechtsfähige GbR an, kann es während der Auseinandersetzung des Gesellschaftsvermögens zu praktisch unbefriedigenden Ergebnissen kommen, insbesondere zu womöglich unnötigen zeit- und kostenintensiven Gerichtsverfahren, was vor allem bei Alltags- und Gelegenheitsgesellschaften unsachgemäß wäre.
7. Die §§ 145 ff. HGB sowie die §§ 264 ff. AktG beziehungsweise die §§ 60 ff. GmbHG können nicht analog auf die rechtsfähige GbR angewendet werden.
8. Im Rahmen der §§ 752 ff. BGB besteht, entgegen der Regelung des § 730 Abs. 2 S. 2 Halbsatz 2 BGB, eine alleinige Handlungsbefugnis des einzelnen Gesellschafters. Die Interessen und Rechtsschutzmöglichkeiten der übrigen Gesellschafter sind hierbei hinreichend berücksichtigt. Dies gilt für die Veräußerung unbeweglicher wie beweglicher Vermögensgegenstände gleichermaßen.
9. Das zu These Nummer 8 Gesagte führt dazu, dass man bei einer Anwendung der §§ 731 S. 2, 752 ff. BGB auf die heutige rechtsfähige GbR während der Auseinandersetzung zu praktischeren Ergebnissen kommen würde, als es ohne diese Vorschriften der Fall wäre. Darin zeigt sich das praktische Bedürfnis nach einer Anwendung dieser Normen, was ein weiteres Argument für deren Anwendung auf die heutige rechtsfähige GbR darstellt.
10. Bezogen auf die Teilungsversteigerung besteht kein Verfahrenshindernis aufgrund des insoweit entgegenstehenden Wortlautes von § 181 Abs. 2 S. 1 ZVG. Zwar sind die einzelnen Gesellschafter heutzutage in der Tat nicht als Mitberechtigte im Grundbuch eingetragen wie § 181 Abs. 2 S. 1 ZVG es erfordert. Konsequenterweise muss man diese Vorschrift nach der Anerkennung der Rechtsfähigkeit der GbR und nach der Einfügung von § 47 Abs. 2 GBO heute aber analog anwenden.

B) Gesamtergebnis

Die Ausführungen des *BGH* sind im Ergebnis zutreffend. Die §§ 731 S. 2, 752 ff. BGB können heute mithin nach wie vor im Rahmen der

Auseinandersetzung des Gesellschaftsvermögens einer rechtsfähigen GbR angewendet werden.

Das bedeutet, dass das Gesellschaftsvermögen einer rechtsfähigen GbR, soweit es sich um ein Grundstück handelt, gemäß den §§ 731 S. 2, 753 Abs. 1 S. 1 2. Alt. BGB, 180 ff. ZVG im Wege der Teilungsversteigerung versteigert werden kann.

Soweit es um die Veräußerung beweglichen Gesellschaftsvermögens geht, kann ein einzelner Gesellschafter eine Veräußerung dieser beweglichen Sache im Wege der öffentlichen Versteigerung gemäß den §§ 731 S. 2, 753 Abs. 1 S. 1 1. Alt, 1233 Abs. 1 BGB in die Wege leiten.

Dies gilt völlig unabhängig davon, ob es sich um die Veräußerung beweglichen oder unbeweglichen Gesellschaftsvermögens handelt sowie unabhängig davon, aus wie vielen Gegenständen das Gesellschaftsvermögen besteht.

Irrelevant ist ebenfalls, ob die Veräußerung lediglich aus dem Grund erfolgt, um anschließend den Erlös unter den Gesellschaftern zu verteilen, oder ob der Erlös benötigt wird, um Gesellschaftsschulden zu berichtigen oder Einlagen an die Gesellschafter zurückzuerstatten.

Zudem kann die jeweilige Versteigerung bei Fehlen einer anders lautenden Vereinbarung entgegen der Regelung des § 730 Abs. 2 S. 2 Halbsatz 2 BGB von einem einzelnen Gesellschafter der betreffenden GbR alleine in die Wege geleitet werden. Eines gemeinsamen, einvernehmlichen Handelns aller Gesellschafter bedarf es dafür nicht. Anders gelagert ist der Fall nur, soweit es um die Auseinandersetzung des Gesellschaftsvermögens einer Publikums-GbR geht. Dort müsste der Antrag einvernehmlich durch alle Gesellschafter gestellt werden beziehungsweise es bedarf analog § 146 Abs. 2 HGB der gerichtlichen Bestellung eines Liquidators, welcher anschließend die Auseinandersetzung vornimmt.

www.ingramcontent.com/pod-product-compliance
Ingram Content Group UK Ltd.
Pitfield, Milton Keynes, MK11 3LW, UK
UKHW021903290926
8980IPUK00015B/1033

9 783631 664063